PAGES

RETROUVÉES

IL A ÉTÉ TIRÉ :

Cinquante exemplaires numérotés sur papier de Hollande.

Prix : 7 fr.

EDMOND ET JULES DE GONCOURT

PAGES RETROUVÉES

PRÉFACE DE

GUSTAVE GEFFROY

TROISIÈME MILLE

PARIS

G. CHARPENTIER ET Cie, ÉDITEURS

13, RUE DE GRENELLE, 13

1886

Tous droits réservés.

Journalistes qui écrivez des articles sur les tables tachées d'encre des salles de rédaction, — qui poursuivez le vol de vos pensées à travers les lourdeurs d'atmosphère des soirées chauffées de gaz, à travers les indifférences et les tapages des conversations, — qui cherchez des motifs à copie au hasard de vos courses et dans la rêvasserie de vos souvenirs, — qui devez faire de l'esprit, de la philosophie, de la littérature, avec les monotonies et les niaiseries de l'actualité, — qui êtes forcés, par l'obligation de votre traité et par la logique de votre métier, de tout apprendre, de tout savoir et de tout dire dans la même fugitive minute, — qui avez mission de raconter le livre paru, le tableau exposé, le discours prononcé, le grand homme surgi, la femme affichée, — qui êtes astreints à la production, toujours égale, à heure, toujours fixe, — qui sentez, dans cette perpétuelle action, sans cesse renouvelée, votre être physique s'exalter, votre verve fuir comme une eau courante, la source de votre cerveau se renouveler comme par des afflux de fièvre ;

Journalistes qui vous désespérez de ne pouvoir faire œuvre qui dure, et qui, sur chaque feuille que vous noircissez, vous efforcez à mettre un peu du frissonnement des belles phrases, un peu de la sérénité des idées, — voici deux écrivains qui se sont réclamés de votre labeur sans avenir, de votre essai de chaque jour, et qui viennent, par ce livre, marquer leur place parmi vous.

Ils ont eu des débuts dans ces feuilles qu'un jour fait naître et qu'un jour fane ; ils ont corrigé une rapide écriture sur des épreuves humides, ayant encore l'âpre parfum de l'encre d'imprimerie. Ils ont envoyé de la grâce et de l'imagination, du sentiment et de l'ironie, à l'adresse du lecteur distrait, dont le regard vague saute les lignes essentielles. Ils ont avoué des mépris et des sympathies, des haines et des admirations. Ils ont mis des opinions au-dessus de leur signature. Ils ont marqué, dès leurs premiers mots, leur volonté d'être des artistes. Ils ont éprouvé, dès leurs premières lignes, la souffrance de la recherche et la joie de la trouvaille. Ils ont fait de telle sorte que ces pages d'il y a trente ans viennent tout naturellement se mettre, à leur date, en tête des quarante volumes estampillés pour l'avenir de la fraternelle marque d'écrivains des Goncourt.

Oui, Edmond et Jules de Goncourt sont des journalistes assidus pendant l'année 1852 et la moitié de l'année 1853, et journalistes ils restent par intermittences pendant les années qui suivent. Ils figurent sur la liste des collaborateurs de la première et de la dernière heure de ces deux curieux journaux fondés par leur cousin de Villedeuil et supprimés par l'arbitraire impérial : l'*Éclair* et *Paris*, — l'*Éclair* qui avait pour rédacteurs les célèbres du jour et du lendemain, les arrivés et les débutants dont les noms sont confondus aujourd'hui, — *Paris,* le premier journal qui osa paraître sans politique et qui avait pour unique et quotidien dessinateur Gavarni. Ce fut une bizarre histoire que celle de ces deux feuilles, et qui ne pourrait être bien racontée que par Edmond de Goncourt, Aurélien Scholl, — ou M. de Villedeuil. L'*Éclair* paraissait au commencement de janvier 1852, et il fallait faire le troisième numéro avec la vente d'un exemplaire des *Historiens de France*. *Paris* datait son premier numéro du 20 octobre 1852 et fournissait une carrière plus heureuse, brusquement interrompue. Là ont paru avec une superbe régularité les dessins de Gavarni qui sont peut-être ses chefs-d'œuvre lithographiques. C'étaient les Goncourt qui avaient suggéré l'idée de demander au grand artiste sa collaboration. Significative affirmation des goûts d'art et de modernité des deux jeunes gens. Ils allaient bientôt répéter et renforcer cette affirmation par les jolies railleries et les nettes éloquences de leurs jugements écrits.

Leur premier article tombe à phrases raccourcies sur les classiques rabâchages du professeur de Faculté Saint-Marc-Girardin ; c'est une pichenette sur le nez en carton du faux grand style, c'est une indignation contre le despotisme des doctrines officielles. Et la suite ne ment pas à cette première bravoure, soit que les journalistes nouveaux raillent ce maître railleur, Mérimée, empêtré dans la défense de Libri, — soit qu'ils défendent la poésie païenne de Théophile Gautier contre la « tartuferie des sociétés pourries » par un plaidoyer qui pourrait être, aujourd'hui encore, lu en cour d'assises le jour de la comparution d'un livre, — soit qu'ils protestent contre le silence gardé par la critique, — soit qu'ils mystifient la presse et le public par l'invention d'un bouquin et d'un écrivain, — soit qu'ils aillent jusqu'à l'argot de la lorette et jusqu'à l'argot du voyou pour établir la vérité de leurs constatations, — soit qu'ils évoquent l'aigreur d'esprit et la basse conscience d'un vieux juge dans le cabinet moisi d'une symbolique maison de campagne. Rien ne manque à cette courte bataille de plume, pas même les rapports avec la magistrature : on prend prétexte d'une citation de vers de Tahureau pour faire asseoir les Goncourt sur le banc de la correctionnelle.

Après 1853, la plume du journaliste est rarement reprise par les deux frères qui se sont définitivement donnés à l'Histoire et au Roman. C'est de loin en loin qu'ils font paraître, dans l'*Artiste,* dans le *Temps, illustrateur universel,* un morceau sur Bordeaux, un autre sur Venise, un autre sur Daumier. Edmond de Goncourt ne reparlera au public du journal que le matin de la première représentation de *Sapho* pour dire, avec l'autorité et l'émotion d'un frère aîné, la bonté de cœur et la qualité cérébrale de cet autre observateur d'humanité, Alphonse Daudet. On le trouvera, ce dernier article, à la fin du livre, après un acte de justice pour Barye, après une vivification de la causerie de Gautier qui est une page détachée des Mémoires littéraires de la seconde moitié du XIXe siècle.

Tel est le départ, tels sont les arrêts, telle est l'arrivée, — telle est la course fournie. Ces *Pages retrouvées* ont donc, avant l'intérêt de leur facture, l'intérêt de leurs dates ; bien mieux encore que le roman *En* 18.., paru le 2 décembre 1851, qui est d'une fabrication paradoxale soumise à des influences, elles peuvent fournir le renseignement initial d'une biographie intellectuelle, par la liberté de leurs allures et la variété de leurs curiosités. C'est l'apprentissage d'un style, et c'est la jeunesse d'une pensée ; c'est la première exploration du champ de la vision par le regard d'yeux qui viennent de s'ouvrir sur les choses, et c'est le premier fonctionnement de cerveaux où germe et croît la moisson prochaine des idées. Il y a des scepticismes portés comme des cocardes et des hésitations avouées comme des pudeurs. Il y a, avec l'inquiétude naissante de la réalité, l'avidité de l'originalité et la glorification de la Fantaisie. C'est elle, la Fantaisie, qui gouverne cette littérature commençante. C'est sa défense qui est prise contre le maître d'études de la Faculté. Elle est l'inspiratrice des réflexions et la camarade des voyages. Elle désigne les types rares à l'attention éveillée des chercheurs, elle met une sensibilité dans les choses, elle fait tenir des discours nocturnes aux fausses dents d'une femme du monde. De la Chine qu'elle adore, une seule chose lui déplaît : c'est que la Chine existe. Elle disloque et entortille quelquefois les phrases, mais elle sait s'insinuer sous l'enveloppe de l'homme et ajouter de l'humour à l'ennui des jours de pluie. Elle fait tenir un monde de sensations dans un bruit de grelots, elle met un peu de l'énigme humaine dans le décousu de sa conversation, elle fait pleurer et rire à la fois le masque anonyme d'une nuit de carnaval.

C'est cette folle chantante et capricieuse qui accompagne les premiers pas des historiens cruels de l'hystérie de Germinie Lacerteux et de la mysticité de Madame Gervaisais, comme s'il avait fallu prouver que les analystes de la Douleur avaient refusé de donner leur vie à la facile fréquentation du Plaisir.

La Fantaisie n'est pas d'ailleurs, ici, la jolie personne au crâne vide couronné de fleurs artificielles, qui se force à parler pour se targuer d'une originalité pénible, qui gambade sur place pour affirmer le jeu grinçant de ses ressorts. C'est une fille bien vivante, mais qui garde on ne sait quelle nostalgie au milieu de ses déraisons. Les Goncourt ne cabriolent pas à travers la vie, ne jonglent pas avec des poids en carton. Ils veulent bien se montrer confectionneurs possibles de ballets, de féeries, de pantomimes. Mais, à mesure qu'ils regardent et qu'ils comprennent, ils ont de plus en plus les allures de ces médecins désenchantés et souriants qui amusent et terrifient à la fois un salon avec la bonne humeur de leur profonde observation et la tranquille mise en scène de leur bistouri. C'est l'alliage de cette âcre réflexion et de cette forme fantaisiste qui fait le prix de ces fragments oubliés, qui leur donne leur haute valeur de promesses faites — et tenues.

Il est difficile, en effet, aujourd'hui, en 1886, de ne pas lire ces *Pages retrouvées* comme une préface à l'Œuvre des Goncourt. Il est difficile d'échapper à la hantise du langage déjà entendu, des idées déjà familières. La lecture finie, si l'on resonge à ce qu'on vient de lire, le livre devient comme un ensemble d'indications, prend de vagues allures de programme, apparaît comme l'embryon d'un être futur. — Quelques analogies suffiront à le vérifier.

Les deux jeunes hommes vont partout et touchent à tout. Ils racontent des voyages, font de la critique littéraire, de la critique d'art, préparent des mots de la fin pour des chroniques, cherchent de la poésie dans la prose, vont au théâtre, sont préoccupés d'histoire, sont sollicités par la collection, restent pensifs devant la vie.

C'est le résumé de leurs deux années de journalisme, — c'est aussi le sommaire de leur carrière d'écrivains.

Si le japonisme est pressenti dans *En 18..*, les recherches nouvelles sur l'art, la philosophie et les mœurs du xviiie siècle sont commencées avec les portraits poussés et les silhouettes esquissées de l'abbé Galiani, de Monsieur Chut, du jeune baron de Knifausen, du graveur Wille. Un mot comme « maquette de génie ». étiquète l'éloquent et sceptique abbé, et si la définition ne suffit pas, en voici une autre : « De l'Érasme, du Rabelais et du Voltaire battus avec du Polichinelle. » L'intérieur bourgeois du bon Wille est raconté comme Chardin l'aurait peint, et le siècle défile dans le paisible atelier. En même temps que perce le goût futur des collectionneurs qui meubleront la maison d'Auteuil, l'érudition sert déjà à l'évocation; non seulement la couleur des habits et la forme des bijoux et les titres d'opéras apparaissent, mais aussi les révélations des portraits, des conversations et des lettres autographes, et le déchiffrement des caractères. C'est l'annonce que le xviii° siècle, étudié dans ses décors visibles, va être pénétré jusqu'à l'âme.

Et la bravoure des opinions, le mépris des conventions et des modes, l'affirmation révolutionnaire, qui se lisent à chaque ligne des Lettres de Jules de Goncourt, qui s'entendent à chaque mot de la conversation d'Edmond de Goncourt, proclamé un jour par lui-même un « anarchiste en littérature », est-ce que tout cela n'est pas déjà dans les articles qui se moquent des professeurs de style, qui prononcent le mot de génie à propos de Daumier, qui font l'éloge du dessin philosophique de Cruikshank racontant l'hérédité de l'alcoolisme, qui louent Decamps de n'avoir pas été de l'Institut, qui trouvent des gens supérieurs à Voltaire et qui le disent, qui impriment tout crûment les opinions de Gautier, — et les leurs? En vérité, oui, ces incrédules, ces irrespectueux de 1852, auraient aujourd'hui polémiqué pour les

« apporteurs de neuf » contre les fabricants du théâtre, les falsificateurs de vrai, les médiocres de l'Académie.

Enfin, dans toutes ces esquisses de la rue et des êtres, dans toutes ces notes de voyages, il y a le bégaiement et le frémissement des œuvres futures. La personnelle manière de voir se révèle au tournant d'une phrase, la formation d'une syntaxe particulière, outillée pour une besogne individuelle, se fait à travers le jeu des adjectifs et des verbes, le don de dire éclate dans le soudain épanouissement d'une épithète qui n'a pas encore séché en herbier. L'improvisation est suffisante à affirmer une tournure d'esprit, un accent de parole. Avec quatre lignes de l'écriture hâtée d'un journaliste, on peut deviner un écrivain. Les notes sur Alger, fixées par le crayon des dessinateurs d'hier, témoignent déjà de cette faculté d'écrire qui doit s'apercevoir jusque dans les tâtonnements des débuts. Le chapitre sur Bordeaux, la levée de plan de la maison du vieux juge mêlent le passé des choses à leur présent, font vivre les objets dans les mots. Venise, animée dans un cauchemar, met sous les yeux le bariolage, le sautillement des masques lâchés en plein carnaval, les couleurs de Véronèse, l'enterrement de Watteau, les architectures des palais, des ruelles et des ponts, les rayons du soleil, les couchants empourprés, les bleuissements de lune, le vol blanc des pigeons de Saint-Marc, la beauté des femmes d'autrefois, — dans les oreilles, la musique des baisers et les soupirs des violes, — sur les lèvres, le goût des vins et des pastilles, — dans l'imagination, le tremblotement des lignes, la précision du détail obsédant, l'allure de la pensée en état de rêve. Des ironies qui ricanent courent après des sentimentalités bien costumées. On rebondit des chaises de paille du Conseil des Trois dans l'île de verre où pousse une végétation de lustres et de coupes. Puis, après la poésie de Venise morte, c'est la flânerie des rues vivantes de Paris, une affiche lue, un air d'orgue entendu, un peintre rencontré, une pension de petites filles observée, — c'est la silhouette du voyou dressé les pieds dans le ruisseau, — c'est la couleur de l'air, c'est le son d'une voix. Et voici l'Anatole de *Manette Salomon*, et le voyage en Italie qui sera recommencé et contrôlé pour écrire *Madame Gervaisais*, et la vision de la femme du monde qui sera l'adultère Mme Maréchal ou l'adultère Mme Bourjot de *Renée Mauperin*. Et voici le pessimisme des *Idées et sensations*. Et voici peut-être çà et là des pages dont la substance, dont un ressouvenir, dont une phrase, dont un mot, sont entrés dans les livres des deux frères et du survivant, *Sophie Arnould* ou *Madame Saint-Huberty*, *Charles Demailly* ou *Chérie*.

Malgré la route aplanie et les étapes sûres que leur auraient valu leur grâce d'esprit et leur science critique, les Goncourt abandonnèrent vite la tâche forcée du journaliste. Ils auraient pu être des feuilletonistes salués, préparer le succès de leurs romans, trouver les clés qui ouvrent les portes des théâtres. La suffisante indépendance de leur situation per leur mit de se refuser à cette besogne préparatoire. Nés pour le livre, ils voulurent tout de suite aller au livre. Forts de leur affection fraternelle et intellectuelle, ils préférèrent vivre solitaires, attendre silencieusement, dire malgré tout et contre tous ce qu'ils avaient à dire, sans peur de la critique, sans concessions à l'argent. Ces fervents de l'art entrèrent en littérature comme les mystiques entrent en religion.

C'est là la caractéristique de leur talent, et c'est aussi celle de leur caractère. Ils furent des hommes de lettres et rien que des hommes de lettres. Ils regardèrent, pensèrent, écrivirent en hommes de lettres. C'est à la Littérature qu'il faut rattacher les sympathies de leur esprit et les décisions de leur irrespect, les raisonnements de leurs admirations et les instincts de leurs haines. C'est la recherche du bien dire de la phrase et de l'exactitude des choses, c'est la Littérature qui leur a donné leur souci du vrai, leur mépris des opinions toutes faites, qui leur a appris l'existence, qui a fait d'eux des apitoyés. C'est à la Littérature qu'ils ramènent tout, c'est en elle qu'ils font tout entrer. Ils veulent prendre aux sciences, aux arts, aux industries, leurs vocabulaires, leurs argots, ils veulent prendre leurs trouvailles aux idiomes, aux dialectes, aux patois, et que toutes ces expressions soient littéraires ; ils veulent au théâtre une langue parlée, et que cette langue soit littéraire. De même que les grands peintres n'ont au contact des choses que des idées picturales, des raisonnements de dessinateurs et de coloristes, de même que les purs musiciens n'ont que des sensations musicales, transforment toutes leurs impressions en thèmes musicaux, — de même, eux, littérateurs, ont vu et senti toutes choses littérairement, avec l'œil et le cerveau de leur profession.

Ils sont venus confirmer, par l'effort de leur

travail et par la hauteur de leur exemple, l'attitude et l'action de la Littérature, — cette Littérature qui touche à l'Histoire, à la Peinture, à la Religion, à la Physiologie, à la Philosophie, et qui mêle et confond les choses, les êtres, les idées, dans une bataille qui est la Vie, et qui donne de cette bataille cette cause et cet effet, ce détail et ce résumé, — l'Homme.

GUSTAVE GEFFROY.

Paris, ce 16 février 1886.

PAGES RETROUVÉES

MONSIEUR CHUT[1]

— Mon cher, Lulli et Campra nous ont donné de l'excellente musique...

— Charissimi, Scarlati, Corelli, en ont fait d'admirable !

— Je suis de votre avis, et comme dit Chevrier :

> Sans être Italien,
> On ne pourra jamais être musicien.

— Et les ariettes d'Hendelle ?
— Hendelle[2], un Allemand !

Ils se trouvaient là, autour d'une table du café de la Régence, cinq habits : l'un bleu, l'autre pistache,

---

1. REVUE DE PARIS, septembre 1852. — Le seul article paru d'un travail qui devait être, dans la pensée des auteurs, la réunion d'une série d'anecdotes connues, courantes du xviiie siècle, mais des anecdotes dont le *montage*, le travail curieusement historique des milieux, la savante et jolie recherche du détail, auraient fait une petite histoire intime du temps.

2. Nom écrit avec l'orthographe française du xviiie siècle.

l'autre violet, l'autre lavande, l'autre marron. L'habit lavande portait une veste ornée d'une broderie en soie blanche, travaillée au tambour; il avait des bas de soie *couleur de perdrix*, des boucles d'or, des manchettes, un jabot de dentelle, une perruque plate. C'étaient cinq habits de bonne noblesse et de belles manières : ils parlaient tous les cinq en même temps.

L'HABIT BLEU. — As-tu vu l'opéra?

L'HABIT VIOLET. — Hélas! oui, pour mes péchés.

L'HABIT BLEU. — On dit qu'il est charmant.

L'HABIT VIOLET. — Charmant..., peuh! Imagine-toi que dans le premier acte, après le monologue d'une princesse désolée... Ah! je ne te connaissais pas cette boîte-là... Elle est de Girard ou d'Hébert?

L'HABIT BLEU. — De la Maubois.

L'HABIT PISTACHE. — Elle est adorable.

L'HABIT BLEU. — Parbleu, je le crois. Elle me coûte vingt louis de façon.

L'HABIT MARRON. — Ce n'est pas cher. As-tu vu mon caillou?

L'HABIT BLEU. — Non. Il est caillou d'Angleterre, n'est-ce pas?

L'HABIT MARRON. — Non, caillou d'Égypte.

L'HABIT BLEU. — J'aime cette veine rouge. Oh! il est coloré au mieux... Et ta princesse désolée?

L'HABIT VIOLET. — Ma princesse désolée, après s'être lamentée pendant une heure...

L'HABIT PISTACHE. — Qu'est-ce qui fait la princesse?

L'HABIT VIOLET. — Mlle Arnoux.

L'HABIT MARRON. — Ah! Qu'est-ce qui lui ôte ses pantoufles à présent?

L'HABIT VIOLET. — D'où viens-tu?... Lauraguais.

L'HABIT MARRON. — Et qui les lui remet?

L'HABIT VIOLET. — Lauraguais.

L'HABIT MARRON. — Pas possible!

L'HABIT PISTACHE. — As-tu vu Mlle Chevalier dans cette pièce où elle avait une garniture de la Duchapt? Elle était à peindre.

L'HABIT MARRON. — Non.

L'HABIT BLEU. — Et après le monologue de la princesse?

L'HABIT VIOLET. — Après le monologue de la princesse, j'ai été à la Foire. Cet opéra-là n'a pas quatre représentations dans le ventre. Aussi, il le mérite bien : on n'y voit pas le moindre chariot volant...

L'HABIT PISTACHE. — Sais-tu que la haute-contre est dans le plus grand délabrement, à l'Opéra?

L'HABIT MARRON. — Pillot a du goût!

L'HABIT PISTACHE. — Et Jéliotte donc?

L'HABIT BLEU. — Mais que direz-vous, messieurs, que direz-vous de Mlle Chevalier et de Mlle Le Mierre...

L'HABIT PISTACHE. — Ah! la Journet, mes amis! je n'oublierai jamais la Journet. C'était une grande fille, belle à la manière qu'il faut l'être au théâtre. Elle faisait, ce jour-là, *Angélique.* Cochereau faisait *Médor;* c'était un garçon froid, mais agréable. A l'égard de *Roland,* c'était Thévenard, et c'est tout dire. Et quelle musique! A présent, on imagine des *gigues* lentes, des *passacailles* tristes, des *chaconnes* monotones, des *courantes* mesquines, et des *sarabandes* gaies!

L'HABIT MARRON. — Et le ballet? je t'attends au ballet.

L'HABIT PISTACHE. — Tu n'as pas vu Dupré et Mlle Camargo dans le CARNAVAL DU PARNASSE?

— Le CARNAVAL DU PARNASSE, messieurs! fit tout à coup l'habit lavande, messieurs, je donnerais ma tabatière guillochée, et mon habit qui est de Passau, pour n'avoir point vu le CARNAVAL DU PARNASSE! Ce soir-là, j'arrivai tard à l'Opéra. On jouait le CARNAVAL DU PARNASSE. J'avais bien dîné, oh! mais là succulemment. Devant moi, se trouvait un vieillard à perruque à marteaux. Non, de ma vie je n'ai vu pareille perruque! Ce n'était pas une perruque, c'était un paravent poudré. De quart en quart d'heure, j'apercevais ou un bout de *loure*, ou un fragment de *passe-pied*, et c'était tout. « Monsieur, dis-je à la perruque à marteaux, je vous rendrais mille grâces de me laisser voir un petit morceau de Mlle Lany. » La perruque à marteaux se retourne, me regarde, et se remet à la même place, en sifflotant l'air de dessus: *Tristes apprêts, pâles flambeaux*, de CASTOR ET POLLUX de Rameau.

Ce qu'il y avait de plus mortifiant, messieurs, c'est qu'il y avait nombre de mousquetaires qui riaient de moi de façon désespérante. Je n'y tiens plus; je tire de ma poche une paire de ciseaux, avec lesquels j'émonde vivement la perruque de mon homme, taillant, élaguant, faisant des coupes sombres dans le branchage et dans les nœuds d'ornement. Aux éclats de rire qui se font derrière lui, l'homme se retourne, me voit des ciseaux en main, devine, et se remet en place. A l'entr'acte, il se tourne vers moi, met un doigt sur sa bouche, me dit : « Chut! » et me fait signe de le suivre. Je le suis. Mon homme ne me dit pas un mot; il sifflotait toujours son air. Nous traversons ainsi la place du Palais-Royal, nous enfilons la rue Saint-Thomas-du-Louvre, nous longeons l'hôtel de Longueville, — je le vois encore, — et, quand nous sommes sous l'arcade, notre homme met l'épée à la main. J'en fais autant. Quelle lame, messieurs! L'éternel *Tristes apprêts, pâles flambeaux*, allait son train. Au bout de cinq ou six mesures, un coup de fouet fait sauter mon épée à dix pas. L'homme attend tranquillement que je l'aie ramassée. Je me remets en garde, furieux. *Pâles flambeaux, pâles flambeaux;* mon homme n'en était pas au second vers, — un poignet de fer, le bourreau! — que j'avais le bras percé d'outre en outre. Il me place contre le mur, toujours en sifflant, court à la place, amène un fiacre, m'embarque, me bande ma plaie avec un mouchoir et me salue, oui, toujours en sifflant son diable de *Tristes apprêts, pâles flambeaux!*

Je fus six semaines au lit, et je commençais à reparaître dans le monde, quand un soir, ici, — tenez! justement à la table où nous sommes, — j'attendais deux amis, je reconnais mon homme. Il quitte sa bavaroise, vient à moi, met un doigt sur sa bouche, me dit : « Chut! » et me montre le chemin pour sortir. Il faut vous dire que c'était à la veille d'un carnaval. Mon homme siffle son : *Tristes apprêts, pâles flambeaux;* une feinte, un dégagement, et le même coup, et le même bras, que la première fois. Je passai le carnaval dans mon lit. Ah! oui, oui messieurs, je le répète, je donnerais de grand cœur ma tabatière guillochée, et mon habit qui est de Passau, pour n'avoir point vu le Carnaval du Parnasse! Car je n'entre plus au café de la Régence, à présent, sans craindre, par la mort Dieu! de voir M. Chut entrer gravement, venir à moi, et...

L'habit lavande — qui était M. le comte d'Egmont — s'arrêta tout à coup. Ses yeux se fixèrent sur la porte qui venait de s'ouvrir. Ses amis regardèrent où il regardait.

Un homme venait d'entrer. C'était un vieillard d'une soixantaine d'années, portant la décoration de Saint-Louis. Sa face était rouge, et plaquée de sang, aux oreilles. Ses sourcils blancs tranchaient sur la pourpre foncée de tout le visage. Il était très grand; sa tête était petite, et comme vissée par un cou apoplectique dans des épaules carrées et massives. Il alla à pas lents vers la table de M. d'Egmont, leva son chapeau, mit son doigt sur ses lèvres, dit : « Chut! » et resta debout et immobile jusqu'à ce que M. d'Egmont fût levé.

A six semaines, messieurs ! fit le comte en saluant ses amis. Et le comte d'Egmont suivit M. Chut les genoux pliés, et « marchant sur la pointe du pied, comme s'il avait craint que le plancher ne fût humide » : Marcel, le maître des révérences, n'aurait pas cheminé d'un plus bel air que M. d'Egmont suivant son éternel siffleur.

« Pardon, monsieur le comte, — disait, à deux mois de là, un garçon de café courant après un jeune homme qui pressait le pas, en passant devant le café de la Régence; — M. Chut est mort hier, et ma bourgeoise espère revoir monsieur le comte, tous les soirs. »

VENISE LA NUIT[1]

RÊVE

. . . .
Fils de prêtre !
... Hibou !.... gros âne ! mécréant de Rhodes !
Pharaon ! . . . .
... Cousin de mon chien !... Estradiot !... Babouin !...
Grand pain perdu !... Barbe couleur de Caïn !... Échine
à bâton !... Homme sans chemise... Marionnette de
pilori !... Huissier du diable ! la gratelle te mange !...
Figure de la noce des pendus ! ... Écosse-fèves !
Gradasse !... *Don Squacquera !*...
Ce que c'est que de sauter par une fenêtre !

---

[1]. Grand morceau littéraire publié dans les numéros de l'ARTISTE des 3 et 10 mai 1857, à la suite de notre voyage d'Italie (1855-1856). C'était un fragment d'une Italie peinte, ainsi qu'en un rêve, dans une prose poétique, — d'une Italie que nous intitulions L'ITALIE LA NUIT. Le livre presque terminé, a été brûlé par nous, comme une conception trop lyrique et trop excentrique, et sauf un autre petit morceau sur Naples donné à un journal italien, il n'a été publié de ce livre détruit, que la *Venise la nuit*, dont précédemment nous avions détaché » l'Enterrement de Watteau » imprimé dans IDÉES ET SENSATIONS.

Je venais de sauter avec le Véronèse du plafond de la salle du Grand Conseil, roulé sous le bras ; je venais de sauter, de très bien sauter... mais, au diable les citrouilles ! J'étais tombé dans une citrouille cuite, et j'emportais, à la semelle de mes bottes, le régal du peuple de Venise, dans les imprécations du fricasseur de citrouilles. Et quelle citrouille ! une citrouille où j'étais embourbé plus haut que la cheville !

Je courais pourtant. Qui n'eût couru avec un Véronèse comme le mien sous le bras ? Je courais. Le fricasseur époumoné courait après moi, et me gagnait de vitesse. Je fuyais, je tournais, j'enfilais des rues, des ruelles, des passages, des escaliers, des ponts. Le fricasseur était toujours derrière moi ! Je courais... Pas une gondole où se jeter ! Je courais, je courais, je courais, haletant, éperdu, rattrapé, le souffle et la colère de mon fricasseur dans les cheveux ! Je courais encore... « Ah ! gredin !... » C'était lui qui avait empoigné mon précieux rouleau par un bout et me l'arrachait de dessous le bras. Il tirait, je tirai ; ce ne fut pas long : m'arc-boutant sur mon pied droit, m'efforçant de toute ma force, je lui arrachai le Véronèse des mains, et si violemment que le fricasseur fut lancé en l'air. Il retomba sur une ficelle tendue à une fenêtre où pendait majestueusement une gousse de piment entre deux oranges ; il retomba en polichinelle de Guignol, ployé en deux, les bras ballants, la tête morte entre les jambes.

Je tremblais que ma toile n'eût souffert dans la lutte. Je la déroulai vivement, mais je ne pus voir. Les réverbères étaient morts. Les fenêtres des palais étaient mortes. Le ciel était éteint. La lanterne des *traghetti* dormait.

Sur le Grand Canal une gondole glissa comme un cygne noir, fendant le silence, la nuit et l'eau. Coiffé d'une toque rouge à la plume blanche, habillé d'un pourpoint rouge et d'une culotte rayée bleu et noir, sur lequel était passé un caleçon échiqueté noir et blanc, un nègre, debout à l'arrière, se pliait et se relevait sur la rame volante.

La gondole allait plus noire que l'ombre. Une face blanche regarda par la petite fenêtre du *felse*. Un bras passa et sema sur l'onde une bourse de pièces d'argent qui luirent, dansèrent, coulèrent; une autre bourse de pièces qui brillèrent, sautèrent, sombrèrent; une autre, et une autre, et une autre encore, que le flot recevait, berçait, mangeait. Puis, ce ne fut plus une bourse, mais dix bourses, vingt bourses ensemble! Les rayons d'argent tombés de la gondole de la Lune grandissaient en tremblant sur les eaux d'indigo. Il semblait que de la Judecca, des milliers d'enfants jouaient aux ricochets avec des palets de diamant.

Sérénissime Altesse! — demandai-je en saluant la Lune, — un rayon, un seul de vos rayons pour voir le Soleil!

Une poignée de pièces d'argent sonna sur les dalles. Je me jetai dessus, et, m'agenouillant sur la toile, je les posai tout autour, comme des lampions, à distance égale...

Dieu quand il eut inventé l'homme, le diable quand il eut inventé le péché, l'homme quand il eut inventé la philosophie, ne poussèrent point un soupir de satisfaction si rand que le mien : la VENISE TRIOMPHANTE trônait toujours dans la beauté de son triomphe, sur le trône roulant des nuées, — sans une écaillure.

Je te tiens, — criai-je, — vermillon de Véronèse ! pourpre, flamme, manteau des héros-dieux ! torche d'Hélios, qui se couche dans le vent et dans la mer ! Je te tiens, gris de Véronèse ! gris argentin qui baignes dans une fleur d'étain, dans une ombre de perle, les architectures de fête, les portiques superbes, les colonnades où se meut la pompe des noces heureuses ! Je te tiens, bleu turc de Véronèse ! azur des ciels émeraudés par la pâtine du temps ! Je te tiens, jaune de Véronèse ! qui vas cueillir le soufre au cœur des jonquilles et jettes des topazes dans le safran des robes ! Je te tiens, blond de Véronèse ! blond de Venise qui imite les blonds épis du blé dans les mille serpents des chevelures poudrées de soleil ! Je te tiens, toi qui fais avancer sur les têtes penchées la corbeille de cheveux où tremblotte le midi du jour, comme un papillon d'or ! Je te tiens, jour de Véronèse ! jour des yeux amoureux de la couleur ! bain de lueurs ! auréole qui palpite, caressant d'air et de feu, du talon à la nuque, un olympe d'apothéoses! Je te tiens, couleur des couleurs, bouquet enchanté des tons! Je vous tiens, rosés qui fouettez, à tour de feuilles, et les coudes et les genoux! Je vous tiens, chaleurs de l'écaille sous les pâleurs de la peau! Je vous tiens, éclairs de nacre sur les torses buvant les rayons à pleines épaules! Je te tiens, ombre des ombres chaudes, où la lumière se tait et dort et où l'ombre rêve au soleil! Je vous tiens! je te tiens, miracle! secret de la vie! larcin de Prométhée! — chair de Véronèse! Je te tiens, gris! rouge! bleu! jaune!.....

Mais voici qu'à chaque couleur que j'appelais, que je palpais, que je prenais en mes mains, la couleur se levait, sautait de la toile, et se sauvait vers une église... Je vous rattraperai bien! et, très furieux, j'allais m'élancer à toutes jambes, quand un froid m'entra dans les os: — j'avais mon ombre devant et derrière moi.

La grande porte de Saint-Marc s'était ouverte aux divines couleurs de Véronèse, et, dans le fond de l'abside, je vis le Christ, de ses deux doigts levés en l'air pour la bénédiction, me faire signe de venir à lui. Son geste descendit vers moi en un escalier de cent marches, où, à droite et à gauche, deux cents lions étaient accroupis. Je pris mon courage et je montai. L'homme-Dieu se recula un peu dans le fond de son trône blanc semé de croix rouges, serra contre lui les plis furieux de son manteau bleu, et je me trouvai à demi assis sur la bande verte de son coussin de pourpre, me faisant le plus petit possible, glissant, gêné, empêché, les jambes trop courtes, les pieds pendus en l'air, mes genoux crispés étreignant la toile de Véronèse qui était devenue un parapluie vert, n'osant regarder la Sainte Face contractée de colère, honteux et embarrassé de toute ma personne et de mon chapeau noir que j'avais sur la tête, et gauche et ridicule, et me sentant ressembler bêtement au M. Jabot de Topffer.

J'étais sous un bouclier d'or, où roulait, comme sur ces écrans que l'on tourne, une création d'épouvante, un cauchemar que secouaient, à toute volée, de grands anges aux sourcils joints, aux ailes fourchues, aux jambes de phtisique, au milieu d'une averse de diamants fauves, tombant ainsi que des étoiles filantes des yeux ensommeillés des dragons. J'avais peur, j'étouffais dans cette forêt de dessins, dans ce cahos d'apparitions brassées par des mythologies sauvages, et qui marchaient contre moi, avançant pour me broyer. Dans mes oreilles tintaient le craquement sourd et profond des échines de chevreaux sous les griffes des tigres, et le battement d'oiseaux noirs, errant dans le néant avec des ailes de pierre. Toutes les terreurs de l'enfance du monde, toutes les hallucinations de l'homme cherchant Dieu à tâtons dans le mystère et l'horreur des choses, toutes les fables et tous les monstres, enfantés dans la première nuit de sa pensée vagissante, tous les dieux de ses peurs inapprivoisées, étaient là qui se dévoraient. La terre, rouge de sang, se tordait en convulsions de Titan, sous six jets de feu. Les mers se mouvaient en flots étranges et grouillant blanc comme des vers de tombeau. Les arbres portaient, pour fruits, des anatomies flétries de vieillards sinistres. Au ciel, les sourires des chérubins avaient le ricanement énorme et farouche des masques antiques. Et leurs regards fixes, dans les profils, étaient toujours de face. Un trait de charbon était la prison de leur œil, un trait de charbon la ligne de leur nez, un trait de charbon l'arc de leur bouche, un trait de charbon le cercle de leur pommette, qui semblait une boule de pourpre ; — oh ! un charbonnage, oh ! un maquillage épouvantable pour je ne sais quel grand drame d'un *Dies iræ*.

Cependant, tandis que les hippogriffes, à la langue en paraphe, grattaient le sol de l'ongle, l'horizon courait par sauts et par bonds sur les têtes aplaties et les longs cols des chameaux agenouillés, l'horizon dansait entre les cornes d'or des béliers à la barbe de satyre... Une chose pleine d'effroi, c'est que ce monde était comme enveloppé de sommeil. Il remuait mécaniquement, automatiquement, avec la vie morte et l'évolution solennelle et raide des névrospastes de la vieille Grèce. D'infinies légions de rois drapés dans leur barbe grise emboîtaient un mouvement de bois avec des gestes de fer. Une marche de morts s'avançait d'un pas hiératique sous des robes blanches couleur de suaire, collées à leurs maigreurs.. Sur ces armées de peuples et de générations formidables, une Ève planait, horride et nue, à demi équarrie dans la chair, avec une informe ébauche de torse sur un déboîtement de hanche.

Quatre figures faisaient tourner les boutons de cette vision.

L'une avait une tête de lion avec une crinière à double marteau, la gueule courroucée et de travers mâchonnant un rugissement, une patte pliée sur une aile d'or déployée.

L'autre était un bœuf écrasant sous son menton les bourrelets de son fanon.

L'autre était un ange aux six paires d'ailes croisées, bleues, rouges, jaunes, qui tenait sur sa tunique blanche un livre vert.

Le dernier était un aigle au plumage de dards, la tête élancée et jaillissant de ses ailes d'or ocellées de tous les yeux de la queue des paons.

« Nom d'un petit bonhomme! » fis-je en frissonnant, et je donnai un grand coup de parapluie par là dedans. Ce fut le bruit de milliers de piles d'assiettes qui croulent et cassent, — et j'étais dans une grande salle.

La salle avait une horloge. L'horloge n'avait qu'une aiguille; l'aiguille était un glaive.

Dix terribles hommes noirs étaient assis autour d'une table, penchés sur des papiers qui murmuraient.

Des messieurs en habit et en cravate blanche entrèrent. Ils retroussèrent leurs manches, passèrent derrière les hommes noirs, les soulevèrent d'un coup, les posèrent debout, les redrapèrent, leur dressèrent les bras, les rabattirent, firent jouer leurs gestes, poussèrent un : hum! de satisfaction, tirèrent une vrille de leur poche, firent un trou dans les dix crânes, un trou dans les vingt mains, un trou dans les vingt pieds, mirent une ficelle dans tous les trous, tirèrent la ficelle. Les mains battirent l'air, les jambes se fendirent en compas, les yeux sautèrent dans leurs orbites, les bouches s'ouvrirent toutes grandes; et un petit homme ventru, leste, alerte, imberbe, les sourcils forts, le regard finaud, se frotta les mains, sauta sur la grande table, se hissa sur ses bottes vernies, et jeta vivement des devises de mirliton dans la bouche des hommes noirs qui s'agitèrent mélodramatiquement. Le petit monsieur était suivi d'un autre, qui, vite, par-dessus chaque devise de mirliton, enfournait un air d'orgue.

Cependant les papiers de la table avaient été saisis par un copiste d'une agence dramatique qui biffait : Conseil des Dix, ficelait les dossiers cinq par cinq et mettait l'adresse : Boulevard du Crime.

Soudain, derrière tout, dans des ombres, une forme entraînée, un débat, une lutte, un : « Angelo! je le veux! » — et confusément j'aperçus une mâchoire, qu'une sorte de Samson entr'ouvrait de force, et la bouche de bronze de la vieille Venise, enfoncée dans une gorge humaine, criant vainement de la voix du martyr de Verrès : *Civis sum Romanus!* criant : — Je suis Beauvallet, comédien ordinaire de la Comédie-Française !·

Je profitai du tumulte pour me glisser dans la chambre voisine. C'était la chambre des trois Inquisiteurs d'État. Aux murs, des armoires en bois blanc montraient des herbiers en bon ordre. Un homme piquait attentivement des papillons dans de grands cadres, et trois honnêtes chaises de paille s'ennuyaient. Je passai sans souffler, dans le local tragique et me jetai au bas d'un escalier...

Ce fut sur la place Saint-Marc, un grand bruit, — le bruit d'un millier d'ailes battantes, et une chanson s'envola avec les oiseaux éveillés.

« Nous sommes les enfants gâtés de Venise. Nous sommes des paresseux, des bienheureux ! Nous sommes libres, nous sommes gras, nous sommes sacrés ! Notre cage est bleue, et notre table a cinq cent vingt pieds. Nous avons ventre en boule et pattes toute roses, de l'eau sur la margelle des puits de bronze, et du grain tout le jour ; et rien qu'en nous baissant, nous pouvons nous gaver. Nous mangeons au soleil ; nous digérons à l'ombre. Nous vivons sans y penser, nous aimons à tire-d'aile. Nous nous promenons en nous dandinant, fiers comme des prébendiers, et nous faisons jabot de notre gorge mauve et verte. Nous sommes les pigeons de Saint-Marc. »

Sur la place, beaucoup de gouvernantes aveugles

promenaient des jeunes filles; et de petits grooms suivaient, en veste et en chapeau, ne sachant comment porter leurs deux bras. Les jeunes filles avaient de grands yeux, de beaux et jolis yeux qu'elles semaient à droite, à gauche, et tout autour d'elles. Tous ces yeux avaient une langue et une voix. Il en passait de durs, de doux et de dramatiques et d'aimables. Il en passait qui parlaient et d'autres qui murmuraient. Il en passait qui éclataient de rire, et d'autres qui bégayaient. Deux ou trois demandaient la charité, et tous la faisaient.

Les pigeons tournoyaient au plafond d'azur posé sur les Procuraties, chantant :

« C'est un bel arbre, nous y faisons nos nids. Le vent le sème. Il pousse partout. C'est un bel arbre que l'Amour, un bel arbre de mai, plein de rubans. »

Sur la place, le monde grossissait, les prunelles jouaient de l'éventail à chaque coup de chapeau. Les pigeons chantaient :

« Entends-tu la musique des Hongrois aux guêtres bleues? Les mandolines vont gratter au pas des portes. L'amant appelle et prie; elle sort : tous deux dansent! Vois la jolie entrée des vives mélodies, le bras en anse et le poing à la hanche, sautant d'un pied joyeux en frétillant de l'autre! Puis, c'est la colère et l'éclat des trompettes jalouses, qui prenant le couple à bras-le-corps, dénouent brutalement l'amour comme un bouquet... » Tout est fini. La flûte arrive en murmurant sous la fenêtre close, et pleure, et s'impatiente; un chant de printemps, douloureusement tendre, léger et pénétrant, quelque chose comme l'odeur du lilas blanc qu'elle aime... Sauve qui peut! voici la Morale qui vient sur l'ouragan des cuivres... — Cymbales, rugissez! Et la Morale saute à pieds joints dans la grosse caisse... Étranger qui passes! cette musique n'est point la musique de l'endroit. Ici, point de trompettes, ni de Bartholos, ni de cymbales, ni de Marcelines. Ici, la Morale chante avec une voix toute jeune. Ici, les grand'mères pardonnent à leurs petites-filles de n'avoir pas leur âge, et disent : « Moi aussi, j'ai été femme ! »

Sur la place la foule était grande, les boutonnières fleuries et les pigeons chantaient :

« Sais-tu bien qu'ici, le soir, sur les balcons, alors que le vent du Lido apporte au front de Venise les baisers de la mer, tous les cœurs sont occupés à se mettre des ailes pour s'envoler de terre? A deux pas des parents, jeunes filles, jeunes hommes, serrés, et chaise à chaise, et leurs voix se touchant, et leurs âmes mêlées, s'amusent à passer aux doigts de leurs pensées des bagues de fiançailles... Ce sont de douces phrases, des silences émus, des murmures de lèvres... Jeunes hommes, jeunes filles jouent avec l'amour ; et d'idéales marguerites s'effeuillent, interrogées, sous les doigts invisibles des désirs... »

Sur la place, les *contessine* cherchaient toujours un regard, les gouvernantes leurs paires de lunettes, les petits grooms une pose, et toujours les pigeons chantaient :

« Sais-tu qui tient ici le bureau de la poste restante? c'est l'Amour, l'Amour qui, sans demander de passe-port aux amoureux, délivre tant d'espoirs, et tant de belles joies et de petits papiers à lire à deux genoux, et de tout petits mots qui sont de grands serments, et l'avenir promis et le présent donné, et le monde et le ciel tenant dans un chiffon! Sais-tu qu'ici les oreillers des vierges cachent encre, plume, papier et petites bougies; et quand seul le ciel veille, quand seules les étoiles ont des yeux, sais-tu combien de ces petits paniers où, à l'aube, le boulanger met le pain, le long des vieux palais, descendent du bonheur et remontent de la fièvre!... »

Les pigeons chantaient encore, quand un homme s'élança de chez le libraire Pasquali, le menton dans son jabot et les yeux sur ses pieds. Il m'accrocha : je faillis tomber.

— C'est vous, cher monsieur Callegari?

L'homme se redressa furieux. « Je ne suis pas plus le cher monsieur Callegari que Michel dell'Agata! pas plus Michel dell'Agata que Constanti Zucala! Je suis moi, monsieur; et retenez-le, s'il vous plaît : Charles Gozzi, de l'académie des GRANELLESCHI!

Puis renfonçant son chapeau d'un coup de poing et s'adressant au ciel : Encore une vengeance de la fée Morgane, de la fée Carabosse ou de Pari Banou! Une intolérable *secature!* Pas de jour, monsieur, où quelque farfadet ne me joue un tour semblable!

tantôt c'est ma maison qu'ils me prennent, tantôt ma figure, tantôt... Infortunes, contrariétés, supplices ridicules, coups d'épingle, ils ne savent qu'imaginer! Je succombe, monsieur, je succombe! Et penser que tout cela est la faute de mon *truffaldin* Sacchi, un esprit fort! de mon *tartaglia* Fiorelli, un mécréant! de mon *brighella* Zanoni, un polisson! et de mon *pantalon* Derbès, un Voltaire! des drôles, mon cher monsieur, qui n'ont pas une once de respect pour les fées, les sorciers, les amulettes, et les maléfices que j'ai mis au théâtre! les coquins! ils ont, dans les coulisses, des ironies, des éclats de rire, des propos d'un athéisme à l'égard du diable!... et voilà la fin : je paye pour tous! je meurs à petit feu! Je suis un pauvre homme, monsieur, qui a tout le monde invisible déchaîné et conjuré contre lui!

— Monsieur Gozzi, je vous plains de tout mon cœur, et plus que ne ferait un passant ordinaire. J'ai eu un grand-père qui fût à Venise et qui même y avait eu quelques succès galants; tout enfant, sur ses genoux, j'écoutais de sa bouche votre pièce des Trois Oranges...

— Un vrai « conte de nourrice »! Après tout votre grand-père était un homme de goût... Ah! vraiment ce que vous me dites là, m'étonne. Je vous croyais, vous tous Français, vendus à cette inepte école de Chiari et de Goldoni! des cuistres! des goitreux! des yeux sans âme! des oreilles sans cervelle! de misérables *attrapeurs de vrai!* des gens... Ah! monsieur, quelles gens! Pouah! le cœur m'en lève! »

Et il marchait comme un ouragan.

Croyez-vous que je sois un poète, pour vous raconter les gondoles qui attendent, au Ponte-Storto, un mouchoir passé par la fenêtre de la gondole? ou l'effroi d'un pauvre diable surpris par messer Grande dans un cabaret borgne? un poète, pour vous nommer ces masques, hommes et femmes, qui jettent leur argent aux banques en plein air? ou vous dire les jardins de Saint-Blazius qui se louent un ducat, la journée, aux amoureux? Certes, ce sont là choses intéressantes, et des mieux faites pour accorder la corde d'une lyre! Me demanderez-vous plutôt que je vous répète, mot pour mot, les propos tendres de la promenade della Zucca, de l'Opera buffa, de l'Opera seria; et encore les propos tendres des petits soupers sous la treille de l'OSTERIA DE LA LUNE? Je vous donne ma parole de comte que le ramage n'est guère varié. Ou bien je vous ferai l'addition des *zinzares* qui mangent les prisonniers sous les plombs. Ce sera comme vous voudrez; mais je vous préviens qu'il n'en coûtera guère plus à mon imagination, qu'il n'en coûte aux mères, quand elles renvoient leurs filles, en leur faisant, pour tout bien, une croix sur le front avec le pouce. Que s'il vous plaît cependant, je vous réciterai des aventures que les archives de la police savent tout au long. La belle nouvelle, quand je vous apprendrai que la Cavamachia a reçu cent vingt mille écus du marquis San Vitali, et qu'Ancilla et Spina sont deux précieuses personnes pour danser au dessert le *forlano* sur la nappe? Que sais-je? Faut-il vous peindre la loge de la prima dônna de Saint-Samuel? les flambeaux d'argent, les bougies musquées, les flacons de vin de Samos, de vin de Zante, de vin de Céphalonie, de vin Esclavon noir comme l'encre, et les corbeilles de dragées, de diablotins, de papillotes et de tout le chocolat imaginable? Et voulez-vous que ma muse vous donne, en jolis vers la recette des pastilles à la mode : des cheveux de la belle coupés menus avec des ciseaux d'or, du sucre, de l'ambre, de la vanille, de l'angélique, de l'alkermès, et de l'essence de styrax? Autant vaudrait vous raconter mon habit coupé par Joseph Fornace, le dernier des tailleurs, le déjeuner que j'ai fait chez Peruzzi, la conversation insipide du libraire Pasquali; autant vous raconter le temps qu'il fait, la rue où vous passez tous les jours... des niaiseries! des histoires de perruquier! de pauvres réalités! Tout cela est plat comme un fait. Tout cela est bête comme la vie. Le monde est terne, et les choses sont grises. Toutes les maisons sont en pierre, et les femmes se ressemblent... et je fais en vivant un métier de cheval de manège...

— Mais, fis-je...

— Parlez-moi de la Chine, mon cher monsieur! Un pays insensé! un monde à rebours! une nature à l'envers! une terre folle! un paradis de paradoxes! un ciel de jade, des arbres rouges, des fleuves nankin, des bestiaux chimériques, des villes de porcelaine et des pagodes à dix étages de clochettes, que le vent sonne! Ah! monsieur, des nourritures extravagantes, des sauces à l'essence de cloporte! Et des mandarins en baudruche, et des canons qui font la grimace, et des boucliers qui tirent la langue, et des magots et des poussahs!... Au moins il y a là du corail blanc, des feux d'artifice à midi, des opéras qui vous égratignent l'oreille jusqu'au sang, des lettres semblables à des insectes qui dansent, des jeux qui sont des casse-têtes, des plumes de poil de lapin blanc, des épithètes de lapis-lazuli, et, — songez-y, — des dragons aux portes qui mangent les mauvais sorts.

J'adore depuis dix ans une Chinoise qui, penchée à sa fenêtre, arrose dans un pot de fleurs, un petit chêne pas plus haut qu'une joubarbe... Je sais ce que lit son mari, heureux homme! C'est l'HISTOIRE DE DEUX COULEUVRES ou bien encore l'HISTOIRE D'UN CERCLE DE CRAIE... Quelle femme, *caro mio!* des yeux grands comme des tasses à café, un petit nez camard, fripon et friand, des lèvres plus fraîches et plus vermeilles que le fruit du jujubier, des ongles longs longs de deux pouces, une peau!... une peau nuancée comme la peau d'un serpent! Et si vous la voyiez passer, si joliment trébuchante sur ses deux petits pieds pareils à des nénuphars d'or... Une seule chose me déplaît de la Chine, c'est qu'elle existe — à ce qu'on dit. — Mais je sais une Chine plus belle et qui n'existe pas!... C'est le pays où deux et deux font cinq, où l'eau chante, où l'oiseau parle, où la fleur rit! C'est le pays où tout arrive! Les princesses y sont plus rayonnantes que le jour! Les lampes merveilleuses y brûlent. Les génies y tissent des romans, les lutins y servent l'amour, les rêves y racontent leurs voyages. Les Sésames de diamant s'y ouvrent sur un signe. Les fées de l'Orient y mènent à la baguette les aventures de l'imprévu. Ce n'est qu'enchantement, ce n'est que métamorphose, ce n'est que fantaisie en cette terre de caprice, à mille lieues de la terre, à mille lieues des trois unités : le vrai, le raisonnable, le possible ! Pays chéri ! beau domaine ! seule patrie ! fit-il avec un sourire triste que m'ait laissée l'Inquisition d'État !

Gozzi reprit : Oui, mon ami, je dis bien, ma seule patrie... O misère ! la pensée mâle qui est en moi, ce morceau d'un peuple qui tressaille dans ma poitrine, ma bouche frémissante ouverte pour une de ces satires qui fouettent une nation vers de nobles destins, il faut que je les bâillonne ! mon cœur vénitien blessé et saignant des avilissements de Venise, comme des hontes d'une mère, il faut qu'il taise jusqu'à ses murmures ! Étourdis-toi donc de chimères, ô mon cœur ! Rions et faisons le fou, puisqu'il t'est défendu d'agir et de vivre ! Rions, puisque l'Inquisition d'État veut que le plaisir étreigne la Rome des mers, la berce, la désarme, l'endorme et venge le monde ! Le plaisir ! écoutez : l'Inquisition d'État la fait prêcher à tout et partout, au théâtre, au livre, aux promenades, aux cafés ! Malheur à qui oserait, à coups de sifflet, arracher leur proie aux basses joies, et refaire de ce troupeau une armée d'hommes ! Malheur à qui le

ferait rentrer dans l'arène et dans la dispute de
l'avenir! Rions donc, et que jusqu'à ces chants
d'église qui montent dans les nefs, tout amollisse
et tout énerve, tout soit la volupté dernière des
peuples qui vont mourir! Ah, vous entrez là, aux
Frari?... moi, je vais aux Granelleschi.

Sur la place des Frari, aux descentes de lit pendues
aux fenêtres, des sonnets tremblaient au vent, atta-
chés avec quatre épingles.

La nef des Frari était pleine de fleurs en papier.
Des bobèches de buis tournaient autour des flambeaux d'or. Dans un coin de sacristie, deux gros
hommes s'empêtraient de rouge, se débattant comme
des bœufs dans de la pourpre. D'autres, vêtus de
serge rouge, promenaient dans la foule des cassettes
formées d'une tête de mort en argent. Derrière l'autel, le soleil était du sang sur lequel l'encens paraissait de l'azur. Contre un mur, des nègres de marbre
blanc geignaient sourdement sous une montagne
d'architecture, et des écorchés de marbre noir éta-
laient des écussons énormes.

Il flottait dans toute la nef une musique suave,
soupirante et gazouillante. Il semblait que ce fût
l'éveil et la prière du matin de l'aube, prenant voix
par toute la terre. Des refrains, des chansons, des
airs à danser, et des marches, et des susurrements
qui s'enhardissaient, et des trémolos badins, et des
rythmes légers, et des gammes ondulantes et ba-

lancées, et des crescendo que l'archet brise et rebrise et renoue; et des notes qui marchaient seules et que d'autres notes suivaient, comme des dames d'honneur, en leur tenant la queue; et tout ce bruit frais, et toutes ces gaies mélodies, se rangeaient à une claquante mesure, à un *flafla* que semblait battre la batte d'un Arlequin... C'étaient de tels et de si doux chatouillements en mon âme ouverte et bercée, que j'y sentais assis, accordant leurs luths, les anges de Bellini, les petits anges musiciens, court vêtus, et si gentiment tristes.

Il y eut un accord de tout l'orchestre, un unisson plein, parfait, continu; et les notes n'étaient plus des sons : elles étaient, à mon oreille, un bruissement tendre et clapant; l'une à l'autre elles se mariaient comme des lèvres... Ce n'était plus que baisers s'envolant des basses, des flûtes, des violons... Et cette plainte, c'était le baiser mourant de la Gaspara Stampa, dont Collatino brisa la vie et la lyre, Sapho que Guerchin couronna de lauriers! Et cet appel, c'était le baiser vénal et charmant de celle qui fit de Rousseau un homme! Et cette cadence, c'était l'harmonieux baiser de la Cassandra, portant au col la chaîne d'or donnée à son éloquence par la Reine de Pologne! Et ce soupir, c'était le galant baiser de l'Isabella, qu'un anagramme du Tasse appelle *la Blanche Sirène!* Et ce coup de timbales, c'était le baiser brutal de la Margarita, qui battait le cœur du poète anglais pour le faire chanter! Et cette fanfare, c'était ton baiser triomphant, Veronica Franco! toi qu'aima le roi Henri de France Troisième, et qui daignas l'aimer !

Et le beau bras de Veronica Franco était passé sous mon bras. Ses patins sonnaient sur le pavé. Nous marchions sous des fenêtres, où des vieilles montraient leurs cheveux blancs et le capuchon vert de leur quenouille. Veronica marchait, précédée de son pas sonore, tout entière en arrière et retournée vers moi, vers moi, penché sur elle et ne regardant qu'elle..... O mes désirs ! quelle ivresse vous versaient ses beaux cheveux frisés et relevés sur son front, en deux grandes cornes d'or ! et ce haut col de dentelle d'argent, gardant d'une grille de guipure ses tombantes épaules, et cette chaîne d'or qui se coulait frétillante entre ses deux seins... Sa longue jupe de soie entr'ouverte de mon côté, — il me semble que je l'entends crier encore ; — oui, elle est encore dans mes yeux, retroussée par derrière du bout de son petit doigt, laissant voir son haut-de-chausses d'homme, sa chaussure à la romaine, ses énormes patins de bois qui la grandissaient d'un pied... Ma Veronica avait la peau blanche, mais d'un blanc douillet et chaud, trempé de lueurs mates, baigné de vie, allumé de santé. Sa gorge était fière, drue, insolente, superbe. La maîtresse du Titien, Violante elle-même, n'a jamais porté, en un pareil triomphe, toutes ces majestés de la chair provocante, tant de beautés impérieuses et qui violaient l'amour !

No lo voi! no! no! fredonnait Veronica en me montrant des femmes qui étincelaient comme des escarboucles dans les rues rousses; *No lo voi!* — et elle les frappait d'un petit coup de son chasse-mouches en plumes d'autruches. *No lo voi! no! no!* fredonnait-elle toujours, en me montrant aux femmes, *No lo voi!* Il est à moi, Morgana! bien à moi, la Cervetta! tout à moi, la Lavandera! à moi pour la vie, la Parisotta.

Au bout de quoi, elle toucha un marteau de bronze représentant une bacchante balancée sur les bras nerveux de deux faunes agenouillés. La porte s'ouvrit : Attends-moi sur l'*altana!* fait ma belle.

Je monte sur la terrasse. Le soleil y dormait tout de son long. A peine si, dans un coin, un vieux cep de vigne, aux feuilles rares, nouait sous lui les ombres maigres de ses bras tordus. Je m'accoude.

C'est un ciel d'un azur fin qui se meurt en transparences d'or pâle. L'horizon flotte sur la mer, crêpe bleu tendre à demi submergé. Des campaniles et des dômes d'étain montent, argentés ou bleuissants, dans les clartés. Contre la Dogana, entassées dans l'ombre violette, les voiles couleur tabac, trouées de jour, boivent mille rayons; et sur sa boule d'or, que midi incendie, rit la Fortune volante. L'eau est engourdie, pâmée, et berce, sur son miroir d'huile, la face des monuments. Pas un mât jaune ne bouge. Les mouettes seules rasent ou déchirent l'onde figée, naviguant comme des cygnes, ou bien trempant leurs pattes, secouant des perles et s'envolant. Leur petit cri, le coup lointain d'un marteau de calfat, le gémissement d'une poulie, c'est tout le bruit!

Je me retourne. Veronica est là, sur une chaise incrustée de grenats, dans le soleil, dans le plein rayon, ses cheveux d'or épars et volant dans le fluide d'or. Elle n'a qu'une chemise de soie blanche, un *rochetto* de la soie la plus fine qui l'enveloppe, la baigne, la caresse et la trahit, en rougissant aux seins, aux genoux et aux orteils, du rose pâle des roses thé. Mais pourquoi, sur la tête, cet immense chapeau sans fond, ce grand couvercle tenant sa figure et sa poitrine dans l'ombre tendre qui tremble au col des ramiers?

— Pourquoi cela? lui dis-je.

— Je veux que tu m'aimes, vois-tu, me dit-elle, je veux que mes cheveux dérobent des rayons au soleil, pour que ce soir, tes yeux, roulés dans mes cheveux, croient encore au jour!

Et trempant dans une fiole une petite éponge, montée au bout d'un manche de cristal, elle la passe dans ses cheveux débordant de la *solana*, en laissant son regard sur mon regard...

Puis tout à coup : — Dis-moi les robes des femmes de France. Hier, j'ai été pour voir, à l'entrée de la rue de la Mercerie, la Poupée de France qui dit la mode : le vent l'avait emportée l'autre nuit. Dis-moi la robe qui promet le plus, la robe qui ment le mieux, la robe qui fait aimer!

— Que sais-je, je ne sais plus!

— Mais au moins la couleur à la mode, tu l'as vue... tu la sais, dis-la-moi...

— La couleur à la mode? ma foi! quand je quittai la France, c'était couleur de *péché mortel.*

— Non, j'en veux une autre, une que l'on m'a dite, une plus nouvelle... M'aimes-tu?

— Si je t'aime, Veronica, veux-tu que...

— Non, je veux que tu m'ailles chercher en France une robe couleur de *singe mourant*... Ton roi Henri me l'avait promise, quand il est venu, mais les rois ont tant de courtisans qui font du bruit autour de leur mémoire! Il ne s'est plus souvenu... La dogaresse en voudrait bien une; elle ne l'aura pas!... et je l'aurai, n'est-ce pas? Viens! me dit-elle dans un baiser; et, me prenant la main, elle m'attira vers une porte.

En passant le seuil, Veronica vieillit soudainement. Cinquante années lui vinrent au visage en une seconde. Et sa robe, ce nuage de soie, c'était un sac de grosse toile bise, le sac où se blottissent les pauvres honteux, qu'on voit tendre leur cornet de papier aux passants.

Dans la chambre, dix lits à droite, dix lits à gauche, appuyaient leurs têtes au mur. Sur un guéridon bien net, un ciseau mince posait sur un peu de linge blanc. Sous les draps étaient des formes, quelque chose de confusément rond comme un corps ramassé sur lui-même, et, au bout des couvertures haut montantes et renflées çà et là, un bout de joue cireuse, un coin de front blanc, gisait, battu de cheveux, sur l'oreiller creusé. Il puait fade et chaud. Au milieu de la chambre, autour d'une table, des femmes assises sur un banc lisse, levées, accoudées, en toutes poses, immobiles ou faisant de grands gestes, riaient ou rêvaient, regardaient, le menton dans leurs deux mains. Devant elles, sur la table, étaient rangés, en mille dessins qui semblaient le pavé de l'église de Murano, des pierrailles et des bijoux faux. Le jour courait gaiement sur le groupe, mordant les peaux et les chemises. Droite, insolente et grasse, l'une, serrée dans son corset jaune, balançant sur une hanche son jupon blanc, secouait par-dessus les têtes un bas de laine, où sonnaient, d'un son de bois, les numéros de la tombola...

N'oubliez pas que nous mangeons ce soir une friture de *scampi* au Giardino, aussitôt ma dissection faite! me cria le Docteur.

J'étais au bord de la mer.

Il m'apparut une île de verre.

Au pied d'un grand arbre de cristal, épanoui comme un lustre, fleuri de mille verroteries, Éole était assis. Une cuve d'eau de perles entre les jambes, les joues enflées, sans trêve, il soufflait, dans une paille de glace, bulles de savon sur bulles de savon. Les bulles s'envolaient en bande, s'opalisaient de mille rayons, montaient jusqu'aux mains du soleil.

qui s'amusait à jongler avec elles ; puis, je les voyais retomber sur toutes les tables d'Europe, patères qu'une aile de mouche eût fait choir! lagènes qu'eût brisées un *ut* de ténor! je les voyais retomber en millions de coupes : celle-ci, une mousse laiteuse de verre! celle-là, un chiffonnage de cristal! cette autre une toile d'araignée brodée de diamants par la rosée! et des supports et des agrafes, et des anses, et des couronnes, et des fantaisies et des chimères, filles d'un souffle, qu'eût signées le ciseau de Léopardo!

— Excellence, c'est Murano la Morte!! Êtes-vous amateur de verres de Venise? de curiosités? Si vous voulez bien me suivre?... Et l'homme marcha devant moi.

A perte de vue, des façades de briques brûlées et rebrûlées du soleil; du plâtre gris qui verdissait dans l'ombre; une ville fruste comme une vieille marche d'église; des enfilades d'antiques ponts de pierre étayés de pilotis; des canaux où les eaux ensevelissaient lentement les carcasses pourries des bateaux abandonnés; un silence, entouré au loin de sonneries mourantes de cloches; au-dessus des murs ébréchés, des verdures noires; des arceaux qui, pierre à pierre, s'en allaient sous les feux du jour; des maisons rayées par les eaux croupissantes d'un étiage de mousse humide; des grilles de balcons descellées et se penchant, avec de grands gestes désespérés, vers leur image noyée; des cours lépreuses avec des lucarnes fermées par des volets de bois couleur de boue et un trou noir pour escalier; des places, des *campi* sans une âme, salies de l'herbe maigre des solitudes où ne pénètre pas le soleil; des débris de mobiliers étranges, étalés pour la vente, à la garde de Dieu; et tout à coup, par quelque fissure inattendue de muraille, les perspectives empourprées que le Tintoret peignait de sa maison, contre laquelle j'étais adossé... Alors l'ombre gigantesque d'un turban s'allongea derrière le turban de pierre d'un Maure sculpté en un mur, et sur la frise d'un palais en ruine, apparut le relief d'un chameau, chargé d'aromates...

— Oui, Excellence, vous êtes dans le quartier des Maures, en plein Canareggio...

— A propos, mon cher, dites-moi donc où diable vous ai-je déjà vu?

L'homme baissa timidement la tête.

Ah! farceur, je te reconnais maintenant... c'est dans Boccace, journée quatrième, nouvelle deuxième que je t'ai rencontré. Tu es le fameux prédicateur Albert qui trompa si finement Mme Lisette et qui...

— Excellence, ne me perdez pas!

— Eh bien! que fis-tu après ta promenade en homme sauvage sur la place Saint-Marc?

— Je me fis juif, Excellence!

Et il mit la clef dans une serrure pareille à la serrure d'une des portes de Gaza.

Nous entrâmes dans une grande salle nue. Des milliers de tiroirs montaient jusqu'au plafond, laissant tomber à hauteur d'œil des milliers d'étiquettes pendues à une ficelle :

— Excellence ! Vous allez voir des curiosités comme pas un des Hébreux du Ghetto ne pourrait vous en montrer !

L'homme allait d'une étiquette à une étiquette, disant :

— Son Excellence veut-elle une vague encore dorée d'un reflet d'or du Bucentaure ?

— Son Excellence préfère-t-elle le bruit que fait la tête d'un doge, en tombant dans une tragédie de Casimir Delavigne ?

— Une chose unique ! Excellence ! le crédit philosophal trouvé dans la paillasse de Law !

— Ceci, Excellence, une perle de sueur de 1574, tombée à une régate du front d'une rameuse de Palestine !

— Excellence ! achetez-moi le *si* de la Malibran ! »

C'était un petit Jacquemart en filigrane qui, aussitôt un ressort poussé, montait *prestissimo* sa petite échelle d'argent, pour s'en aller sonner le carillon des émotions humaines... C'est fragile, mais nous avons de si bons emballeurs !

— Plaît-il à Son Excellence posséder le premier sourire d'amour de Bianca Capello ?

— Excellence ! dix sequins, la mémoire d'Alde Manuce, où tenaient quarante mille volumes !

— Excellence ! le lion en beurre frais de Canova !

— Excellence ! voilà la naissance du chantage dans l'encrier d'Arétin !

— Excellence! Regardez!

Et, faisant glisser un tiroir plus grand que les autres, il me montra quelque chose de blanc :

Pour Dieu! n'y touchez pas! une relique encore chaude! Excellence! n'est-ce pas, on la reconnaît? c'est vivant, ce creux! Prenez garde! Excellence! votre lorgnon, s'il tombait dessus! Oui, c'est elle, Excellence! Le certificat y est joint!... Desdémone, moulée dans l'oreiller qui l'étouffa! — Il y a encore un cheveu là, Excellence! Je vous vends le cheveu, si vous voulez!...

— Excellence! la Muse de Goldoni! »

J'entrevis une paire de ciseaux.

— Excellence! une rareté admirable! une curiosité de votre pays, Excellence! la dernière pensée de Léopold Robert : un baiser qui gravit un trône!

— Excellence! de grâce, étrennez-moi! C'est lundi : portez-moi bonheur! Tenez! Excellence! pour rien, pour un morceau de pain, un nuage qui a vu la bataille de Lépante!

— Sa Seigneurie ne trouve rien ici à sa convenance? Sa Seigneurie veut-elle monter au-dessus? La collection de ma femme! le plaisir de la montrer, Excellence, car je n'en vends rien! »

L'escalier était noir, si noir que je pris des deux mains les deux pans de la longue redingote de mon juif. Les degrés étaient roides. Le juif gravissait sans s'arrêter; sa poitrine sifflait. Il m'enlevait pendu derrière lui. Il montait, et j'apercevais devant lui, par instants, quand elle n'était pas masquée par sa grande personne noire, une forme rouge qui se balançait, légère comme un coquelicot, un joli châle sang de bœuf volant sur l'escalier. Mon juif grimpait toujours dans ma vision. A la fin, je posai mes mains sur ses épaules ; je sautai par-dessus et me trouvai derrière une porte fermée, à genoux sous les deux plus tendres yeux qui soient jamais tombés du ciel sur la terre.

« O les regards longs qui vont plus loin que la terre, les corps inclinés comme une prière, l'abandon, le soir, des mains maigres sur les terrasses, les accoudements silencieux au-dessus des cités qui dorment, les grandes tombées de plis autour des tailles dénouées, les ovales abaissés des vierges au long col, les démarches penchées et molles, effleurant la terre comme une marche d'ombres, le sourire pensif des lèvres sérieuses à demi entr'ouvertes. O adorables langueurs, célestes pâleurs de la femme, mélancolie divine de sa beauté chrétienne, vous êtes mes amours, et c'est toi, Zitta, ma bien-aimée ! toi la femme au front paré de rêverie, toi la femme au cœur douloureux et anémié où naissent les tendresses immatérielles, toi qui as une beauté plus belle que la beauté de la forme, toi la nouvelle Vénus, toi la jeune physionomie moderne, toi l'ascension de l'âme dans la ligne, toi cette enchanteresse que Dieu n'a fait, ni avec un trait, ni avec une couleur, mais qu'on dirait qu'il a créé comme du rayonnement idéal pris à sa face souriante et crucifiée ! je te connais : tu es la vierge-mère du génie de Carpaccio ! Le doux poème de ce monde éclairé de l'or pâle des crépuscules, je le revois en toi ! La légende et la songerie de cette génération courbée, le charme pieux et la grâce dolente de ce siècle où le corps semble s'affaisser sous le poids d'une pensée d'adoration spirituelle, ils habitent tout entiers en un seul de tes regards ! Tu es la femme, tu es l'inspiratrice, tu es l'ange de tous ces vieux maîtres que Venise garde dans ses vieux quartiers, — ainsi que se gardent au cœur des peuples les vieilles poésies ! Zitta ! je t'aime ! »

Je lui disais tout cela à genoux. Il n'y avait, de siège, dans toute la chambre, que la chaise penchée en arrière sur laquelle Zitta, allongeant son corps fluet, balançait sa nonchalance. Le coude posé sur un lit d'ébène à coucher toute la famille du Petit-Poucet, elle lutinait, avec la pointe mutine d'une mule où dansait son petit pied, le loquet d'une armoire en mosaïque de Florence. Son cou plié, sa tête abaissée vers moi, noyés d'ombre, se détachaient sur l'or d'un soleil en feu emplissant la fenêtre ouverte derrière elle. Dans un coin, un bout de bougie brûlait devant trois madones. La tête de Zitta, doucement bercée et remuée dans le cadre éblouissant, dérangeait et brisait, en se jouant, les flèches de la Madona dell' Orto. Son regard m'écoutait sans m'entendre, et sa bouche semblait me dire : Que tu es bête !

Moi, je parlais toujours pendant que le petit pied agaçait le loquet, si bien que le meuble s'ouvrit tout grand : un domino fripé, brodé de vieil or, coula

sur le plancher, et avec le domino — une tache noire.
Cette tache noire, un pied la ramassa, une main la
cueillit sur le pied : c'était un loup — que je me sentis poser sur la figure, tandis qu'un bras entourant
mon cou m'amenait vers la fenêtre.

Aussitôt ce loup sur ma figure, je vis des couleurs,
des couleurs, des couleurs... des masques ! masques
allant, masques venant, masques courant, masques
sautant, masques galopant, masques gambadant,
masques frétillant, masques allègres, alertes, prestes, tout le corps déchaîné, gracieusé, saluant la
joie : masques, masques, masques ! un arc-en-ciel
en vif-argent !

Dans toutes les bouches sonnait l'incessant appel : *hou! hou!* Sur le pavé, le tapage de soie de
tous les souliers de satin, de tous vos *zoccoli*, masques de la vieille Venise ! chantait une éternelle
chanson. Voilà que, pêle-mêle et se heurtant, passaient devant moi les collants à bandes multicolores
moulant, dans leur étau splendide, les fines jambes
des jeunes nobles ; les colliers de perles des mariées
d'un an ; les aiguillettes aux ferrets d'or sonnant aux
épaules des compagnons de la CALZA ; les *bavaro* en
toile de Courtrai d'où sortaient les blanches épaules ;
les pectoraux d'or entr'ouverts en carré sur les
seins opulents des patriciennes ; les *zindado* voletant
sur les chevelures ; les jupes de velours marron, à
grands retroussis de soie gorge-de-pigeon, relevés

par derrière les têtes, en un nimbe aux mille plis imitant la conque de Vénus; les couronnes de lis d'argent tremblant dans les chevelures des épouses; les *zimara* flottantes; les robes collant aux formes et accusant le nombril, les chutes de plis théâtrales et grandioses, les brocarts amples, et royalement drapés...

Passaient les *innamorati* sveltes dans leur pourpoint de velours blanc, constellé de croix, déchirés de crevés de sang, lesquels tenaient une rose à la main; passaient les vierges de Venise, voilées et dérobées dans une nuée jalouse de soie noire, d'où ne s'échappaient que deux doigts d'une gorge naissante, plus rose que la rose des *innamorati*...

Alors le carnaval allait sur l'eau.

Et l'on voyait des gondoles, des gondoles, des gondoles, du monde, du monde, du monde; tant de gondoles et tant de monde que l'eau n'apercevait plus le ciel. A peine si, par-ci par-là, une couleur, une lueur trouvait un petit coin d'onde, grand comme un petit morceau de miroir cassé, pour y danser à cloche-pied.

A la proue de toutes les gondoles, assise, une femme nue et coiffée de nénuphars, penchée sur les rênes, conduisait, du bout d'un roseau vert, des chevaux marins qui battaient l'eau de leur queue de poisson et de leurs paturons en nageoires. Autour, des dauphins vivants et dorés se jouaient. Toutes les gondoles avaient des formes de coquille. Elles étaient sculptées et peintes et triomphalement enguirlandées de fleurs. Leurs flancs portaient, dans des couronnes de lierre, des mascarons admirables; c'était Romagnesi avec son masque de faune et sa barbe en queue de vache; c'était Jareton qui inventa Pierrot; c'étaient Luigi Riccoboni, Giuseppe Balleti et Tommaso Visentini; c'était Ernand en Sganarelle; c'était Giacomo Ranzini; c'était Crépin l'Étonné; c'était Angelo Constantini; c'était Dangeville père en niais; c'étaient Gherardi le Flautin, et Pietro Albogheti, et Giovanni Bissoni; c'était Quinson en serre-tête blanc; c'était Duchemin père, et son chapeau enrubanné et fleuri; c'était le grand Dominique, et Carlin, et Lélio, et Sylvia!

Dans les gondoles étaient réunies toutes les livrées du Rire et toutes les robes de la Folie : la garde-robe de Momus, pillée à Bergame, comme elle revenait d'Atelles!

Il y avait Fricasso et Fracasso. Il y avait Coviello qui gambadait comme un ægipan. Il y avait la Signora Fracisquina qui faisait les cornes à trois Cassandres. Il y avait Brighella se sauvant devant Spezzafer, qui voulait le tuer encore une fois. Il y avait des bohémiennes qui disaient l'avenir à l'Amour et des Colombines qui demandaient l'Amour à l'avenir. Il y avait de vieux Trastullo qui baisaient, en extase, la pantoufle des Lucia. Il y avait des médecins grotesques chantant *Signor Monsu*, des Marameo la seringue en joue, des capitaines Cardoni poursuivis par des armées de matassins. Il y avait des Égyptiens vêtus en Maures et portant des singes. Il y avait Zerbinette, il y avait Violetta, aux pieds de laquelle roucoulait, avec son chapeau en plat à barbe, ses longs cheveux, son long rabat, et sa chemise passant au défaut du pourpoint, le beau Narcissin de Malalbergo. Il y avait des Biscayens dansant, des capitaines Cocodrillo dansant, des Cucurucu et des Cucurogna dansant et chantant. Il y avait des femmes en robe turque, et des femmes avec un masque à moustaches, un chapeau pointu, un goitre de mousseline tombant du masque jusqu'au sein. Il y avait des Tartaglia, face jaune, et fleurie, besicles sur le nez, qui bredouillaient, nasillaient et embrouillaient d'impossibles histoires. Il y avait des muftis et des trivelins, des dervis et des lutins faisant le saut périlleux. Il y avait les trois masques basanés : Fenocchio, Fiqueto et Scapin — oui, l'effronté Scapin qui, les cheveux frisés, la moustache de chat effarouché, le manteau roulé autour du bras droit, une odeur de potence par toute sa personne, et l'œil noir comme sa conscience, offrait avec une courtoisie gouailleuse ses loyaux services au galant chevalier Zerbino.

Gian-Fritello se montrait tout fier dans son sac. Gian-Farina enseignait un menuet de tous les diables à Franca-Trippa. Autour de Beltrame, chassé de Milan, et contant ses affaires d'honneur avec la justice, béaient tous les Gradelins, Tracagnins et Traffaldins du monde.

Dans les gondoles se trouvaient des clavecins, des violes d'amour, des théorbes. Il s'y trouvait aussi des lazzis, des refrains, des rires, des paroles à l'oreille, des bouquets, des baisers, des cartes, des dés, des jeux de stofe, de lansquenet, de piquet, de berlan, de petits paquets.

Les deux frères Arlequin, l'aîné avec sa toque à crevés, son masque noir à barbe de roi ninivite, le cadet avec sa petite queue de lièvre à son petit chapeau et des verrues noires à son masque noir, chacun un bras sur l'épaule de l'autre, posés tous deux sur la pointe du pied droit, jouaient à un pharaon tenu par la Farce, leurs deux battes contre un coup de pied.

Et des *intartinamenti*, des charlatans à chaîne d'or, des saltimbanques cravatés de serpents savants, des montreurs d'ours et de ridicules, des parades et des parodies, où Bernis parlait de Dieu et Casanova de l'amour platonique!

Puis des triomphes de Pulcinelle, droit comme son feutre, ayant grand air malgré son nez rouge et son petit ventre pointu, brandissant fièrement son sabre de bois, à cheval, plus solennel qu'un Balbus, sur un Pulcinelle en travers porté par deux Pulcinelles. Et puis des Razulto chantant des Olympiques en grattant trois ficelles d'une guitare dont le manche plus long qu'un poème accrochait sur la route les cheminées en mortier. Et puis des Pantalons en bonnet de laine, en gilet rouge, en culotte coupée en caleçon, en bas rouges et en pantoufles, et qui, le pied en avant, la barbe pointue et menaçante, la grande robe noire relevée d'un bras replié sur le dos, énuméraient au public les vertus de leurs filles sans dot.

De Bologne étaient venus trois cents docteurs marqués d'une tache de vin du front au menton, lesquels consolaient en trois points les cocus effarés.

Et encore des Mezzetins aux draperies zébrées, et encore des Pierrots tombés de la lune, et encore des Scaramouches dont les deux plumes de coq balayaient les étoiles...

Et des tricornes et des tricornes; des tricornes coquins, coquets, crânes et charmants. Les hommes avaient des tricornes, et les femmes des tricornes inclinés sur le front, qui mettaient sur leur masque blanc l'ombre du vol d'une hirondelle. Blancs étaient tous les masques. Blancs étaient les masques des hommes, avec le bord des paupières teinté de carmin; blanche était la *baüte* des femmes, avec le bord des paupières teinté de carmin, de grosses lèvres peintes en rouge brique et le carton des joues brutalement fardé. Les hommes en fins bas de soie, en talons rouges, le domino noir retroussé, penchés et pliés en de moqueuses révérences, provoquant les *donne* sous le nez, offraient leur cœur dans un éclat de rire, ironiques du haut en bas de l'échine. Les *donne*, la tête en arrière, et de profil intriguant la cantonade, muettes et superbes, riaient dans la barbe de leur masque, ballonnaient de la jupe, battaient la mesure d'un vieil air avec leur mule cachée sous les falbalas, jouaient avec le cri de leur éventail, et laissaient, à travers leur camail de dentelle, la blancheur de leur chair sauter aux yeux des galants.

Un beau jeune homme, — je le vois encore ! — Oh ! le Janus étrange et charmant ! Il avait rejeté son masque contre son oreille, et montrait, côte à côte, le profil d'un Satyre, la face d'un Apollon.

Cependant, auprès de lui, d'autres *paroncini* faisaient de grands jeux : ils attrapaient des mouches sur le nez immense du noble homme de Calabre Giangurgolo, et des araignées sur la rapière-interminable du capitaine Spavento.

Mon œil sautait de gondoles en gondoles. Il arriva à la première, à la gondole que toutes les gondoles suivaient : elle portait une bière sur un drap blanc, et un essaim d'Amours ! Amours qui, s'appuyant des deux mains derrière eux, et glissant avec les reins le long de la gondole, les ailes frissonnantes, lutinaient d'un seul pied les caresses de l'eau ; Amours, qui, le cul nu posé sur un talon, joignaient leurs mains nouées à leurs genoux tout ronds ; Amours qui regardaient au ciel un nuage aller ; Amours roulés par terre, tenant d'un bras le bout de leur gentil pied rose, un pli de graisse au ventre, un pli sous le jarret ; Amours, les bras croisés comme de petits hommes, ou le menton aux mains et les doigts aux deux joues, écoutant quelque chose ; Amours qui sur leur arc passé sous une cuisse, balançaient une jambe allante et revenante ; Amours agenouillés, posés sur leurs deux coudes, attentifs à traîner sur la face de l'onde les grands cordons du poêle ; Amours, les frisons de leurs petits cheveux au vent ; au vent leur ventre blanc, debout et droits sur leurs mollets tremblants; Amours, le dos au soleil, couchés et vautrés, et la joue écrasée, qui s'amusaient avec des immortelles d'or; Amours jouant à cache-cache, en se cachant un peu dans les coins du drap blanc; Amours accoudés sur la bière, sur leur bras replié couchant leur face blonde, et dormant sur la Mort! tandis qu'aux deux bouts de la gondole, quatre Amours, leurs carquois renversés au dos, laissaient distraitement tomber la baguette sur la peau d'âne voilée de crêpe des hauts tambours des armées de Louis XIII.

Un homme, je ne l'avais pas vu d'abord, était perché sur le rostre de la gondole. C'était le peintre Longhi, mon ami, qui râclait un violon d'ébène; un singulier violon! d'où s'échappaient, à chaque coup d'archet, deux notes ensemble et qui montaient dans le ciel en se donnant la main : une note rose, une note noire...

Et l'air blutait, comme de la farine, mille petits morceaux de papier blanc qui tombaient des toits, des fenêtres, du ciel, de partout. Au vol j'en attrapai un sur lequel était :

GRAND ENTERREMENT
DE WATTEAU

Par le carnaval de Venise
aux dépens de la sérénissime République.

Et il neigeait tant de ces papiers que je ne voyais

plus rien. Je me jetai dans la rue pour rattraper le convoi.

Je ne sais comment Zitta m'avait jeté au dos une peau de lion, ni pourquoi je m'amusai à faire le lion. Tantôt d'un mouvement d'épaules, j'ébouriffais les crins rudes de ma crinière ; tantôt je faisais jouer au bout de mes cinq doigts la menace de mes ongles ; ou bien, mon chapeau devant ma bouche, je tirais du fond de ma gorge des rugissements très convenables qui grondaient et roulaient dans le feutre noir. J'ouvrais mes yeux tout ronds et je les promenais furieusement sous mes cils fauves. Je griffais le pavé en allongeant mon pas. Je grommelais sous mes babines. Je singeais à quatre pattes les rampements de la bête. Je me reprenais, je répétais et je redisais mes poses. Les enfants avaient peur et se cachaient dans les jupes de leurs mères.

Peu à peu, comme versé goutte à goutte, un acier souple et fort me coula dans la veine. Des nœuds de muscles s'enroulèrent et se tendirent en câble le long de mes os que j'entendais grossir en craquant. Ainsi qu'un coin fiché au cœur d'un chêne, mon cou se prit entre les solides montants de mes épaules. Une râblure formidable envahit mes reins. De mon échine deux ailes jaillirent en colère. Pareil à un pouls brut et généreux qui battrait dans un corselet de bronze, le cœur me bondit entre les côtes. Une moelle inconnue courut par tout mon être. Mon crâne durcit et fuit. Une élasticité quadrupède frissonna dans mes membres. Cette queue qui balayait derrière moi la poussière, raidit comme un bras tout fait de nerfs. Je voulus dire adieu à Zitta... je broyai le tonnerre entre mes dents...

J'étais le lion de Saint-Marc sur sa colonne.

De là-haut, le monde me paraissait comme une carte dépliée.

Sous ma patte gauche dormaient, à l'ombre, mon vieux dogat de Venise, un duché! mes provinces de Bergame, de Brescia, de Créme, de Vérone, de Vicence, de Padoue; Feltrin, Bellunois et Cadorin, ma Marche trévisane; ma Polésine de Rovigo, et ma principauté de Ravennes. A l'ombre de ma patte droite, dormait le Frioul, dormait l'Istrie, dormait Zara, Spalato, dormaient les îles dalmates, la mer Ionienne de Corfou jusqu'à Zante, Patras, Argos, Coron, Moron et Naples de Romaine, Égine et l'Eubée, et les Cyclades, et l'Archipel et Candie, et, mon royaume de Chypre. A l'ombre d'une de mes pattes dormaient un morceau de Constantinople, Abydos et Sestos, Adrianopolis, Nicomédie, Gallipoli, Héraclée, Nicopolis; dormaient mes consuls, mes églises et mes fours aux Échelles du Levant; dormaient mes comptoirs d'Alexandrie, de Tyr, de Berythe, de Ptolémaïs et d'Astrakan.

D'un coup de ma patte droite, je râflais, comme d'un râteau de jeu, les côtes d'Europe, de la mer Noire à la mer d'Azoff, de Caffa à Anvers et de Londres à Byzance. D'un autre coup, je râflais les côtes d'Afrique, d'Alexandrie à Tanger. D'un autre coup, je râflais les côtes d'Asie, de Byzance à Trébizonde, et de Byzance à Famagouste, et du Bosphore au Phase, et du Phase à l'Oronte................

....

....

... Un moment je regardai sous moi. Un soldat français était assis au pied de ma colonne. Son tricorne me cachait sa figure dont je ne voyais qu'un bout de moustache dure. Sa jambe droite, croisée sur sa jambe gauche, montrait une guêtre noire lacée avec des bouts de ficelle. Deux galons brodaient la manche de sa capote, plus usée que vieille. Un coude appuyé au genou, d'une main il tenait sa pipe entre les dents; de l'autre il agitait devant le fourneau une page du Livre d'Or de Venise, qui flambait.

Une bouffée blanche s'envola du brûle-gueule. Aussitôt, Venise se décolora et le sourire de ses briques et de ses marbres roses s'évanouit; elle devint la Venise grise des eaux-fortes de Canalette : une ville barbouillée de traits, brouillée de lignes, avec des horizons fourmillants de campaniles, de terrasses et de cheminées évasées, et toute pleine d'ombres aux apparences remuantes, de silhouettes confuses et tapageuses. Une lumière d'éclipse errante sur des rives confuses, coulant le long de façades effacées, tombait dans l'eau, où le souffle d'une brise poussait, en millions d'accolades, les vagues contre les vagues. Les passants n'étaient plus que des pâtés d'encre qui allaient, et je voyais, dans la nuit du jour, Guardi tenir une palette où il y avait seulement du blanc et du noir.

Soudainement les mille blasons, qui étaient les étoiles du ciel, pâlirent. La couronne impériale des Dandolo, l'aigle noir des Soderini, la branche de roses des Mocenigo, l'aigle à deux têtes des Malipiero, les trois grillons noirs des Grioni, l'échelle d'argent des Gradenigo, le saint Marc d'argent des Foscari, la couronne d'or des Cornaro, la cigogne des Cigogna, le lion d'or des Caotorta, le lion d'or des Albrizzi, les trois tours d'argent des Tiepolo, l'aigle impérial d'or des Giustiniano, la fasce d'argent des Morosini, les six roses à cinq feuilles des Loredano, les trois abeilles d'or des Barberini, les trois étoiles d'or des Guerini, la couronne ducale des Contarini ; — tous les écus qui rayonnaient à la voûte céleste, vacillèrent ensemble, puis filèrent un à un.

Les bouffées sortaient plus pressées de la pipe. Sous le firmament aveuglé, la ville défaillait. Les pierres perdaient leurs dentelles, les balcons leurs trèfles. Les architectures, noyées, s'affaissaient sur elles-mêmes, au loin, puis là, puis ici. Les plus hautes tours, le pied mangé de fumée, fuyaient dans la brume. Un vide bleuâtre se faisait. De partout, l'horizon se rapprochait sourdement. Une invisible nuit s'élevait sur des vapeurs. Des colonnes de brouillard foulaient, en tournoyant, les dômes, et l'œil n'avait plus où se poser.

Comment ils étaient sur mon piédestal ? un homme à côté de ma patte gauche, une femme à côté de ma patte droite, — je ne me le rappelle plus. — Mais l'homme avait une serviette sous le bras, et la femme des larmes d'argent sur son masque.

L'homme disait : Monsieur, je suis garçon de café chez Florian ; voilà trente ans que je sers la nuit et que je dors le jour. Est-ce qu'aujourd'hui midi serait déjà le soir ?

Et la femme : Connais-tu ma sœur Mélancolie, ma blonde sœur qu'a gravée l'allemand Albert Durer. Moi, je suis Dona Mœstitia de Venise, dogaresse, veuve de la République. Je guéris de penser, — et de vivre, fit-elle plus bas.

La fumée de la pipe du soldat français grandissait et grandissait ; et dans son nuage sombrait Venise et la terre et le ciel.

Un éclair jaillit de la corne des chevaux d'or debout sur les tombeaux où dorment les vieux doges.

Le banc de pierre où Gozzi avait l'habitude de s'asseoir sur le quai des Esclavons, se fendit.

L'Évangile de bronze, où posait ma griffe, tomba...

Boum !... fit un coup de canon.

. . . .

Je sautai dans mon lit. Il était six heures du matin. Le canon venait d'annoncer l'ouverture du port de Venise.

LA MAISON ET L'ATELIER

DU GRAVEUR WILLE [1]

L'honnête logis, l'aimable école d'art, la bonne franc-maçonnerie allemande que le n° 29 du quai des Augustins. Plaisante maison, la maison de M. Wille ! Hospitalier marteau soulevé quarante-trois ans par l'Allemagne et le Danemarck et la Russie ! Parcourez le Paris du xviii° siècle, et vous ne trouverez ailleurs plus joyeuse hôtellerie du travail et du gai compagnonnage, plus odorant fumet de choucroute ! Et rencontrez autre part belle humeur semblable à la belle humeur de ces gros garçons réjouis, les élèves de M. Wille, et dites encore s'il est cheminées plus chargées et plus encombrées par les jours de l'an que les cheminées de M. Wille ; et larmes de regrets et de reconnaissance pareilles aux larmes versées par les pensionnaires que délogent un à un, année par année, les petits enfants du père Wille, — où les recueillerez-vous ?

---

1. Étude qui a servi de préface aux Mémoires et journal de F.-G. Wille, graveur du Roi, publiés par Georges Duplessis. Paris, Renouard, 1857.

Santé de l'esprit, joies faciles, rêves à portée de la main, imaginations sans fièvre, paix de l'âme, sérénité des désirs, tranquille poursuite de la fortune et de la célébrité; amitiés éprouvées, chagrins qui s'envolent aux caresses des marmots, vie toute droite et toute unie qu'on parcourt au petit pas, la bien-aimée ménagère au bras, — quel parfum *d'artisanerie* aisée s'échappe de là, ainsi que des inté--rieurs dessinés par Chardin! Et la belle chose que c'est : le bonheur et le bon sens qui rient dans cette maison !

L'hôtellerie bénévole est sous l'invocation du dieu Terme. Qu'ils reviennent d'Allemagne ou d'Italie, les habitués, les amis, les clients, retrouvent la même enseigne à la porte, cet accueil joyeux de Joseph, du vieux Joseph, qui se réjouit des heureux retours dans l'antichambre, une minute avant son maître. Rien n'est changé, le seuil franchi; les clefs des buffets, la clef de la cave à la ceinture, Mme Wille est toujours la ménagère hollandaise, que Wille semble avoir épousée dans le tableau de Terburg gravé par lui. La bourse pleine a, comme devant, de bons cordons qui font deux fois le tour des écus, mais nul des pensionnaires n'a pâti, et l'excellente face grasse et rouge des blonds Allemands montre qu'au logis, entre l'ordre et l'économie, l'aisance est toujours assise.

Aussitôt les burins remisés, les cuivres serrés, une discipline amie lâche bride aux ébats de ce collège de la gravure. Les farceurs entrent en récréation, et l'énorme sottisier, M. Baader, le Silène plaisant de la troupe, mène, déchaîne, rallie les espiègleries, les enfantillages et les jovialités germaniques. La table du souper est bruyamment égayée, comme une table d'enfants que présiderait la bonne enfance d'un grand-père. Et combien plus égayée est-elle encore, quand il s'agit de faire honneur aux bouteilles de Bordeaux d'un ami, aux bouteilles de vin du Rhin d'un autre ami, et d'arroser le jambon que M. de Livri a envoyé de Versailles pour décarêmer les estomacs mauvais chrétiens!

Jours fastes! où les camarades de Paris, Basan, Saint-Aubin et tant d'autres, viennent mettre leurs coudes sur la table et jettent leurs saillies françaises au nez des naïfs teutomanes, qui « se cotisent pour comprendre ». Parfois le génie du lazzi lui-même, Carlin, apporte au banquet la Comédie italienne; et tels sont, à ses pantalonnades, les gaietés et les éclats, qu'ils font jaloux les passants attardés du quai des Augustins.

Viennent les beaux jours. Que le ciel promette le chemin sec aux souliers de Mme Wille et des étoiles au retour, quelle envolée! Mme Wille, et les amies, et les parentes, ont ajusté leurs coqueluchons — et le bras aux dames! — la caravane buissonnière gagne, par le plus long et le plus vert, Auteuil et la maison de Kopofer, le musicien de M. de la Poplinière, ou bien surprend Mme Huet, qui met en hâte les couverts sous le berceau de verdure de son jardin des Gobelins. Ce ne sont point, croyez-le bien, ces bonnes gens, des citadins endurcis. Ils se rendaient, il est vrai, tout à l'heure chez Bancelin et à la foire Saint-Laurent; mais ne sont-ils pas bourgeois de Paris? Ils allaient chez Nicolet, mais Nicolet leur avait envoyé sa plus belle loge. Ils passaient la soirée à la Comédie, mais il y débutait un acteur appelé Talma.

Et vive le foin et l'herbe sous les pieds, l'haleine du soir, le repas sans nappe, les bouchons semés dans la prairie! Vive la Seine près Charenton! vive le paysage humide de Saint-Bonnet, Tempé de la friture, où M. Wille oublie les longs et grands festins d'artistes du quai de l'École! Puis ce sont les parties de boule, et toute la famille, — trois générations dont la plus vieille s'amuse des amusements de la plus jeune, revenant, le petit-fils en avant, et courant, et sautant, et battant les deux côtés de la route, et se régalant de fatigue, toujours poursuivi à cloche-pied par le traducteur de Gessner, qui... Grand Dieu! le voilà par terre!

Mais qu'ont dit ces consciencieux menteurs, Gillot, Lancret? Étudiez, étudiez la nature! Le plaisir sera profit. L'arbre et la chaumière seront modèles, les croquis conseilleront les tableaux. Les crayons sont taillés, la banlieue est marquée pour être découverte. Le rempart[1] de l'Arsenal, les masures de la lointaine Chaussée-d'Antin d'alors, les ruines moussues de

---

1. Je possède un dessin de ce rempart de Jean-Georges Wille, de Wille père. — Vue prise du bas du rempart de l'Arsenal. On voit lavés à l'encre de Chine, l'île Louviers couverte de piles de bois, le chevet de

l'hôtel Soissons, prennent bien souvent les habitants du quai des Augustins, aussitôt l'été déclaré, aussitôt l'été officiel. Sceaux, Meudon, l'abbaye de Saint-Maur, Mantes, Longjumeau, Marcoussy, Monthléry, les jardins d'Arcueil, cette académie en plein air des paysagistes du xviiie siècle, surpris à la pierre d'Italie, sont emportés tout vifs par ces butineurs de pittoresque : Wille père, Wille fils, Weirotter, Chevillet, Parizeau, Freudeberg, Dunker, Vangelisti, Klauber, Preisler. La pluie, et quelquefois des poux, vilains déboires! Mais la patrie est si près! à l'horizon les églises de Paris semblent si proches! et n'est-ce pas ce bruit, la voiture que Mme Wille amène d'ordinaire, à une grande lieue du faubourg, au-devant des invalides de la marche? Ce n'est qu'une course dans tant de courses, le voyage jusqu'à Mortcerf, bien loin au delà de Brie-Comte-Robert; et ce n'est qu'une mauvaise aventure dans tant d'heureuses odyssées, le court séjour en cette Gaule sauvage, — tout étonnée de voir des Parisiens, et les couchant sur des oreillers de sable et de coquilles d'œuf!

Wille fils avait découvert, aux environs de la banlieue, un meilleur gîte : un château d'évêque, excellente auberge bourguignonne qui lui faisait un peu

---

Notre-Dame, le pont de la Tournelle, le fort de la Tournelle et la porte Saint-Bernard. Au premier plan un homme qui porte sur son épaule une épave de la Seine. Il est signé : *J. G. Wille*, 1762. C'est le dessin dont Wille parle dans ses Mémoires (May 1762). « Le 19, je me levai de grand matin et je courus dessiner un paysage, tout seul, derrière l'Arsenal. A onze heures j'étais de retour. »

oublier le travail, ainsi qu'il s'en confesse à son père dans cette curieuse lettre tombée en nos mains :

« *Sens, le 2 aoust 1769.*

« *Mon très cher père,*

« *Je vous prie de ne pas croire que j'ay pris en mal les crayons que vous m'avez envoyés ; au contraire j'ay été extrêmement sensible à votre attention ; mais je vous ay marqué qu'ils ne me seroient peut-être pas d'une grande utilité, pour que vous ne vous attendiés pas à avoir une quantité de dessins prodigieux. Vous sçavez que je n'aime pas mentir ; c'est pourquoy je vous rends un compte fidèle et exact de toute ma conduite. Ici, le tableau que je suis après à faire, ne s'avance pas mal. J'ay fini hier de peindre les 3 têtes et les manches de chemises qui sont dedans, et je compte l'avoir fini pour la Saint-Louis, qui est, à ce que je pense, le terme de mon excursion hors la maison paternelle, que j'ay grande envie de revoir. Monseigneur va un peu mieux présentement, et espère vous envoyer incessamment une boite de fer blanc pour que vous ayez (dit-il) la bonté de mettre votre nouvelle estampe, voulant par là être des premiers pour avoir des premières épreuves. J'ai trouvé singulier à M. Buldet de m'appeler Philippe ; il me paraît que ce monsieur-là voudroit, à quelque prix que ce fût, me faire renier mon patron, chose que je ne ferois pas, m'en dût-il coûter gros, la place qu'il occupe dans le ciel est trop intéressante pour moy, et je ne veux certainement pas* m'en faire un ennemi. Si bien des suplians auprès des grands avaient la politique de se faire bien venir du portier, ils ne seraient peut-être pas si longtemps à obtenir ce qu'ils demandent. J'ai profité de l'avis que vous m'avés donné de ne pas moisir dans la maison. Hier, sur les six heures du soir, je suis sorti avec Halm, qui a pris un fusil sur son épaule, disant à Monseigneur, qu'il se souviendroit encore très bien de son premier métier, qui étoit de chasser. Sur cette assurance, il le laissa partir et je l'accompagne : nous allons sur le territoire de Sainte-Colombe, et nous nous enfonçons dans un endroit marécageux. Comme mon pied ne me permet pas de chasser aussi, je me suis assis sur l'herbe, où j'ai même dessiné un saule. Je perds bientôt Halm de vue, il s'étoit éloigné de moy pour trouver du gibier. J'entendois à tout moment pif, paf, pan, et je lui criois de toute ma force : As-tu quelque chose ? J'entendois une voix lamentable qui me répondoit rien, et moy de continuer de dessiner. Enfin, lorsque mon arbre fut fini, je me levai et je l'allois le trouver dans l'instant où il étoit à viser un corbeau perché sur un arbre, mais aussitôt le coup tiré, l'oiseau part en le regardant insolemment ; moy je le gouaillais beaucoup, en lui disant que sans poudre ni plomb, j'en ferais plus que lui. Je n'eus pas plutôt dit ces parolles, que je me retourne et vois derrière moy, par terre, un canard sauvage, qui à la vérité étoit tout jeune, et qui, à ce que je pense, étoit éloigné de sa mère ; je me courbe et le ramasse en le montrant au prétendu chasseur, qui, enragé de voir ma bonne fortune, dit : Parbleu, je ne m'en iray pas sans rapporter *quelque chose au logis. Il dit, et aussitôt il se met à chercher dans les prés la grenouille la plus grosse qu'il put trouver, et l'attacha avec son couteau à un arbre pour lui tirer un coup de fusil à son aise. Le coup part, et la grenouille est encore dans le même état : aucune trace de plomb. La colère alors s'empare de ses sens, il remet fièrement son fusil sur son épaule, et, moy, mon canard en vie dans la main, nous reprenons le chemin de la maison. J'ai donné mon oiseau à la mère Loyson, qui en a fait présent à une femme du pays, et une poule s'est chargée de l'élever, en l'adoptant pour son fils.*

Si j'avois été plus près de Paris, je l'aurois apporté à Frédéric, à qui je souhaite une bonne santé et que j'embrasse de tout mon cœur, ainsi que ma chère mère, que j'embrasse pareillement. Il eût été plus décent de placer ma chère mère avant mon frère, mais je la prie extrêmement de ne pas m'en savoir mauvais gré, car elle peut être persuadée que si elle est placée à la fin de ma lettre, elle l'est au commencement de mon cœur. Mes respects, s'il vous plaît, à ma tante Chevillet, M. Chevilette, Mme* Bracognier, M. Messager, de Marcenay, Daudet et Baader. Je leur souhaite à tous une parfaite santé, ainsi qu'à vous, mon cher père. Je vous embrasse de tout mon cœur et suis sincèrement votre très humble, et très obéissant, et très soumis fils.*

« P.-A. WILLE.

« *Mes compliments, s'il vous plaît, à Joseph et à Marie, et leur souhaite bon courage dans le déménagement, chose que l'on ne peut pas faire sans une bonne santé.*

Halm vous présente ses respects; il a fini d'ébaucher toute sa tapisserie et grave maintenant le plancher à l'imitation du vôtre. »

Pendant que l'évêque de Callinique loge le fils du graveur Wille, — qui monte l'escalier de Wille pour le voir et le saluer? Les personnages les plus haut nommés du temps! Les *curiolets* de Versailles et de Paris lui font leur cour. Il est des illustres qui sollicitent son talent.

Le marquis de Marigny vient encourager ce burin, qui travaille à le peindre. Le graveur refuse Clairon, Clairon qui le prie, Clairon qui postule son portrait auprès de lui pour mieux être immortalisée. De Paris, de France, la popularité de Wille a rayonné par l'Europe ; les souverains savent son nom, les grands seigneurs sa porte, les amateurs son Œuvre. L'Europe le complimente, le consulte, le visite, lui dépêche les artistes qui lui naissent du Rhin à la Newa. Lors des ventes fameuses, l'Allemagne lui envoie sa bourse et la confie à son goût. Il est le confesseur et le tuteur des caprices, il porte les renommées de France à la connaissance du Nord. La Russie, qui s'éveille aux choses aimables, lui sourit et le cajole. Le Danemark, qui courtise le talent, le Danemark, tout entier, roi, nobles, ambassadeurs, il le tient. Correspondant avec Vienne, Berlin, Copenhague, Moscou, recevant le monde en à peu près, il est le Voltaire de l'art, ce patriarche de la gravure.

Que d'hôtes célèbres! Hier Struensée, aujourd'hui

Gluck! et le duc de Deux-Ponts, et le comte d'Olna, et la princesse Galitzin! Les visiteurs partis, le courrier vient : le comte de Kaunitz lui demande s'il peut recevoir des élèves, et le comte de Wascherblen, un ministre, s'il peut lui envoyer sa dernière gravure, la margrave de Bade-Durlach s'il peut lui conquérir un tableau à la vente du comte de Vence, et le baron de Kessel, chambellan de l'empereur, s'il veut, le soir, lui faire l'honneur de dîner avec lui ! Et chaque jour visites nouvelles, nouveaux hommages, un diplôme, un cadeau, un dessin de la main même de la margrave de Bade-Durlach, dont la margrave enrichit le cabinet de dessins de Wille, quelque médaille d'or dont la grande-duchesse de Russie grossit le cabinet de médailles de M. Wille.

Car lui-même aussi est un grand curieux, M. Wille!

Il est curieux de médailles, et Tocqué lui en rapporte de Danemark. Il est curieux de porcelaines de Saxe, et Dietrich lui envoie toutes celles qu'il a peintes. Il est curieux de tableaux, il est curieux de dessins, il est curieux de gravures, et pas une grande vente n'a lieu sans que Wille ne s'y ruine un peu. Sa chaise est la plus proche de l'huissier priseur, son enchère connue comme l'enchère de M. Mariette, son bordereau respectable entre tous. Sous le feu croisé des enchères, il a emporté ce beau Poelemburg, cet admirable Greuze, le dessin de Bossuet, par Rigaud. Qui le consolera pourtant d'avoir laissé échapper les sanguines de Bouchardon, pour LES CRIS DE PARIS? Quel habitué de Huquier, le mar-

chand d'estampes! quel feuilleteur infatigable! que
d'après-dînées données à la revue de ses portefeuilles!
quel furieux *rococotier*, ce bonhomme Wille, qui invente pour la convalescence de son ami Péters, une
promenade toute neuve : — la visite de tous les brocanteurs de Paris!

Rares merveilles! objets caressés! amis de votre
œil assemblés de partout! morceaux de votre vie
même qu'un jour dispersera aux quatre vents de la
criée! Ainsi, en ces années heureuses, la curiosité
descendait de la noblesse à l'atelier. Un luxe de
belles et précieuses choses parait ces murs, que le
regard de l'artiste consultait comme de muettes et
éloquentes leçons. Il se cherchait un entour inspirateur, un milieu qui lui fût un agrément ensemble
et une exhortation. C'était l'atelier non de Wille seulement, mais de bien d'autres : de Boucher, d'Oudry,
de Coypel, d'Aved, de Natoire de Hallé, de Lebas :
ateliers qui allaient enseigner à la bourgeoisie française le goût de l'intérieur, la recherche des toiles,
des marbres, des bronzes, lui imposer la mode des
objets d'art, des chefs-d'œuvre et des dunkerques.

L'orgueil du cabinet de Wille était le bon choix
des morts ; mais sa gloire particulière était le mariage, sur ses panneaux, des vieux noms fameux et
des illustres noms contemporains. La bourse de l'artiste s'était ouverte aussi pour les œuvres de ses
camarades ; et ce petit panthéon, dont il n'excluait
pas les vivants, était le plus bel éloge de son esprit
équitable, de son cœur peu jaloux.

Wille était l'ami, le véritable ami, et non l'envieux intime des talents faciles et charmants de son temps. Dans sa collection, bien des tableaux, bien des dessins, révélaient une bonne action, attestaient un service, marquaient une reconnaissance, rappelaient un de ces liens que la mort seule avait pu briser. Depuis les vieilles bouteilles de vin que le jeune homme vidait aux Gobelins avec le vieux Parrocel, jusqu'au chocolat matinal qu'offrait Mme Greuze au vieillard, les années de Wille s'écoulent dans une confraternité loyale et cordiale avec toutes les célébrités de son temps; et il fait plaisir à signaler de quelle affection et de quelle admiration sincère, l'ami Wille entoure l'ami Greuze, ce peintre *profond et solide,* ainsi qu'il l'appelle. Greuze et Wille! les deux vieux amis, les deux vieux cœurs unis! voyez-les en visite chez la nourrice de la petite Greuze! voyez Greuze tracer, de ses pinceaux les meilleurs, la face rude et bonne de Wille[1]! et voyez-les tous

---

1. Diderot, dans son Salon de 1765, faisait en ces termes la description de ce portrait sous le n° 118 : Très beau portrait. C'est l'air brusque et dur de Wille; c'est sa roide encolure; c'est son œil petit, ardent, effaré; ce sont ces joues couperosées. Comme cela est coiffé! que le dessin est beau! que la touche est fière! quelles vérités et variétés de tons! et le velours et le jabot et les manchettes d'une exécution! J'aurais plaisir à voir ce portrait à côté d'un Rubens, d'un Rembrandt ou d'un Van Dick. J'aurais plaisir à sentir ce qu'il y aurait à perdre ou à gagner pour notre peintre. Quand on a vu ce Wille, on tourne le dos aux portraits des autres, et même à ceux de Greuze...

Ce portrait, une des œuvres les plus viriles de Greuze, et en des années où sa peinture est encore toute réminiscente de la pâte de Rubens, passait en mars 1869, sous le n° 28, à la vente Delessert, et était adjugé 29,000 francs à M. Édouard André. Il a été gravé par Muller.

deux, perchés sur une échelle, confessant, le nez sur la toile, les Rubens du Luxembourg, théorisant de conserve et sans querelle, à douze pieds au-dessus de terre — et des jugements du xviiie siècle!

Cependant survint la Révolution. La Révolution arrivée, Wille alla se promener. Au milieu de tous les partis qui déchiraient la France, il adopta une opinion plutôt fatigante que dangereuse, et qui compromettait plus ses jambes que sa tête: il se fit badaud. Il regarda passer les événements. Les foules, les piques, les cris, les fureurs, les vivats, les canons, tout cela lui fut spectacle; et, comme il était optimiste, il ne vit guère que des feux d'artifice dans ces jeux de la Mort et du Hasard. Heureux homme! il alla regarder les massacres de septembre; il arriva que la pièce était jouée!

Wille eut encore un rôle pendant ces années: son fils aîné devint capitaine, puis chef de bataillon de la garde nationale. Ce fut une grande occupation pour le bonhomme d'être le père de son fils, de le dire, de le répéter, et de naïvement s'enorgueillir de ses épaulettes d'or, dernière joie du vieillard bientôt suivie d'un dur sacrifice! il faut à cette patrie qui a donné un uniforme galant à son fils, il faut que le père livre, pour être brûlés, les parchemins d'honneur de sa longue, de sa laborieuse carrière, les titres de son talent, les lettres de noblesse de son burin! ses patentes d'académicien de l'Académie de Rouen, de l'Académie ci-devant royale de Paris, de l'Académie impériale d'Augsbourg, de l'Académie impériale de Vienne, de l'Académie des arts de Berlin, de l'Académie de Dresde! La République fit un peu de fumée du tout, au mois d'octobre 1793.

Le malheur était entré déjà depuis quelques années dans la riante maison ; déjà le cœur de Wille avait été atteint et blessé. Le petit Frédéric, le joli enfant, l'enfant de ses caresses, avait été pris par la mort.

La mort frappait encore au quai des Augustins le 29 octobre 1785. « Ce jour, écrit Wille, a été le jour le plus fatal et le plus malheureux de ma vie. Ma femme, la plus excellente femme possible, s'est endormie avec la ferme confiance en la bonté de son Créateur. Dieu! que de larmes me coûte cette séparation!... Que les trente-huit ans que j'ai passés heureusement avec elle se sont promptement écoulés! » Contre le vieillard sans compagne les ennuis et les inquiétudes s'empressent. Un jour la maison du quai des Augustins change de propriétaire, et Wille est menacé d'aller porter ailleurs le lit où il doit mourir. Autour de lui la solitude se fait lentement; la table se dégarnit, les convives ne sont plus ou s'éloignent. Le convive de trente ans, le vieil ami Baader, s'en va, emportant le rire du logis.

Hélas! la triste fin des choses humaines! Encore quelque vingt ans, et de cette dynastie heureuse et joyeuse, l'unique héritier, Alexandre Wille, ne pourra pas payer la pension de sa femme à Charenton, et suppliera la duchesse d'Angoulême, au nom de sa misère et de ses soixante-treize ans, d'accorder cette aumône à la pauvre folle!

« *A Son Altesse Royale*
Madame la duchesse d'Angoulême.

« *Respectable, vertueuse et auguste princesse... permettés à un vieillard de soixante et treize ans d'oser élever sa voix jusqu'à Votre Altesse Royale.*

« *Princesse, je suis fils du célèbre graveur Jean-Georges Wille, qui a si bien illustré son siècle par la beauté de ses ouvrages, et dont les mœurs égalaient les rares talents. Marie-Thérèse, impératrice d'Allemagne et reine de Hongrie, votre illustre ayeule, a honoré mon père de son estime et l'a comblé de ses grâces. J'ai fait mon possible pour suivre les traces de l'auteur de mes jours. Je fus reçu, très jeune, membre de l'ancienne Académie royale de peinture, et par des travaux assidus, nous étions parvenus, mon père et moy, à nous ménager une fortune assés considérable pour des artistes; mais hélas, l'horrible tourbe révolutionnaire a englouti pour jamais le fruit des soins et des peines que nous nous étions donnés; en un mot, l'ouvrage de soixante-dix années de travail fut entièrement détruit.*

« *Depuis quarante-cinq ans, princesse, je suis marié à une femme qui a fait constamment le charme de ma vie, et dont malheureusement je suis privé du bonheur de la posséder. Ma femme, après avoir essuyé une maladie de plus de douze années, causée par ses cruels chagrins, a fini par perdre totalement la raison, et est maintenant à la maison royale de Charenton. Ne pouvant, par aucun moyen, subvenir à payer les frais de sa pension, je supplie à mains jointes Votre Altesse Royale de daigner jeter un regard favorable sur ma situation et sur ma malheureuse épouse, et vouloir bien m'accorder une légère partie des dons qu'elle se plaît à répandre sur les honnêtes infortunés, qui, dans leur détresse, sont assurés de trouver auprès de votre auguste personne le soulagement de leurs peines.*

« WILLE[1].

« *Quai des Grands-Augustins*, 29.

« *Ce* 9 *janvier* 1821. »

Un marchand d'estampes de Nuremberg s'avisa, en l'année 1792, de demander à Wille ses mémoires. Le vieillard lui répondit que sa vanité et son orgueil n'étaient pas encore assez mûrs pour la lecture imprimée de sa propre histoire, et qu'il n'était, ni ne serait jamais disposé à se donner ce ridicule de gaieté de cœur ; que, cependant, si, après qu'il ne serait plus, on avait envie de faire son histoire, on trouverait *de quoi* dans ses journaux, qu'il avait écrits toujours avec négligence, mais avec vérité.

---

1. Collection d'autographes de Goncourt.
Cette seconde lettre de Wille est, ainsi que la première, écrite avec l'orthographe des artistes du XVIII° siècle; c'est-à-dire que les deux lettres en manquent absolument.

Ce sont ces journaux de Wille que nous donnons pour la première fois au public.

Voici donc ces pages tranquilles et sans ambition que le graveur écrivait après le labeur du jour. Voici le livre où chaque soir il rangeait ses souvenirs, où chaque soir il se racontait lui-même ; voici le compte scrupuleux qu'il tenait de sa vie. L'ami accueilli, le grand seigneur reçu, la promenade accomplie, la lettre écrite, la lettre arrivée, le fils marié, le tableau acheté, la maladie survenue, la planche terminée, le nouvel élève installé, le meuble même apporté le matin, l'événement et le détail, la catastrophe et le rien de chaque douzaine d'heures, tout est marqué, rien n'est omis en cette autobiographie minutieuse, en ces confessions de bonne foi. L'heureuse fortune pour le curieux de l'art! la maison de Wille, une maison de verre, — et la vie de l'homme à jour tout entière !

Témoignage des mœurs du temps, le journal de Wille est plus peut-être qu'un document, il est un enseignement. Il montre le rôle et la place intermédiaire des hommes d'art, alors que le peintre, le sculpteur, le graveur, ne sont plus les artisans du seizième siècle, et ne sont pas encore les artistes du dix-neuvième. Il les montre agissant et se déployant dans la société, formant un ordre particulier, un petit tiers état d'aptitudes et de talents entre le peuple, auquel ils tiennent par leurs alliances et leurs habitudes ouvrières, et la bourgeoisie, à laquelle ils touchent par l'aisance acquise. Il fait pénétrer dans ces intérieurs réguliers, resserrés et fermés, où l'artiste du dix-huitième siècle vivait comme en une patrie étroite et chère. Il peint, en leur chez-eux, ces « fils des dieux », tout entiers à leur tâche, contents d'une gloire modeste, contents de leur poule au pot, heureux sans bruit, maris, pères, hommes de famille, ne sachant d'autre joie, ne sachant d'autre monde, ne sachant d'autre Muse que leur foyer.

VOYAGE

DU N° 43 DE LA RUE SAINT-GEORGES

AU N° 1 DE LA RUE LAFFITTE[1]

..... Eh! dis-je, Sterne avait des pantoufles jaunes ! Je passai mon pantalon, disant cela ; et en déjeunant : Pour ceux qui ont proposé une statue à Parmentier, ajoutai-je, ceux-là, certes... Que Sylvestre ait écrit des traités sur les bêtes à laine, Huzard sur les gros bestiaux et leur vaccination, et qu'Yvart en

---

1. C'est un voyage humoristique de la maison qu'alors mon frère et moi nous habitions, au journal PARIS, dont les bureaux étaient établis à la Maison d'Or. En cette année 1852, nous remplissions de notre prose tout le numéro du mercredi de chaque semaine, et voici quel était l'article du PARIS portant la date du mercredi 15 décembre 1852. Je le donne comme un spécimen de notre *faire* à nos débuts littéraires, en même temps comme un témoignage de la férocité du Ministère de la Police à l'endroit de la Presse. Car, sans doute, on ne se douterait guère que les vers de Tahureau, cités dans cet article, nous ont fait asseoir, tous les deux, sur les bancs de la police correctionnelle, et nous auraient fait condamner sans un changement du procureur impérial. Du reste, je renvoie le lecteur au curieux récit de ce procès, par moi donné en note (page 51) dans les LETTRES DE JULES DE GONCOURT.

ait donné sur les assolements... Mais Parmentier! A sa santé!...

— Allons! mesdemoiselles! disait-elle sur le pas de la porte. J'avais descendu l'escalier et j'étais au premier.

— Allons! mesdemoiselles, entrez donc! répétait la maîtresse de pension. — « Madame la maîtresse de pension, au moins accoutumez-les à faire leurs lignes droites, à rendre leur caractère net et lisible. »

La petite phalange enfantine montait, montait l'escalier, essoufflée de jouer. — « Madame la maîtresse de pension, il faudrait aussi qu'une fille sût la grammaire pour sa langue naturelle. Il n'est pas question de la lui apprendre par règles, comme les écoliers apprennent le latin en classe : accoutumez-les seulement, ces jolis enfants, à ne point prendre un temps pour un autre. »

Joues rouges, minois poupins, paniers au bras, petits bas blancs, et petites bottines agiles, tout cela grimpait l'escalier, tout cela d'un leste et d'un frais charmants! Le soleil, passant par les grandes vitres du palier, courait et se posait comme un papillon d'or sur les nattes blondes attachées de rubans noirs, et les chevelures brunes affolées. Elles grignotaient, en s'empressant, ouvrant leurs paniers, se montrant leurs tartines. — « Madame la maîtresse, elles devraient aussi savoir les quatre règles de l'arithmétique; elles s'en serviraient utilement pour faire des comptes : c'est une occupation fort épineuse pour beaucoup de gens. »

Toutes entraient, pêle-mêle, petites et plus petites, et toutes petites, au pas de course, saluant la dame, puis disparues. Et langues roses de jaser au bord des oreilles rosées. Les petites amies se donnaient le bras, se racontant leurs poupées. Les petites ennemies se disaient : Ma chère ! Les petites en robe de soie toisaient les petites en robe de mérinos; et quand je passai, je m'aperçus — qu'elles savaient déjà regarder. « O madame la maîtresse de pension, apprenez-leur à n'être femmes qu'à dix-huit ans ! »

La porte se referma ; les bons points se méritaient.

Me voici dans la rue. Un matin net et clair, et les paletots boutonnés; et les ramoneurs jetant leur voix à la cantonade. Le ciel était bleu comme un bas de collégien, les nez rouges. Messer Apollo, déjà juché sur les toits d'ardoise, rebadigeonnait les jolies maisons de la place Saint-Georges à grands coups de lumière, faisant de toutes vitres de la nacre, de toute lèvre un sourire. — Pourquoi les enterrements passent-ils sur cette place égayée : je sais bien qu'ils disent que c'est leur chemin. — La fontaine avait de l'eau ce jour-là; et les vermicellures décharnées des arbres sans feuilles embroussaillaient, comme des caprices d'une agate herborisée, le bas de la blanche architecture italienne : un petit tableau signé : *Hubert Robert, décembre*.

Il faisait dix heures et demie. La première personne que je rencontrai était une dame qui venait de dîner en ville. Elle portait à la main son corset enveloppé dans la Presse[1]. Bon augure, dis-je. Et comme je disais : Bon augure, je me rappelai tout de suite une autre superstition qui dit : Journée stérile. A ce dernier compte, il n'y aurait que des rentiers dans le quartier.

Dans cette boutique ci-gît le plus beau corps de femme de Paris. De modèle qu'il était, il s'est fait marchand de tableaux. A côté de tasses de Chine se trouve un Diaz. Et j'en connais un plus beau. C'est un jeune homme et une jeune femme. La chevelure de l'adolescent se mêle aux cheveux déroulés de la dame, et la Vénus, comme dit Tahureau,

> Croisant ses beaux membres nus
> Sur son Adonis qu'elle baise,
> Et lui pressant le doux flanc ;
> Son cou douillettement blanc,
> Mordille de trop grande aise.

Ce Diaz-là, mes amis, a bien voyagé ; mais, Dieu merci ! il est revenu au bercail. J'ai vu quelqu'un

---

1. Dans cet article que je donne amendé par quelques corrections de style, mais sans aucun retranchement de passages ou de mots *poursuivables* avec les vers de Tahureau, était soulignée au crayon rouge cette ligne... « *Une dame qui venait de dîner en ville. Elle portait à la main son corset enveloppé dans la* Presse. » Je ne sache pas, par une pareille pudibonderie du parquet, un livre de l'heure présente, même parmi ceux couronnés par la vertueuse académie, qui aujourd'hui ne mériterait pas d'être poursuivi.

qui sait tous ses voyages, et qui m'a conté le dernier. Mlle ***[1] l'avait envoyé à Mlle ***[2] ; Mlle *** l'a renvoyé à Mlle ***, avec cette lettre :

« Ma chère camarade,

« Ce Diaz est vraiment trop peu gazé pour l'ornement
« de ma petite maison. J'aime le déshabillé d'un esprit
« charmant, je ne puis admettre cette nudité, que l'Ar-
« sinoé de Molière aime tant. Ne me croyez pas prude.
« Mais pourquoi vous priverais-je d'un tableau que je
« serais obligée de cacher, moi!
« Mille remerciements quand même, et croyez-moi
« votre dévouée camarade

« *** »

Et Mlle *** a repris son Diaz, ô gué! elle a repris son Diaz, turelure! et a répondu à Mlle ***, en le raccrochant au mur déjà en deuil et tout triste :

« Chère camarade,

« Je suis une folle, et presque une impie, d'avoir cru
« mon petit tableau digne de votre autel. Mais ma sottise
« m'a du moins valu un précieux renseignement sur les
« limites de votre pudeur. Permettez-moi seulement de
« défendre contre vous le répertoire comique que vous

---

[1]. Mlle Nathalie.
[2]. Mlle Rachel.

« *invoquez ici un peu à contre-sens, car c'est justement*
« *dans les tableaux qu'Arsinoé n'aime pas les nudités :*

Elle fait des tableaux couvrir les nudités;
Mais elle a de l'amour pour les réalités.

« *Je reprends donc mon petit Diaz, un peu confus de*
« *son excursion téméraire, et je cache sa confusion dans*
« *ma chambre, où M. A... seul peut le voir.*

« *Votre camarade très dévouée*

« *** »

Il se retourna. Il avait un habit noir.

— Un habit! fis-je, merveilleusement émerveillé. De quel enterrement viens-tu?

— Je viens d'enterrer la dèche, me dit-il, et j'ai un atelier.

— Bah!

— Mon propriétaire m'estime...

— C'est que tu as loué hier.

— J'ai payé d'avance.

— Ah!.. Et ton portier?

— Je n'en ai pas. Quand tu viendras chez moi passé neuf heures, tu achèteras des marrons et tu les jetteras contre les fenêtres : j'appelle ça la sonnette de Lyon.

— Et d'où viens-tu?

— Du Jardin des Plantes Un chimpanzé, mon cher!.. il se meurt de la poitrine... Pauvre bête!.. Phtisique comme le poitrinaire de Millevoye!

— Qu'est-ce que tu as fait tous ces temps-ci ?

— J'ai acheté une brosse à dents, mis des paillassons sous mes quatre chaises, bu du vin chez Maire et de la bière chez Binding, accroché mes esquisses, joui d'être chez moi, pleuré M. Drolling, fumé des cigarettes, esquissé un portrait blond, travaillé et flâné, trouvé les jours grands, les nuits courtes, réfléchi qu'Héliogabale était un homme d'esprit paradoxal, chanté et fait la roue, et... je me sauve. Adieu. Achète un soir deux sous de marrons, et viens me voir... Tu prendras ta pipe.

Telle était l'affiche jaune :

A LA BELLE BERGÈRE

AU COIN DE LA RUE ET DU BOULEVART MONTMARTRE

Potage, 10 cent. — Bœuf, 15 cent. — Gibier, volaille, Poisson, 20 et 30 cent. — Légumes, 10 cent. Dessert, 10 cent.

Certes, l'homme qui tient le restaurant de la BELLE BERGÈRE ne descend pas de l'homme qui tenait l'auberge de la COUR DE CANTERBURY, quand Monseigneur le duc de Nivernois, ministre plénipotentiaire de France, s'arrêta à Douvres. Voici le mémoire présenté à Monseigneur pour une couchée :

	Livr. sterl.	Shellings	Deniers.
Pour du thé, du café et du chocolat.	1	4	0
Le souper pour ce seigneur et ses gens...	15	10	0
Pain et bière...	3	0	0
Dessert...	2	15	0
Vin et punch...	10	8	8
Feu et lumière...	3	0	0
	34	37	8

— Tra, la, la, la, tra!

— Monsieur, dis-je poliment à l'air d'orgue qui passait à ce moment, vous êtes le seul air que j'ai retenu.

— Monsieur, me répondit poliment l'air d'orgue, c'est que sans doute j'étais chanté par votre première maîtresse?

— Non, dis-je, elle ne chantait pas

Et je vis ses petits pieds qui, sur le sable, l'été, sous les ombrages verts, frétillaient de si charmante façon! Je les voyais, comme je les vis au premier jour, tournoyer pour la jolie ronde, sur le rythme dont j'ai gardé souvenance! O toi, dis-je, folle enfant! maîtresse aux lèvres rouges! te souviens-tu? L'autre jour on t'a rencontrée avec un châle d'or : est-ce que tes yeux ont toujours même sourire? C'étaient de folles joies, sais-tu? et des jours de la première jeunesse, que nos cœurs ne sauraient plus revivre! Oh! lui dis-je encore, te rappelles-tu un soir où tu n'avais que quatre sous dans ta commode?... et tu ne le disais pas! Envolée la misère des gaies années! envolées les libres amours! Le mariage l'a prise, au milieu de sa chanson de vingt ans, comme un vilain enfant prend un rougegorge en joie à son piège mauvais!

— Tra, la, la, la, tra!

Ce fut une scène fort belle, en vérité, quand le bon Dieu partagea la nature. « Barye! mon grand Barye! lui dit-il en lui mettant familièrement la main sur l'épaule, — toi tu feras les panthères, les tigres et les lions, rois de mon beau jardin. Et puis un grand silence... — Le bon Dieu cherchait dans la foule... — Palizzi! tu fabriqueras les moutons et les vaches. — Coignard et Brascassat, je vous vois bien; mais je ne vous veux pas de commandes. — Rousseau! tu te chargeras des homards cuits, dit-il en souriant. — Caïn! tu auras les vautours. — Frémiet! tu as la commande des chats. Au n° 27 de la rue Laffitte, chez de Peyrelongue, je revois justement le *Chat qui mange un poulet...* Le cuisinier que j'ai rencontré l'autre jour chez le sculpteur, causait bien... nous avons parlé ensemble sur l'organisation des Arts en province... après quoi il m'a dit que Canova avait commencé par des lions en beurre, et que son maître, le prince S..., avait été fort content du sanglier qu'il avait modelé en saindoux à son dernier grand dîner.

— Quel est l'animal? Tiens! c'est vous, V...

V...[1] est un excellent garçon qui dit bonjour à ses amis d'un coup de poing, conte des légendes de sa province, sans être Breton, possède tous les jurons, et sur un plat de vieille faïence la plus belle collection qui soit de pipes culottées d'ébène, lit la Bible le matin et Rabelais le soir, après choppe, et trouve encore douze heures par jour pour être un de nos plus gracieux crayons.

— Avez-vous lu LA FEMME DE QUARANTE ANS, de Balzac? me dit V...

— Si j'ai lu LA FEMME DE QUARANTE ANS?

V... m'avait déjà mis un livre ouvert sous le nez. Je lus :

« Mon bien aimé seignour, seré tousiours vostre; ainsse n'avoit vostre doulce accointance; de qu'eu prix seroit le jour qui me luict?... Que me seroit la nuict qu'ameine doulceur et plaisir à doulce iouvencelle? Soyez mien; vos doulces amours me sont plus que richesses et accoutremens : accoutremens ne sont plaisirs, plaisirs sont en doulces paroles, en doulx baisers qu'ai donné et qu'ai receu de mon doulx amy. Li mien fidel serviteur que vous porte ceste, m'est tesmoing qu'ai baisé à tant et baisé benoiste et gracieuse escriture que vous m'avez faicte et vous attens à la couchiée du soleil, et le mien cueur bondit d'aise dont ne doubtez, ne doubte du nostre.

« Ne versez plours, mon bel amy, larmes de vous sont trop poignantes. Le bel accoutrement que vot femme a mis en souciance et que veult avoir baillez li. Ne or ne

---

1. Valentin, l'habile et l'élégant dessinateur de l'ILLUSTRATION, pendant ces années.

pierreries n'ont eu pouvoir de férir mon cueur. M'aimez en blanche chemisette et me suffit. Se quarante années n'ont en moy osté que fleurettes de iouvence, ne les envie, ne les regrette : mon cueur n'est vieulx, gentil corsaige, n'est descrépit et duict à mon amy. N'ai de désireulx vouloir que d'aimer vous, et tant que seré vostre doulce amye, ne sera peine, ne plours pour moy.

« Not petit Auber, mon doulx amy, et la Jehanneton ont fait sur la désieunée rencostre de vot femme qu'a caressé et baillé bijoteries et sucreries à Auber, et a ploré vot femme en devisant, devait estre mien! et a fait question et demande à Jehanneton et dicte à souvente fois : L'est donc tant belle la Dame que sois mieulx à poinct que ne suis?... Jehanneton n'a répliqué aultre, que disant : Alix est tant bonne que sauriez croire. A ce, vot femme a ploré en plus. Adonc ne pouvons cachier ce qu'est faict; et ne croies que me pardonne, Dame qu'est ieune, et qu'a désir de benoiste caresse à cueur grevé et ne pardonne à doulce amye de son seignour. »

Je glissai le pouce à la première page. Elle portait TROIS LETTRES D'ALIX DE CHAMPRÉ, *Dame de Vandières*. Je tournai le verso, je vis : *Tiré à 100 exemplaires. Nancy.*

Le monsieur maigre disait sur le trottoir au monsieur gras :

— « Monsieur, le journaliste est le député de opinion!

— Quand il n'en est pas l'homme d'affaires! répondit le monsieur gras.

O ciel! fis-je, la politique! et je me sauvai. Je

m'étais sauvé comme cela en 1848, les mains sur les oreilles pour ne pas entendre le baragouin qui se faisait. En une prairie je me trouvais, une prairie dans les Vosges avec de grandes herbes qui se rejoignent par-dessus vous, quand vous êtes couché. J'étais sur le dos, une tige de folle avoine au-dessus de ma tête se balançant ; des nuages blancs bordaient amicalement le ciel, comme une fourrure de cygne borde un manteau de satin bleu. On aurait dit que la nature faisait sa méridienne. Seuls, de gros bourdons noirs voltigeaient pesamment sur les fleurs lasses et endormies. La rivière ressemblait à de l'argent en fusion roulant des milliers de petites émeraudes. « Mauvaise fée politique ! dis-je, attrape-moi maintenant dans ma belle prairie vosgienne, où ne pousse pas un journal ! dans mon tranquille coin vert, si loin de l'homme ! Deux garçonnets étaient de l'autre côté de l'eau sur l'écluse. Le plus âgé, un enfant de huit ans, avait une bretelle faite d'une lisière de drap ; l'autre laissait fièrement passer par derrière un pan de chemise de sa culotte. Je finissais mon invocation ; voilà que le garçonnet de huit ans leva le bras sur le garçonnet de six, et je l'entendis qui lui dit : « Crie : A bas Guizot ! ou je te flanque une *mornifle !* »

O fenêtres[1] ! pourquoi nous regarder ainsi ? et si tristement, et d'un si doux et d'un si long regard ? Par ces

---

1. Les fenêtres de la maison au coin de la rue Laffitte et de la rue Rossini, maison où s'est passée notre enfance, et où est mort notre père.

fenêtres, nous voyions, tout enfants, les beaux messieurs et les belles dames passer dans la rue, lui, plus sage et plus grand et empêchant le petit de se pencher. Fenêtres! vous êtes notre enfance heureuse, et notre grand souvenir de mort... « Votre père est souffrant aujourd'hui, mes enfants, ne faites pas de bruit, » nous disait notre mère; — et lui, comme il nous voyait attristés de taire nos jeux, — il nous prenait tous deux sur ses genoux, et riant avec nous, il nous contait des choses qui nous semblaient des contes de fées, la campagne de Russie, et qu'il l'avait faite l'épaule cassée, parfois attaché sur un canon. Oh! c'étaient de belles histoires des grandes guerres qu'il nous contait, notre jeune père, vieux de gloire! Enfants que nous étions! sur sa tête cicatrisée il nous faisait promener nos petites mains, et nos petits doigts passaient sur sept coups de sabre... Puis nous jouions avec sa croix d'officier, cette croix qu'il mît sur son uniforme de chef d'escadron, à vingt-cinq ans, du temps que la croix coûtait cher!... Comme tout cela a vite passé! comme Montmartre nous a tout pris!

— Mon seul or à moi, c'est le soleil du matin; mon seul argent, c'est le rayon de la lune; ma chanson est toute ma richesse.

Ainsi il fredonnait, en me coudoyant sans me voir.

— Holff!

— Tiens, bonjour! Mon seul or à moi, c'est le soleil du matin...

— Et où allez-vous de ce pas?

— Ah! le grand poète que mon Georges Hermegh! « Ma chanson est toute ma richesse! » Où je vais! Quelle heure est-il?

— Onze heures.

— Au revoir. J'ai l'habitude de déjeuner... Au fait, attendez-moi au journal, *Diavolini!* un joli titre, mais il est pris...

— Avez-vous vu le vaudeville d'hier, Cornélius?

— Jucheirassassah!

— Plaît-il?

— C'est un juron d'Hoffmann de Fallersleben, si vous voulez le savoir!

OUVERTURE DU COURS

DE

M. SAINT-MARC GIRARDIN [1]

M. Saint-Marc Girardin est monté un mercredi en chaire, a relevé ses manches, a pris sous un de ses bras la Fantaisie, l'a troussée vivement, et de sa férule a appliqué à la pauvre fille, qui n'en pouvait mais, une rude fessée, aux applaudissements généraux.

Elle avait beau crier, l'innocente : « Mais je suis l'Imagination ! » « Non, disait M. Saint-Marc, entre deux cinglées, tu n'es pas l'Imagination, tu es la Fantaisie ! Toi l'Imagination, le vrai génie poétique ! Non, tu es la Fantaisie, la parodie. L'Imagination qui peint les nobles côtés de la nature humaine ! toi la caricature, toi le grotesque, toi l'ambition personnelle ! »

« L'ambition personnelle ! » soupirait la pauvre petite sous le bras maigre du professeur de la Faculté.

« Tais-toi que je finisse. L'Imagination qui se déve-

---

1. Article paru dans l'ÉCLAIR le 24 janvier 1852.

loppe par l'étude et le travail ! toi, fille perdue, qui cherches ton inspiration dans le caprice, les rêveries, les chimères ! L'Imagination toi, le faux génie des poètes et des romanciers modernes ! »

Ici le professeur s'arrêta pour ravaler sa salive, — et la Fantaisie put s'esquiver, mais flagellée.

Eh ! donc ! voilà qui est convenu, l'Imagination s'appellera l'Imagination au XVIIe siècle, attendra un nom pour le XVIIIe, et aura nom Fantaisie au XIXe. On disait avant-hier : anciens et modernes ; hier : classiques et romantiques ; on dit aujourd'hui : imaginatifs et fantaisistes ! il n'y a rien de tel vraiment que les gens d'esprit pour résoudre les questions !

« D'abord, dit M. Saint-Marc, défalquons de la fantaisie Hoffmann, Jean-Paul, Swift et Sterne. J'en fais grand cas. » Le respect humain, monsieur, le respect humain ! Certaines personnes, quand elles admettent le bénéficiaire de Sutton, et l'homme de Berlin, Tristam Shandy et le Violon de Crémone, ne vous rappellent-elles pas ces pères irréligieux de bonne compagnie, qui font faire la première communion à leurs fils ?

« Le brouillard n'a rien qui me charme, continue le professeur ; et voilà pourquoi je n'aime pas la fantaisie. »

Et plus loin :

« L'imagination du XVIIe siècle est la conception des grands caractères et des grands sentiments. »

Autrement dit : le sublime, n'est-ce pas ?

M. Saint-Marc rebaptise les idées : c'est une spécialité. Les grands caractères! les grands sentiments! Vraiment, nous croirions faire injure à la sincérité des opinions de M. Saint-Marc en le soupçonnant d'avoir lu JACQUES et HONORINE. « Ce que je reproche d'ailleurs à la fantaisie, c'est qu'elle est trop individuelle et trop égoïste. » Ainsi le cœur de M. Saint-Marc bat avec celui des personnages tragiques; mais du moment que le héros n'est pas Roi ou Empereur, qu'il ne parle pas tout le temps de la pièce en Roi ou en Empereur, qu'il se nomme, par exemple, Triboulet ou Chatterton, les larmes tarissent. Il faut convenir que M. Saint-Marc a les larmes les plus obéissantes du monde. Ainsi, la lettre d'Esther à Carlos Herrera dans SPLENDEURS ET MISÈRES DES COURTISANES, ne dira rien à M. Saint-Marc, parce qu'elle est *trop individuelle et trop égoïste;* mais il pleurera aux fureurs d'Œdipe, parce que cela a bien plus *un coin d'idées et de sentiments généraux, parce qu'il s'y retrouve lui-même.* Ainsi M. Saint-Marc ne sera pas ému le moins du monde en lisant la GRENADIÈRE, parce que c'est *chose individuelle et trop égoïste;* mais il pleurera avec César sur le cadavre de Pompée... Merveilleuse faculté, et bien digne d'être applaudie par cet auditoire qui, *depuis vingt ans, a vieilli avec le professeur!*

Eh! monsieur, vous oubliez donc le succès toujours jeune, toujours renouvelé de ce livre, le plus prodigieux et le plus monstrueux livre de l'individualisme : LES CONFESSIONS de Jean-Jacques!

En vérité, il fait peine, il fait honte à voir donner

pour des vérités, ces doctrines souffletées sur les deux joues, depuis vingt ans, depuis trente ans, depuis cinquante ans, par tous les succès, par toutes les gloires!

Voltaire, un jour de franchise, disait que tout le monde avait encore plus d'esprit que lui. M. Saint-Marc Girardin peut descendre de Lucien : — ses amis le disent au moins, — mais est-ce une raison pour avoir plus d'illusions que Voltaire?

Nous finissons : « Ce sont les fictions et les chimères de nos *jours de migraine* que nous appelons nos *jours d'imagination,* voilà la fantaisie moderne! »

« Quelle belle chose que le coup de l'étrier! Une jeune femme sur le pas de sa porte, le feu allumé qu'on aperçoit au fond de la chambre, le souper préparé, les enfants endormis; toute la tranquillité de la vie paisible et contemplative dans un coin du tableau! Et là, l'homme encore haletant, mais ferme sur la selle, ayant fait vingt lieues, en ayant trente à faire; une gorgée d'eau-de-vie, et adieu. La nuit est profonde là-bas, le temps menaçant, la forêt dangereuse; la brave femme le suit des yeux une minute, puis elle laisse tomber, en retournant à son feu, cette sublime aumône du pauvre : Que Dieu le protège! »

Ceci est une migraine d'Alfred de Musset.

Nous sommes à attendre celles de M. Saint-Marc Girardin.

LA MAISON DE CAMPAGNE

D'UN VIEUX JUGE[1]

Eh! oui, une maison entre cour et jardin; mais le jardin, six morts n'y auraient pas toutes leurs aises; mais la cour, un chien de Terre-Neuve n'y tiendrait pas avec son ombre.

Il est la minute précise où le petit canon du Palais-Royal tousse midi. Le soleil tombe dans les deux petits puits de verdure, comme un feu d'artifice d'or dans une haie.

De la maison de plâtre gris un battant de la porte verte est entr'ouvert sur la salle à manger. Une table, bonne pour une seule paire de coudes; table avare, sans rallonges pour la faim et la soif survenantes, pour les galas improvisés des heureuses rencontres; la solitude du repas, l'ennui du manger: elle dit cela, la petite table; et encore qu'elle n'est pas plus gaie, ni plus fêtée, le dimanche que les autres jours, et que le chemin de fer ne lui amène jamais d'hôtes, et que ses desserts sont toujours sans chansons, et

---

1. L'Artiste, janvier 1857.

qu'elle est tout laidement le meuble où, dans le seul bruit de sa fourchette, un vieillard fatigue d'un reste de dent la vieille fricassée de la vieille bonne à tout faire.

Derrière la salle à manger, les contrevents sont poussés. Par un œil-de-bœuf ouvert derrière une ruelle, le soleil rougeoie à travers les rideaux de lit de calicot rouge, — chambre ardente rêvée par le cauchemar d'un marchand de vin condamné à la guillotine. Pas une de ces empreintes humaines qu'imprime un homme aux choses de son entour; pas un désordre, pas un flambeau hors de sa ligne; pas la gaîté riante d'une couleur, rien qui décèle un goût de la jolie chose ou de la fleur, — une chambre vide de la vie vivante.

Dans le cabinet voisin, tout est noir. Il y pue vaguement; et de fades relents et de poussiéreuses senteurs y rampent et s'y mêlent. Un je ne sais quoi de flottant, d'impalpable et de tassé, se balance par l'air cinéraire. Comme si les bouquins endormis rêvaient, il est des hôtes et des bruits en ces ténèbres murmurantes. Ainsi que dans une Babel de lois, et parmi les Tripier et les Merlin, susurrent des voix ergoteuses, des jugeailleries confuses, des dialogues de Normand à Manceau, une cacophonie avocassière, un frôlement de paperasses, un balbucifiement de vieux procéduriers.

Au milieu des livres de droit, bien compté, bien complet, est le Voltaire en 70 volumes, un peu moisis. La pièce est humide, pleine d'une âpre fraîcheur. C'est bien la crypte bourgeoise élevée à CANDIDE; l'officiant y a tout ce qu'il faut pour célébrer l'office : la table d'acajou où les testaments s'écrivent, la chaise curule en maroquin vert, un coupe-papier en buis jaune, une grosse paire de lunettes d'argent, — et aussi une calotte grecque, brodée dans le salon d'une maison de prostitution pour *monsieur Dimanche*.

Le salpêtre a fait sa proie du Yorick de Ferney; des vers paissent dans la PUCELLE; une bonne moitié de l'esprit de ZADIG est tombée en pourriture; une gangrène de larges taches jaunes s'est mise au papier de Kehl qui se meurt; et en plein sel français, dans les boutades et les malices, des souris campent, mangeant à belles dents les plus grandes gaietés du railleur. Et cela est triste, fort triste, plus triste peut-être, qu'une princesse allemande médiatisée... recommandée au conducteur d'une diligence française.

D'ordinaire, sur les rayons, Rousseau est à côté de Voltaire. C'est pour les bonnes gens, pour les cœurs sensibles, un soulagement incomparable, et une bien précieuse ressource, que d'avoir ainsi le médecin de l'âme Tant-Mieux côte à côte avec le médecin de l'âme Tant-Pis. Mais ici, point de Rousseau! nulle toute petite odeur de pervenche! nulle minuscule consolation d'utopie! Voltaire tout seul! miroir unique dans lequel le vieillard regarde son esprit! Voltaire, maître absolu de ce mur, dont il descend pour jouer des niches à la conscience de son propriétaire! Le voyez-vous, tenant à sa goutte une compagnie moqueuse, et qui souffle sur les châteaux de cartes du moribond, qui fait les cornes à ses attendrissements, qui tour à tour lui promet Dieu, le diable et le néant, qui conte des gaudrioles à ses vieux sens, qui le berce et le berne, qui le turlupine, qui le barbouille, le confesse, et fouette, à tour d'ironies, sa raison comme un sabot! Il rôde tout autour, voletant, sautelant, gambadant, l'hôte des vieux logis, le lutin des foyers célibataires, Trilby étique enveloppé d'une étoffe à ramages, un bonnet de soie noire à son petit crâne, — statue de Houdon réduite à deux pouces, qui d'un rire de casse-noisette, ameute, par instants, les échos de la maison morte!

Dans le jardin, un sapin a tout pris, la place, et l'air, et les fenêtres. Il pousse magnifiquement comme s'il poussait en de l'engrais humain. Autour, des rosiers maladifs s'affaissent et se courbent, penchant à terre des fleurs traînantes, pâmées et expirantes, d'où montent des aromes fermentés, des parfumeries d'alambics. Un air lourd, chargé de résine et d'essence de rose. Sous l'arbre, accroupis, mendiant le soleil, un vieux chat, un vieux chien. Ils tremblotent sur place. Le chat n'a plus de ronron. Le chien est râpé comme un vieux chapeau.

Assise dans ce jardin, une fille, son chapeau sur la tête, les deux mains sur un panier de paille noire, une fille pâle, les yeux bistrés, les lèvres plates, attend inoccupée.

A M. PH. DE CHENNEVIÈRES[1]

Monsieur et ami,

J'aimerais à vous avoir un beau soir à moi tout seul, sarrasin de Vire et tripes de Caen sur table, appétit en éveil, causerie aux lèvres; ou bien encore j'aimerais, au fin fond du terroir normand, après avoir couru avec vous les rousses bruyères, les mares, les pâturages coupés de ruisseaux argentelets : votre solide et grasse terre natale, j'aimerais, en une ferme accolée à un chemin creux, faire station, jeter châtaignes en la marmite, tirer une pinte de poirée doux, friand, et en bon Gaultier et bon compagnon, nous paissant « le cerveau caséiforme de belles billevesées », coudes au menton, vous causer de l'ami Jean de Falaise.

Mais de tout ceci, bouche cousue à l'ami Jean de Falaise! je ne suis pas auteur, mais j'ai fait deux volumes; je ne suis pas critique, mais j'écris dans

---

1. Article paru dans l'Éclair, numéro du 16 octobre 1852.

un journal. Et si l'ami Jean de Falaise venait à écouter et à entendre que je parle de lui, il me regarderait cauteleusement dans les yeux, et aurait méfiance et dépit de me voir le citer à ma barre. « Eh! eh! là-bas! me dirait-il de sa voix fluette, par ma barbe, mon jeune ami, je ne suis pas vôtre. Laissez-moi sous mes pommiers violets et sous mes hêtres feuillus. Et qui vous fait dire, que je suis ceci et cela? Et si je suis né à Falaise, vous n'y pouvez rien. Et si j'ai le nez long et les joues rouges, ne me regardez pas! »

Dussé-je faire allonger la mine à Jean, monsieur, je veux vous en parler tout courant. Aussi bien peut-être, ne nous trouverons-nous jamais tous trois dans une *sente* normande, ce qui est regrettable, parce que nous aurions de beaux bâtons et de belles soifs, et que nous ferions route ensemble.

Et parlons de Jean sur un morceau de papier : la plume est outil d'amitié tout comme la langue. Jean de Falaise et dame Paresse étaient bras dessus bras dessous, quand je les ai rencontrés. C'est son péché d'habitude. Jean de Falaise est baguenaudeur et baguenaudier. Jean de Falaise va devant lui, pas trop loin pourtant ni trop longtemps. Quand il fait une pièce de vers, Jean de Falaise s'arrête au milieu d'un vers. Jean de Falaise regarde danser les paysannes. Jean de Falaise regarde rentrer les pommes. Jean de Falaise « vit dans le débridement de son oisiveté, dans la baverie de ses joyeusetés ». Enfin, Jean de Falaise est mon ami.

Le pis, c'est que Jean de Falaise a écrit tout comme M. un tel ; et ne sais vraiment à quoi il a voulu rimer son livre, ni pourquoi il a vidé son encrier, car il n'aimait pas lire ; — et ne pas aimer lire et écrire, c'est bien croire aux autres plus de charité qu'on en a.

Or donc, quand il a eu terminé ses Contes normands, avec les dessins de l'ami Job, *Caen, E. Rupallez, libraire-éditeur, pont Saint-Pierre 7, 1842*, — l'ami Jean de Falaise a fait des *meâ culpâ*, et de si gros *meâ culpâ*, qu'on l'entendait, sans plus mentir, d'Alençon et de Sanneville, voire de Saint-Valéry.

A mon estime, il serait d'opportunité et de logical entendement de monter présentement sur les tréteaux, et de laisser le ton familier, pour faire grosse, grande, grave et sévère critique des Contes normands de l'ami Jean de Falaise.

Il est temps, grand temps, de réparer une injustice et un silence de la critique contemporaine.

Quoi! à ce petit livre ému et vivant, à ce livre coloré et plein de la nature, à ce petit livre modeste publié en cœur de Normandie, à ce petit livre d'un style ciselé, d'une recherche et d'un tour rares, à ce petit livre d'enchantements imprévus, et de vieille allure si charmeuse, à ce petit livre distingué de par toutes les distinctions, nul, ou presque aucun n'a songé à dire un mot de bienvenue! Nul n'a songé à déclarer que l'ami Jean de Falaise était un véritable écrivain français, un talent, une originalité exquise! Ainsi va le monde.

Pourquoi faut-il que le mot, le triste mot de Terentianus Maurus, soit toujours de circonstance.

Il y a là de vrais paysans, de vraies paysannes, et le parterre des lecteurs tressaille d'aise pour un mot berrichon de George Sand.

Il y a là de courtes histoires enveloppées de voiles de pudeur qui font le cœur gros, et l'on a fabriqué un académicien de l'auteur de Thérèse Aubert : mais lui, Jean de Falaise, est resté Jean de Falaise comme devant. Dix ans se sont passés, le livre a eu le temps d'aller dans quelques mains qui écrivent, et pas une plume, le volume lu, n'a dit au public, applaudisseur de strass et de faux brillants montés : Voilà des perles ! Ce bon enfant de Jean de Falaise doit bien rire, lui qui dort sur son livre et qui n'a jamais fait d'avance à la renommée : — elle est trop grande dame pour lui ! — il doit bien rire de la république et de la fraternité des gens de lettres.

Ainsi commence le premier conte :

« Romain naquit au Pont-Blutel, dans la plus pauvre maison de celles qui encaissent la route neuve. Dès qu'il entra en culotte, dès qu'il put pétrir la bourbe pour y planter des branches mortes, il trouva là des ormes tous grands et un ruisseau tout menu; est-ce pas autant qu'il en faut pour une enfance heureuse?

« Sa mère s'appelait Marion, Marion qui? Marion quoi? Marion tout court.

« Et son père? Ce n'était ni Pierre ni François; c'était l'homme à Marion, et si bien son homme, qu'il l'avait pourvue de douze enfants. — Quelle manie chez les pauvres gens !

« Quand Romain était petit, il avait de gentils cheveux longs par derrière, courts par devant, blonds sur le front, argentés sur ses tempes, et fins comme la soie.

« Rien n'est joli comme un petit paysan, jusqu'au jour où il porte le cierge de la première communion. — Le lendemain, pour la vie, c'est laid comme le péché. »

Manière où revient le style pittoresquement façonnier de Montaigne et de Rabelais ; simplesses cajolées de la plume où perce le narquois du trouvère ; parlage bellement rustique ; phrases court-vêtues et paysannesques, trottant menu, et cheminant... cheminant sans avoir hâte ; tout un dessous indiqué de détails de cœur laissés dans la pénombre ; contours ondoyants et flottants, peinture à petits coups de pinceau et à touches répétées ; narration à *mezza voce*, en laquelle le lecteur entend plus qu'on ne lui dit ; l'observation féminine de l'auteur de VOLUPTÉ, mais en pleine naïveté vraie ; récits s'oubliant à faire l'école buissonnière ; la mi-bonhomie du Normand : — un peu du sourire sans lèvres de Voltaire sous un bonnet de coton de la vallée d'Auge ; et les idylles aimées de la patrie et des doux champs : les parfums secoués des pommiers en fleur, les têtes frissonnantes des grands ormes, les passerelles jetées en travers des ruisseaux, les chaumières moussues, les chemins creux voûtés de feuillée, les branches de houx à la porte des auberges, les vaches rousses, les sauteries villageoises aux ronds-points, les jupes rouges aux jambes longues et fines, comparées par Bernardin aux Grâces des Célestins, et cela par les lignes tranquilles du paysage, les pyramides de la fenaison, et avec au loin les bleuâtres silhouettes de Domfront, et plus loin encore, le vieux Mont-Saint-Michel, droit assis dans la mer.

Puis là encore, en une campagne près de la Méditerranée, dans une histoire triste comme d'une tristesse de *malaria*, deux jeunes poitrinaires s'éprennent d'amour. Cette histoire s'appelle GEORGINE ; prêtez le cœur au conteur :

. . . .
« Comme nous achevions chacun notre tirade, nous vîmes un long nuage gris très étroit qui s'avançait vers nous en rasant le sol. Je dis aux malades : Prenez garde, Mademoiselle. — Monlouet, tu as trop chaud. — A mesure que le nuage s'avançait, et il allait vite, mademoiselle de Magny s'inquiétait ; au moment où il allait nous envelopper, elle se dénoua un petit fichu qui lui tenait au cou et le roula au cou de Gabriel. — Laissez-moi faire, disait-elle, cela vous gardera d'un grand mal. — Quand le brouillard fut passé, Monlouet déroula le fichu, le baisa, et dit à Georgine en le lui rendant : Ce mouchoir est à moi, je vous le prête. — Dans de si grands jeux de cœur, je me sentais piètre et malvenu . . . .

« Hier au matin, j'ai vu Monlouet recevoir la tasse de la main de Mlle de Magny, la retendre au chevrier, le chevrier la remplir sans y prendre garde, et Gabriel poser ses lèvres où elle avait posé les siennes. La belle fille détourna la tête pour rougir, sans oser regarder si personne n'avait rien vu . . . .

« Nous sommes si repus de ce beau ciel, que ce soir personne ne s'est soucié de l'aller voir coucher. Je m'étais séparé de Monlouet pour descendre à la ville faire je ne sais quelle emplette de poudre ou de parfums. J'ai peu tardé pourtant. — En remettant le pied sur la première entrée, j'ai vu au fond de l'allée Mme de Magny seule, assise sur le banc et l'oreille tendue. Lorsque je me suis trouvé plus près d'elle, j'ai vu de grosses larmes couler en abondance le long de ses joues; elle ne les cachait ni les essuyait. Il y avait, sur la terrasse des orangers, deux bruits de voix qui s'approchaient lentement, et lentement s'éloignaient. Gabriel disait : Pourquoi êtes-vous si belle, étant si bonne ? — On ne loue point sa sœur d'être belle, répondait Georgine. — Ils s'éloignèrent en disant cela, puis revinrent : — Prenez garde, disait Georgine effrayée, si nous n'étions plus frère et sœur! Ils ne revinrent pas. Mme de Magny me prit par la main et me traîna après elle jusqu'à la tonnelle. Elle se tint roide et muette comme marbre; il n'y avait que ses yeux qui pleuraient toujours. Gabriel et Georgine étaient sans doute sur le banc de pierre cachés par le figuier et les quatre lauriers. Peut-être un bruit les avait-il troublés, car ils ne remuaient non plus que nous. Après un moment, nous entendîmes un pied qui frôlait des feuilles sèches. — Georgine avait sa pensée de mélancolie qu'elle laissa aller : des feuilles mortes sous ce soleil! — La voix de Gabriel était pleine d'ardeur : — C'est vrai, dit-il, défions-nous du soleil. Il nous reste si peu de vie, prenons tout dans un baiser. — Je le voudrais, mais je ne l'ose, dit tout bas Georgine, — la voix étouffée sans doute par l'embrassement de Monlouet. Elle poussa un petit cri, comme si elle eût passé sous les lèvres de Gabriel, puis elle dit : Vivante ou mourante, par ce baiser je suis à vous! — Il va me la dévorer toute, disait Mme de Magny, que je soutenais un peu. — Assez de bonheur pour un jour, a dit Georgine en se levant, et ils ont regagné la maison. — Monsieur, m'a dit la mère, quand nous avons été seuls, au nom de qui vous est cher, aidez-moi. Tout le monde doit sortir de la maison demain, a-t-elle ajouté d'un ton ferme. — Où vous tournerez-vous, Madame ? lui ai-je demandé. — Le sais-je ? m'a-t-elle répondu dans l'abattement, car les pleurs à son âge fatiguent. — La vallée d'Hyères n'est pas trop loin, Madame. — J'ai dit cela pour cette pauvre Georgine. Hyères a la couleur de la vallée qu'elle quitte ; la mer, les îles, les montagnes, les orangers sont pareils. Il lui faut bien un peu de souvenir pour vivre.

J'ai parlé de départ à Monlouet ; il ne voulait pas me croire, il ne voulait pas partir, il voulait revoir Georgine, demander son pardon à Mme de Magny.

Cette excellente mère est venue elle-même, elle n'a pas voulu que sa fille revît Gabriel, mais elle lui a pardonné. Il leur écrira. Elle lui a remis le fichu de Georgine avec ces charmantes paroles : Ceci est à votre chiffre ; c'est ma fille qui l'a dit. Elle l'a embrassé ; nous ne devons revoir personne. Nous allons partir avant qu'il soit jour. Gabriel s'est couché, moi j'ai rempli les malles et scellé les paquets.

« Mlle Georgine a pleuré, j'ai entendu sa mère qui la consolait en n'osant toucher à sa douleur. »

. . . .

GEORGINE est à mettre à côté du MÉDECIN DU VILLAGE, de Mme d'Arboville, auprès et non loin de LA GRENADIÈRE de Balzac.

TONY JOHANNOT[1]

Encore une tombe qui va se fermer sur un talent plein de jeunesse et de grâce, encore un vide dans la phalange de l'art, si maltraitée de la mort depuis quelques jours. Adieu, délicates imaginations, plaisants badinages de crayon, vignettes aimables ! Adieu, Tony Johannot ! Les dernières pages de George Sand demeureront veuves de vos traductions énamourées, et la librairie française, si joliment illustrée par vous, regrettera longtemps le vignettiste qui a fait la fortune de tant de charmants livres d'art.

Et vous ombres de Moreau, d'Eisen, de Marillier, de Saint-Aubin, de Cochin, de Gravelot, venez assister au convoi de votre filleul ! Vous aviez tenu le charmant petit maître sur vos genoux, vous aviez fait épeler son enfance dans vos livres à vous, vous l'aviez inspirée de votre manière, de votre tour, de votre maniérisme coquet ; et quand l'enfant a su tenir un

---

[1] Article paru dans le numéro de l'Éclair du 21 août 1852.

crayon, il s'est souvenu de vous, et ç'a été, à chaque feuillet de son Œuvre, d'amoureuses réminiscences du siècle passé. Crayon à la Dorat que ce crayon de Tony Johannot, si gentiment contourné, si adorablement féminin, si rechercheur de petits pieds cambrés, de tailles *guêpées,* de minois chiffonnés! Voyez-le couper ses habits noirs dans les pans de l'habit du financier, cacher des paniers sous ses robes, chausser parfois de mules ses contemporaines? Voyez-le faire d'un costume de cheval du xviiie siècle, une amazone du xixe siècle; voyez-le prendre pour les gens de son temps, un peu de la mode du monde où l'élégance et le *comme il faut* taillaient les patrons de la mode. Un crayon à la Dorat que ce Tony Johannot, mais qui apporte dans la linéature des femmes de l'autre siècle quelque chose de virginal, et qui, lorsqu'il touche au nôtre, est l'unique artiste qui rend la naïveté et l'ingénuité de la *fillette.*

Tony Johannot fut du petit nombre de ceux qui crurent à la gravure sur bois, de ceux qui la sortirent de l'image. Si par hasard il vous est tombé un de ses bois avant que le graveur n'y mordît, vous avez pu admirer ce *faire* spirituel, ce libre et original abandon du crayon, ces travaux, ces caprices, ces fantaisies de la mine de plomb, ces griffonnages se prêtant la *taille,* et promettant d'avance les plus heureuses réussites au tirage.

Et ce charme, — alors que Johannot s'est fait décidément aqua-fortiste, — où le trouverez-vous plus saisissant que dans cette suite d'eaux-fortes, fantastiques interprétations des fantastiques récits de Charles Nodier? Le dessinateur s'est mis dans ces douze planches à écouter le conteur étrange, il s'est pris d'amour pour ses visions, et les fait passer dans la demi-teinte du rêve, colorées de la nuit d'un Rembrandt, enveloppées du mystère d'un Goya. Oui, par moments, le dessinateur monte l'hippogriffe du cauchemar, il entend siffler : « le *rhombus* d'ébène aux globes vides et sonores » ; et, dans cette cervelle qu'on voit coiffée d'un bonnet de nuit noué d'une *fontange,* les chauve-souris de Smarra battent des ailes. Il s'y fait des rêves étranges, des frôlements d'êtres apocalyptiques, des caricatures surnaturelles, et les créations déraisonnables du haschich peuplent : LE VOYAGE OU IL VOUS PLAIRA.

Mais avant tout, feuilletez ces pages de PAUL ET VIRGINIE, de MANON LESCAUT, de VERTHER, ces pages où passent et repassent la blanche et céleste fillette des Pamplemousses, la jolie impure du XVIIIe siècle, la vierge allemande : ces trois figures des trois livres d'amour célèbres.

Puis, quand la fatigue prenait Tony à crayonner, et quand les éditeurs s'arrêtaient à monter son escalier, le gracieux Maître peignait des tableaux ; mieux que des tableaux, il lavait des aquarelles doucement lucides, de belles jeunes filles aux jupes rouges, aux jambes nues, à la chevelure dénouée, couchées dans les bois, de jeunes fileuses assises sur les bancs de pierre du village.

Et la rêverie vous prenait à regarder ces œuvres

habillées des grâces du xviii® siècle, dans leur mélancolie germanique.

Sur le bord d'une rivière, Tony Johannot avait placé, il y a quelques années, un jeune garçon, pêchant, les jambes pendantes sur la berge. A son côté, appuyé sur le coude, regardait une jeune fille. Le jour était derrière eux. La rivière, la berge, les deux amoureux se perdaient dans la nuit descendant sur la terre.

Cette aquarelle, si nous nous souvenons bien, était une aquarelle de poète.

L'ABBÉ GALIANI[1]

En 1769, Ferdinand IV rappela de Paris à Naples l'abbé Galiani, pour exercer près de lui la charge de conseiller du commerce. Voici là-dessus ce que dit Bachaumont au mois de février 1770 : « On prétend que le ministère, lassé des *lazzi* continuels de cet abbé, d'une politique très plaisante sur le gouvernement[2], l'a obligé de retourner en Italie, en lui dé-

---

1. M. Sainte-Beuve, dans un de ces articles comme il en sait faire un, toutes les semaines, a déjà appelé l'attention sur Galiani.
Après le crayon de M. Sainte-Beuve, nous n'aurions pas tenté une étude, si nous n'avions songé que deux voix valent mieux qu'une. — Articles publiés dans l'ÉCLAIR, numéros des 14 et 21 février 1852.

2. Lors de notre séjour à Naples, en 1856, nous demandions alors au directeur des Archives communication d'une correspondance de l'abbé écrite de Paris, en sa qualité de secrétaire d'ambassade de 1759 à 1769. Le directeur ne se refusait pas absolument à la publication de cette correspondance, mais à la condition d'y être associé, et de la larder de notes, hostiles aux philosophes, aux encyclopédistes, aux libres penseurs de l'époque. Dans ces conditions, nous renoncions à la publication de ces lettres manuscrites qui ne nous étaient pas même montrées. Depuis on m'a assuré que la publication en avait été commencée, mais malgré mes demandes, je n'ai jamais pu obtenir qu'on m'en envoyât un volume ou un fascicule. Un moment même pendant ce séjour, nous avions songé à tâcher de retrouver dans la famille de Galiani ses papiers, ses manuscrits, ses correspondances, mais des Napolitains nous détournèrent de notre projet, en nous affirmant qu'il ne restait rien, et que les derniers Galiani étaient des paysans sans culture, de vrais sauvages.

clarant qu'il n'avait rien à craindre du ressentiment de la France, et même en le pensionnant. » Quoi qu'il en soit, — faveur ou disgrâce, — pour Galiani ce retour fut un exil.

L'ancien secrétaire d'ambassade près la cour de France avait beau se promener d'un Alde à un Plantin, d'un Plantin à un Elzévir, au beau milieu de ses monnaies, de ses médailles, de ses pierres gravées, de ses statues, de tout son musée, alors un des plus beaux de Naples, il avait beau aller, regarder! rien n'y faisait. Il avait beau ouvrir sa fenêtre, contempler le ciel toujours azur, la rue toujours gaieté, et les processions qui passaient, et la mer indolente, — c'était toujours Paris qu'il voyait. Il revenait à son cher Horace, à son ami Horace, dont il commentait en règle de vie, le : *Nunc est saltandum* du païen, le suivant partout en toutes ses galanteries, faisant la tenue des livres de ses amours et le catalogue de ses maîtresses : mais voilà que cela aussi lui donnait des regrets, et qu'en montant chez toutes les Lydies du poète, il se rappelait toutes les Lydies de l'abbé, et que Suburre lui remettait en mémoire la rue des Vieilles-Étuves. Son clavecin était là, l'attendant; son SOCRATE IMAGINAIRE, Paisiello, en faisait la musique : il était joué partout, plus loin que cela : à Saint-Pétersbourg. Que lui faisait? il voyait Magallon qui venait de louer un coin de la loge de Mme d'Épinay aux Italiens. Il faisait venir Sersale, pour être son *ressouveneur* de Paris : Sersale mourait... Il demeurait Parisien dans ce Naples *où il* n'y avait que douze personnes au plus qui sachent lire, ce Naples qui *n'avait pas trois paires d'oreilles en tout dignes de l'écouter!*

« Naples, dit-il quelque part, est comme la vapeur du charbon : on y meurt en y restant, mais on n'a pas la force de s'en aller. » — Paris! Paris! appelait le pauvre abbé...

Il se rappelait la cour, les dames et les femmes. Il se rappelait le *ruisseau de la rue Saint-Honoré*[1], le ruisseau de Mme Geoffrin, et tous les profils aimés, Mlle de Lespinasse qui s'obstinait à trouver bonnes ses mauvaises plaisanteries, lord Clives, un Anglais persuadé que les diamants donnent le goût des arts, et Schomberg et Chatelux, et Grimm, et Diderot et Duclos. Il se rappelait et les dîners et les soupers, et la ville et la campagne, et Mme d'Épinay et le baron d'Holbach, et la campagne du cher baron et la Chevrette! Écoutez là-dessus l'ami Diderot :

« Nous dînons bien et longtemps. La table est servie ici comme à la ville, et peut-être plus somptueusement encore. Il est impossible d'être sobre, et il est impossible de n'être pas sobre et de se bien porter. Après dîner, les dames courent, le baron s'assoupit sur un canapé, et moi je deviens ce qu'il me plaît. Entre trois et quatre nous prenons nos bâtons et nous allons nous promener, les femmes de leur côté, le baron et moi du nôtre, nous fai-

---

1. Une curieuse publication : ce serait la retrouvaille des notes écrites par l'abbé sur les filles de la rue Saint-Honoré, dont il visitait les taudis presque tous les soirs.

sons des tournées très étendues! Rien ne nous arrête, ni les coteaux, ni les bois, ni les fondrières, ni les terres abandonnées. Le spectacle de la nature nous plaît à tous deux. Chemin faisant, nous parlons ou d'histoire, ou de politique, ou de chimie, ou de littérature, ou de physique, ou de morale. Le coucher du soleil et la fraîcheur de la soirée nous rapprochent de la maison, où nous n'arrivons guère avant sept heures. Les femmes sont rentrées et déshabillées. Il y a des lumières et des cartes sur la table. Nous nous reposons un moment; ensuite nous commençons un piquet (ou un trictrac). Le baron nous fait chouette : il est maladroit, mais il est heureux. Nous soupons. Au sortir de table, nous achevons notre partie. Il est dix heures et demie; nous causons jusqu'à onze. A onze heures et demie, nous sommes tous endormis ou devant l'être. »

Écoutez encore Diderot montrant cette fois l'abbé dans le grand salon de la Chevrette, où Grimm se fait peindre, Mme d'Épinay appuyé au dos de la chaise du peintre, et pendant que Saint-Lambert lit une brochure, que Diderot joue aux échecs avec Mme d'Houdetot, que Mme d'Esclavelle a autour d'elle tous ses petits enfants, qu'une jeune fille brode à la main, que sa sœur brode au tambour, qu'une jeune femme essaye au clavecin une sonate de Scarlati.

« L'abbé Galiani entra, et avec le gentil abbé la gaieté, l'imagination, l'esprit, la folie, la plaisanterie, tout ce qui fait oublier les peines de la vie. Dieu sait les contes qu'il fit! Il disait..... qu'un voiturier qui menait avec ses chevaux et sa chaise le public, fut appelé au couvent des Bernardins pour un religieux qui avait un voyage à faire. Il proposa son prix, on y tope; il demande à voir la malle, elle était à l'ordinaire. Le lendemain, de grand matin, il arrive avec ses chevaux et sa chaise; on lui livre la malle, il l'attache. Il ouvre la portière, il attend que son moine vienne s'y placer. Il ne l'avait point vu ce moine : il vient enfin. Imaginez un colosse en longueur, et profondeur, à peine toute la place de la chaise y suffisait-elle. A l'aspect de cette masse de chair monstrueuse le voiturier s'écrie : Une autre fois, je me ferai montrer le moine!

L'abbé est inépuisable de mots et de traits plaisants..... Si l'on faisait des abbés Galiani chez tous les tabletiers, tout le monde voudrait en avoir à la campagne. »

Et l'abbé à Naples se revoyait, *se regrettait* toujours dans cette délicieuse villégiature française du xviiie siècle, au sortir de table, en esprit de campagne, gesticulant, pérorant, la perruque de travers.

Galiani ne put y tenir : il prit la plume et écrivit à toutes ses connaissances. Il savait le monde, il craignait de n'être bientôt plus même un souvenir. A tous ses amis, il manda qu'il était enterré, mais qu'il n'était pas encore mort : « Lire tout seul sans avoir à qui parler, avec qui disputer ou briller, ou écouter, ou se faire écouter, c'est impossible. L'Europe est morte pour moi. On m'a mis à la Bastille!

J'appartiens au règne végétal à présent, et je me vois dans un désert environné de souches, de poutres et de ces *truncus inutile lignum,* dont je vois faire de temps à autre des Priapes. » Et, s'il a un jour une velléité d'honneurs, qu'il se défend vite de vouloir rester là-bas : « J'ai écrit à Caracciolo une lettre d'ambitieux. S'il prend cela pour une résolution de me fixer à Naples, il a bien tort. Un homme qui a enfilé une ruelle fort étroite où il ne peut ni reculer ni tourner, n'a pas d'autre parti à prendre que de galoper jusqu'au bout pour ensuite tourner au large. C'est là ma position. Je voudrais galoper, parvenir, tourner et me retirer à Paris, y mourir à mon aise. »

A ces déplorations, les amis répondirent; et comme les jours où lui arrivaient les réponses étaient des jours tout pleins « du plaisir de lire, de relire, de mâcher même et de sucer tout ce papier », Galiani récrivit, récrivit.

La plume à la main, il se sentait renaître; il lui semblait qu'il causait avec les gens. Il savait comment sourirait l'un en lisant cette ligne, comment dirait l'autre à celle-là. Le conseiller du commerce n'avait pas de plus belles nuits que les nuits qu'il passait à causer de Paris, la grande ville, avec Mme d'Épinay. Et d'ailleurs, l'auteur du Dialogue sur les femmes se savait lu, peut-être colporté, peut-être même regretté. Et de fait, il était tout cela. A cette table de Mme Geoffrin où s'asseyaient tous les esprits couronnés, où Voltaire aurait dû mettre de fondation le dîner des six rois qu'il a mis à Venise, — l'abbé manquait.

Né à Naples par mégarde, abbé parce qu'il était homme du monde, diplomate pour trouver une place à son esprit, un abbé de sofa, un de ces abbés logés dans l'église comme des rats dans un palais, rieur sans miséricorde, Pangloss qui trouve tout pour le mieux dans le pire des mondes, philosophe détaché du bonheur des autres, fanfaron d'égoïsme, et qui payait en esprit les dettes de son cœur, aimant les choses *jusqu'au feu exclusivement*, dirait Montaigne, les gens jusqu'à l'agonie et pas plus : « Ma belle dame, s'il était bon à quelque chose de pleurer sur les morts, je viendrais pleurer avec vous la perte de M. Helvétius ; mais la mort n'est autre chose que le regret des vivants. Si nous ne le regrettons pas, il n'est pas mort ; tout comme si nous ne l'avions jamais connu ni aimé, il ne serait pas né... » « L'affliction de Mme Matignon, en effet, a été extrême. Tout vient du défaut d'éducation ; si on lui avait appris qu'un mari n'est qu'un homme, elle verrait que l'espèce entière lui reste en perdant un individu. M. de Matignon a été infiniment pleuré sans être regretté, car on voyait qu'il n'aurait jamais été bon à rien qu'à être un bon vivant. »

Petit, gras, potelé, se glissant, se faufilant, babillant, gesticulant, pelotonné et furet, voilà *l'abbate ;* un charmant petit bout d'homme, un prototype du docteur Acaramboni ; *cara puppazetta !* auraient pu dire les dames à cet esprit impromptu, à ce causeuracteur, faisant de tous ses récits des tableaux parlants; *cara puppazetta!* auraient-elles pu dire à cette maquette de génie : de l'Érasme, du Rabelais et du Voltaire battus avec du Polichinelle! Se laissant vivre à la dérive, toujours appétant l'amour, *l'abbate!* c'est un homme vivant de toutes les vices du plaisir; c'est un tempérament à la Mirabeau à cheval sur la débauche et le travail, ne débridant jamais; c'est une cervelle toujours allante, sautant à pieds joints d'une Dissertation sur les saint Christophes gothiques à un Dialogue sur les femmes, des COMPONIMENTI VARII *per la morte di Domenico Jennacone carnifice della gran Corte...* à des Mémoires sur les antiquités de Pompéi; aujourd'hui à comploter une histoire de la formation des Montagnes, demain une correspondance entre un Pape et un Carlin; jetant les ironies à poignées comme les *confetti* du carnaval romain, se moquant de tout le monde, et faisant de lui comme de tout le monde; souriant à tous les *Credo*, l'ÉMILE comme aux autres; contant après Grimm et mieux que lui; pariant Dieu, parce que Diderot pariait le néant;—cervelle en ébullition prenant feu tous les jours après un livre, une découverte, une femme, un système! Passez à Chantilly sur les onze heures; à *un huis qui n'est jamais scellé*, vous entendrez le mot du cardinal de Polignac : Parle, je te baptise!

Entrez : c'est l'abbé barbotant dans ses draps et son *Vildes-Chour,* et qui cause avec son démon, son genius : un gros singe.

Galiani ose tout : il mettra de l'esprit dans l'économie politique. — Prêtez le collet à deux, trois, quatre affaires, comme cet officier aux gardes, et restez sur place, si le cœur vous en dit, bon cela; mais ne déplaisez pas à l'abbé : « M. de Pezay m'accorde donc de l'esprit. J'admire sa clémence. Si je lui accordais le sens commun, je serais bien plus généreux que lui; mais je n'aime pas à être taxé de prodigalité. »

Rien ne l'effraie; c'est un enfant gâté : philosophie, religion, métaphysique, médecine, il touche à toutes les montres. Corps battant toute la nuit le pavé de la capitale du XVIIIe siècle; tête donnant audience tous les matins aux grandes pensées. Les lettres de Galiani sont ce qu'était l'homme. Cela est écrit avec cette simplicité de bien dire que nous n'avons plus.

Le grand charme de ces lettres est dans ceci : qu'elles sont des lettres et rien que des lettres. Les commissions pour des chemises s'y coudoient avec les réflexions les plus collet-montés. Tout cela est pensé au courant de la plume. On ne sent ni effort, ni prétention; et pourtant ces lettres visent et atteignent tout, les hommes et les systèmes; elles ont des verges pour les rois et les encyclopédistes! Ces vérités à l'usage des gens d'esprit, — qu'on nomma plus tard paradoxes, — on les rencontre là à toutes pages. L'abbé n'a point de rapporteur de ses opinions; il juge lui-même tous les procès qu'il évoque; et comme, dans le laisser-aller d'une conversation qui s'attarde, dans l'abandon *d'un pique-nique au Gros-Caillou,* il va d'un sujet à l'autre, toujours osé, toujours pensant lui-même, toujours pensant tout haut, éclatant parfois en éclairs de génie, en révélations de l'avenir !

Voulez-vous le portrait du cœur de Mme Geoffrin ?

« Mme Geoffrin a le tic de détester tous les malheureux, car elle ne veut pas l'être, pas même par le spectacle du malheur d'autrui. Cela vient d'une belle cause ; elle a le cœur sensible, elle est âgée, elle se porte bien ; elle veut conserver sa santé et sa tranquillité. »

Du catéchisme de l'abbé, voilà tout ce qu'on trouve :

« La Géorgique n'est plus un sujet de poème à notre âge. Il faut une religion agricole à un peuple coloniste, pour parler avec emphase et avec grandeur des abeilles, des poireaux et des oignons. Avec votre triste consubstantialité et transsubstantiation, que voulez-vous qu'on fasse? Il y a deux classes de religions : celles des peuples nouveaux sont riantes et ne sont qu'agriculture, médecine, athlétique et population ; celles des vieux peuples sont tristes et ne sont que métaphysique, rhétorique, contemplation, élévation de l'âme ; elles doivent causer l'abandon de la cultivation, de la population, de la bonne santé et du plaisir. Nous sommes vieux. »

« L'incrédulité est le plus grand effort que l'esprit de l'homme puisse faire contre son propre instinct et son goût. Il s'agit de se priver à jamais de tous.

les plaisirs de l'imagination, de tout le goût du merveilleux ; il s'agit de vider tout le sac du savoir, de nier et de douter toujours et de tout, et rester dans l'appauvrissement de toutes les idées, des connaissances, des sciences sublimes. Quel vide affreux ! quel rien ! quel effort ! Il est donc démontré que la grande partie des hommes (et surtout des femmes, dont l'imagination est double) ne saurait être incrédule ; et celle qui peut l'être n'en saurait soutenir l'effort que dans la plus grande force et jeunesse de son âme. Si l'âme vieillit, quelque croyance reparaît. » — *Quel rien ! quel effort !* c'est du Bossuet.

Et ses idées sur le théâtre ?

Le 29 février 1772, — un an avant la publication du théâtre de Mercier, — Galiani écrivait : « En vérité, ma belle dame, il me paraît que l'ignorance des auteurs a engendré l'ignorance des acteurs, et de ces deux ignorances est née l'ignorance des spectateurs, qui n'a été ni créée, ni engendrée, mais qui procède des deux. Voilà une trinité d'ignorance qui a créé le monde théâtral. Ce monde n'existe qu'au théâtre. Les hommes, les vertus, les vices, le langage, les événements, le dialogue, tout lui est particulier. Il s'est fait en convention parmi les hommes que cela serait ainsi, que le théâtre aurait ce monde, et l'on est convenu de trouver cela beau. Les raisons de cette convention seraient difficiles à retrouver, l'acte en est fort ancien et n'a pas été insinué au greffe. J'ai bien peur qu'on ne soit convenu de trouver Lekain bon et parfait ; on ne peut pas revenir contre une convention et une transaction en forme. Au reste, je crois que les causes qui ont produit cet éloignement de la nature qui a lieu dans le Théâtre au point de créer un monde entier tout à fait nouveau, a été la difficulté de s'approcher de la vérité en gardant son langage vulgaire et la défense d'y placer les événements modernes.

On fait une bonne comédie, vraie au dernier point, parce qu'il est permis d'y représenter le cocu arrivé dans la semaine même, la querelle entre mari et femme arrivée dans le mois, la ruine d'un joueur arrivée dans l'année; mais, s'il ne vous est pas permis de rendre en tragédie ni la chute du duc de Choiseul, ni même celle du cardinal de Bernis, comment peut-on peindre la vérité? Si vous mettez sur la scène Thémistocle et Alcibiade, je m'aperçois qu'ils ont parlé grec et qu'on leur fait parler français; qu'ils étaient citoyens d'une république, et que nous sommes à Paris, à ce que dit l'Almanach royal... »

Parfois il semble que Galiani écrive sous la dictée de Chamfort.

« J'en suis fâché pour M. Sainte-Foix; mais c'est que le bon goût français peut passer chez les autres nations; le bon ton n'y passera jamais. C'est une maladie tout à fait parisienne, comme la *plique* est polonaise. »

« L'immortalité n'est qu'un terrain disputé à l'oubli; mais bien faiblement disputé. »

« Savez-vous à quoi je compare cette mort de

Marie-Thérèse? A un encrier qu'on a renversé sur la table géographique de l'Europe. »

« On a la rage, en France, de faire quelque chose de ses enfants; ici on n'en sait faire que des héritiers de leur père. »

« Au fait, tout être qui fait une profonde révérence à quelqu'un, tourne le dos à quelque autre. »

« Les sectes sont une ressource pour les gueux. »

« La fatalité est la chose du monde la plus curieuse; sans elle, point d'imprévu : tout serait calculé, et la chute d'un ministère n'intéresserait pas plus que l'équinoxe ou le solstice; elle serait imprimée d'avance dans les almanachs. »

De l'éducation, il médit en ces termes :

« L'éducation n'est que l'élaguement des talents naturels pour donner place aux devoirs sociaux. L'éducation doit amputer et élaguer les talents. Si elle ne le fait pas, vous avez le poète, l'improvisateur, le brave, le peintre, le plaisant, l'original qui amuse et meurt de faim, ne pouvant plus se placer dans aucune niche de celles qui existent dans l'ordre social. »

En politique, il y a pour Galiani beaucoup d'idées qui ne sont que des mots. Galiani est sans scrupule; il ne regarde ni aux outils ni aux moyens. Plus d'une fois aussi, dans sa correspondance, c'est un Cassandre, mais un Cassandre, le rire à la bouche :

« 21 août 1713. Vous avez appris déjà la débâcle des jésuites, arrivée à Rome le 16. Leur histoire n'est pas plus finie que celle des Juifs après la destruction de Jérusalem, elle a seulement changé de ton et de couleur : de l'actif au passif... »

« Autrefois le pape était le calife de l'Europe, et tous les sultans des différentes provinces s'intéressaient à son élection. Aujourd'hui qu'il n'est que le souverain de Rome, ce sont les grandes familles de Rome qui le font absolument : Albani, Corsini, Borghèse, Colonna, s'arrangent et choisissent, pour leur plus grande commodité, un laquais dans leurs maisons pour en jouer le rôle. »

« 1ᵉʳ janvier 1774. Vous y parlez des chutes des empires. Qu'est-ce que cela veut dire? Les empires ne sont ni en haut ni en bas et ne tombent pas. Ils changent de physionomie; mais on parle chute et ruine, et ces mots font tout le jeu de l'illusion et des erreurs. Si on disait les phases des empires, on dirait plus juste. La race humaine est perpétuelle comme la lune, mais elle nous présente tantôt une face, tantôt une autre, parce que nous ne sommes pas toujours bien placés pour la voir dans son plein. Il y a des empires qui ne sont jolis que dans leur décadence, comme l'empire français; il y en a qui ne sont bons que dans leur pourriture, comme l'empire turc; il y en a qui ne brillent que dans leur premier quartier, comme l'empire jésuitique. Le seul qui n'a été beau que dans son plein a été l'empire papal. Voilà tout ce que j'en sais, et je n'en sais pas beaucoup. »

« Il (Turgot) punira quelques coquins, il pestera, se fâchera, voudra faire le bien, rencontrera des épines, des difficultés, des coquins partout. Le crédit diminuera, on le détestera, on dira qu'il n'est pas bon à la besogne. L'enthousiasme se refroidira, il se retirera ou on le renversera, et on reviendra une bonne fois de l'erreur d'avoir voulu donner une place telle que la sienne, dans une monarchie telle que la vôtre, à un homme très vertueux et très philosophe. »

« En politique, je n'admets que le machiavélisme pur, sans mélange, cru, vert, dans toute sa force et dans toute son âpreté. Il s'étonne que nous fassions la traite des nègres en Afrique; et pourquoi ne s'étonne-t-il pas qu'on fasse la traite des mulets de la Guyenne en Espagne? Y a-t-il rien de si horrible que de châtrer les taureaux, de couper la queue aux chevaux? Il nous reproche d'être les brigands des Indes; mais Scipion peut bien l'être des côtes de Barbarie et César des Gaules. Il dit que cela tournera mal; mais tout le bien tourne en mal; la danse se tourne en lassitude; ne dansez donc pas!
— l'amour, en peine; n'aimez donc pas! Ainsi mon avis est donc qu'on achète des nègres tant qu'on nous en vendra, sauf à s'en passer si nous réussissons à les faire vivre en Amérique. Mon avis est de continuer nos ravages aux Indes tant que cela nous réussira, sauf à nous retirer quand nous serons battus. Il n'y a pas de commerce lucratif au monde. Détrompez-vous; le seul bon est de troquer des coups de bâton qu'on donne, contre des roupies qu'on reçoit. »

_ Enfin voici quelques-unes des vues de l'abbé :

« 2 janvier 1773. Au reste, voilà mon plan d'Apocalypse. Le roi joue son jeu, les parlements jouent leur jeu ; et tous deux ont raison, tous les deux ont leur raison. La monarchie tient essentiellement à l'inégalité des conditions, l'inégalité des conditions au bas prix des denrées, le bas prix aux contraintes. La liberté entière amène la cherté des vivres et la richesse des paysans. Le paysan riche ne tire plus à la milice, ne supporte plus la taille arbitraire, les saisies des contrebandes ; il a la force de ne plus se laisser fouler, soit en se révoltant, soit en plaidant en justice ; il a assez d'argent pour gagner des procès. Il amène donc la forme républicaine, enfin l'égalité des conditions qui nous a coûté six mille ans à détruire. Mais laquelle des deux formes aimez-vous le mieux? me demandera-t-on. J'aime la monarchie parce que je me sens bien plus proche du gouvernement que de la charrue. J'ai quinze mille livres de revenu que je perdrais en enrichissant des paysans. Que chacun en agisse comme moi et parle selon ses intérêts, on ne disputera plus tant dans ce monde. Le galimatias et le tintamarre viennent de ce que tout le monde se mêle de plaider la cause des autres et jamais la sienne. L'abbé Morellet plaide contre les prêtres, Helvétius contre les financiers, Beaudeau contre les fainéants, et tous pour le plus grand bien du prochain. Peste soit du prochain! il n'y a pas de prochain. Dites ce qu'il vous faut ou taisez-vous. »

De ces lettres de Galiani, les lecteurs n'ont en main que deux éditions ; la première de Dentu, 1818, publiée par Séryes ; l'autre de Treuttel et Wurtz, 1818, publiée par Ginguéné ; et encore M. Brunet accuse-t-il la première de contenir des lettres supposées. L'une et l'autre se rencontrent difficilement. Galiani, en mourant, a laissé vingt-deux volumes de réponses à ses lettres : ne serait-il pas bientôt temps de donner de sa correspondance une nouvelle édition plus complète que les deux autres[1] ? Nous n'avons pas autorité, pour notre part, à assigner une place à cette correspondance, mais nous ne faisons point de doute que si Galiani venait à être réédité, il y aurait, d'ici à peu, un remaniement dans l'ordre des épistolaires français, et peut-être changement de rang dans les premiers rangs[2].

---

1. Notre désir a été réalisé seulement en 1884, année où a paru : LA CORRESPONDANCE DE L'ABBÉ GALIANI par Lucien Perey et Gaston Maugras ; Paris, Calmann Lévy (2 vol. in-8°).
2. En relisant les hauts et originaux jugements de l'abbé napolitain, je persiste dans la pensée que la cervelle de Galiani était une cervelle autrement *philosophique* que la cervelle à la mince ironie de notre monsieur de Voltaire.

LE VOYOU[1]

« *Monsieur le comte! — une voiture! Mon prince! — votre coupé!* » Et le voyou tend la main à la portière.

Il vit, parce qu'on jette son cigare en entrant dans un théâtre, parce qu'un cavalier avec une dame donne deux sous à l'homme qui lui a baissé le marchepied du fiacre, et qu'un étranger qui sort de l'Opéra, en donne quatre à l'homme qui lui allume une allumette pour son cigare.

Il est né des amours de la borne et du ruisseau, — il vit entre son père et sa mère. Il se plaît dans les latitudes du boulevard du Crime, et n'en sort qu'aux jours de bal masqué, de révolution, de feu d'artifice, d'exécution capitale.

— Où demeurez-vous? demandait-on à l'un.
— Je ne sais pas.

Il ne demeure pas, il loge; et même quand il ne pleut pas, il campe.

Il fume à huit ans; il aime à douze, il se bat à quinze; il est héros à seize; il se fait empoigner à

---

1. Article paru dans le PARIS, numéro du 12 janvier 1853.

dix-huit; — à vingt-cinq, — il est disséqué, à moins qu'il n'ait un numéro et un bonnet vert.

Il a la casquette tombée en arrière sur la nuque, un bourgeron bleu, un pantalon de toile, la voix creuse, des yeux d'écureuil, la bouche gouailleuse, un accroche-cœur gras sur les tempes, les arpions en dedans, et une pipe qui entre tout entière dans le gousset de son gilet. Avec des souliers qui *reniflent* l'eau, il marche en se dandinant, comme s'il avait du roulis dans les jambes; — et les mains dans les poches de son pantalon, posé sur une hanche, c'est la statue de l'Engueulement.

Il se nourrit de pommes de terre frites, de petits verres et de soupe à l'ail; il faut l'aimer,—comme l'aimait Théroigne de Méricourt,—avec un flacon de sels.

Il sait où sont situés la Préfecture, l'Hôtel-de-Ville, les Tuileries : la Préfecture, il y a couché; l'Hôtel-de-Ville, il l'a pris; les Tuileries, il y a trôné.

Il a la haine des Anglais, du lorgnon, des ponts payants et des gants.

Il se trouve avoir des attendrissements pour la traite des nègres, les couplets patriotiques, les chiens qui se noient.

Son admiration va de Gobert à Deburau, de Deburau à Gobert. Après Gobert et Deburau, il admire le bâtonniste des Champs-Élysées.

Il applaudit en jetant à l'actrice des oranges. Il jette aussi quelquefois des écailles d'huîtres aux collégiens, aux fils de bourgeois, qui vont au spectacle le 28 janvier, jour de la Saint-Charlemagne.

Le théâtre est son école. Il dramatise sa colère. Il se drape en sa clémence. Il s'écoute, il parade, il appelle l'effet ; il serait orateur, s'il savait parler.

Si la guillotine revenait, il vous laisserait aller si vous lui disiez : « Citoyen, je m'appelle André Chénier ! » Mais il se ferait guillotiner à votre place, si vous lui disiez : « Je me nomme Bouchardy ! »

En musique, il a inventé l'air : *Des lampions !* et l'air : *L'Régisseur !* qui pourrait bien être le même. C'est lui qui, lors de Léo Burkart, a parié avec M. Harel qu'il ferait prolonger un entr'acte de vingt-cinq minutes, en criant : Asseyez-vous sur le moutard ! Et il a gagné.

Il ne connaît les grands hommes que par la caricature. La caricature est son catéchisme politique. De ses deux maîtres d'histoire, l'un s'appelle Dantan, l'autre Daumier.

Il se fait des idiotismes, en amputant les mots, en tête ou en queue. Il dit : Le *cipal*, et *un aristo*. Il a une autologie à dérouter deux Ménage. Il dit : *Des navets !.. Et ta sœur ?*

Il sait les heures où on sort du bal, la rue où une émeute a rendez-vous, la façon de passer avant une queue, jouer au cochonnet, monter au mât de cocagne, gagner un lapin aux boules, passer la jambe ; faire l'exercice, lire, et compter — jusqu'à deux révolutions.

Il emboîte le pas avec les régiments, derrière les tambours ; joue au bouchon à côté du Gymnase ; maraude à la bouquetière une fleur qu'il mâchonne ;

pêche des écrevisses au pont de Neuilly; tient les chevaux, quand il y a une chasse à Saint-Germain; et s'il n'y a rien à faire de tout cela, — va manger son pain devant la vitrine de la Morgue.

Les jours d'éclipse, il vend des verres noircis pour regarder.

Le mardi-gras, il cire les bottes devant le bal masqué de l'Ambigu; et quand il s'est fait deux francs à lustrer vos bottines, vous le retrouvez vous faisant vis-à-vis dans le bal.

Il se gaudit d'avoir au bras une grosse femme, et l'habillerait sang de bœuf, s'il pouvait l'habiller; quand il a un petit frère, il lui achète une *cigale* pour sortir.

Il flaire le sergent de ville et devine... si vous savez la savate.

Il a l'intelligence, l'intelligence du mal, le voyou! à la façon d'un jeune Panurge qui ne craindrait pas les coups.

Il n'est ni ouvrier imprimeur, ni ouvrier tisseur, ni apprenti menuisier, ni apprenti maçon. Il est voyou; —c'est son état,—et filoute son existence paresseuse.

Quand il y a un 24 février, il met un bouquet de fleurs et un bonnet rouge à la statue de Spartacus; et si vous entrez au palais saccagé du roi parti, où le peuple se rue, il vous crie en riant : Vos billets, s'il vous plaît!

De l'hiver, de l'hôpital, de l'amphithéâtre, il plaisante. La mort, il appelle ça : « le *trilliomphe* de l'asticot! »

BORDEAUX[1]

L'œil bleu, le cheveu blond, bouclé, frisotté, papilloté, la pommette rose, le visage duveté de poils follets, — un ange des images de Dubreuil, rue Zacharie, est penché sur nous.

Il a une serviette sous le bras.

— Que mangeront ces messieurs?

Les vagues de l'Océan glacent de vert, de bleu, d'argent, un petit poisson. Les charbons qui le grillent enflamment d'or et de feu ses écailles scintillantes. Couché sur le disque de porcelaine, le petit poisson miroite, comme une vieille lame de vermeil sur la blancheur glaceuse d'une nappe damassée. Avec la belle robe changeante qui vêt sa corruption, le petit poisson éblouit l'œil des amants de la couleur; et même le nez des attablés ne boude pas longtemps ses senteurs fermentées, tombant sur cette terre des fraises, ainsi qu'un pouilleux des sierras dans une charretée de senoras. Et comme les mets de corruption sont les bienvenus et les bien mangés en tout pays de soleil; comme les mets de corruption

---

1. Article paru dans le numéro de l'Artiste du 1ᵉʳ juillet 1854.

sont les mets d'élection pour les estomacs paresseux et capricieux ; comme les mets de corruption font plus vieux que son âge et dotent d'un odorant *bouquet* le vin qui flambe dans les verres :

Garçon ! des royans !

Les terres de cendre, les terres noires et grises et blanches, les terres avares qui n'enfantent que bruyères et pins aux feuillages maigres, poussent à leur surface un végétant roux sur le dos, blanc sur le ventre — un gros semblant d'insecte hydropique, qui paraît faire la sieste sur son pédicule bulbeux. — C'est le *cep*. Quand l'huile bouillante a saisi le champignon, de son dôme spongieux, des fendilles de son épiderme craquelé, filtre une crème blanche que le poète de ces choses, feu M. Brillat-Savarin, eût appelée sans nul doute « le pain-au-lait des cryptogames ». La vieille tour Saint-Michel, des sept bouches tordues de sa famille empoisonnée, vous crie : — Non ! mais, bast !

Garçon, des *ceps!*

Et ce vin que dédaigna le gosier robuste du moyen âge, ce vin que le duc de Richelieu produisit dans le monde pour l'estomac délabré du xviii° siècle, et pour l'estomac encore plus délabré du xix°.

— Bordeaux ordinaire ?
— Non, Cos d'Estournel !

Cet homme avait dit :
Il en est qui perfectionnent les bateaux à vapeur.

la grammaire, les bœufs de Durham et le bon sens. Il en est qui blanchissent leurs cheveux à perfectionner les instruments de la mort; moi, je perfectionnerai le vin !

Cet homme était l'amant de la vigne, l'artiste du vin. — Soigner ses vignobles comme de riches héritières promises à des princes, parer le vin comme une maîtresse, le former comme un enfant, le faire promener sur les mers lointaines des Indes pour qu'il revînt mûr, épanoui en toutes ses fragrances; — cela était la bénédiction de la vie de M. d'Estournel. Ses caves semblaient une salle de bal; les jets de gaz flamboyaient par trois étages de tonneaux; des tapis de sable fin serpentaient dans ces lieux souterrains. Lui, comme en un royaume, il se promenait en ce capiteux domaine, donnant à chaque crû bien-aimé un petit salut de la tête, songeant orgueilleusement combien de rêves et de fêtes, et de bonheurs, il gardait là, dormants... quinze mille tonnes de Paradis! qu'il pouvait éveiller d'un coup de vrille! Il murmurait : « M. de Metternich!... le Johannisberg!... je sais, je sais; » — et il souriait, rêvant un Tokai à la France; — si bien qu'un beau jour, les huissiers saisirent le poète, et que le poème fut vendu au rabais.

Ainsi qu'une eau de pourpre lestant une bulle de savon, le médoc ensanglante le verre mousseline. Un rayon de soleil vole sur le bord du verre, sans s'y noyer, ainsi qu'un enfant rose qni jouerait sur la margelle d'un puits... Et comme, certains jours, je suis heureux de je ne sais pourquoi, je porte au jourd'hui ce toast : Au Soleil, au soleil, à cet âtre du bon Dieu, vers lequel les poètes tendent, comme des mains glacées, leurs âmes frileuses! Le voyez-vous, tous les matins d'été déverser sur la nature son céleste calorique des cœurs et des cerveaux. Voici qu'il débouche dans les vallées du firmament, détachant un de ses rayons qui s'en va par les villes, avec des ricochets lumineux de fenêtre en fenêtre. Sitôt que ce premier rayon alerte a sonné la *diane* du jour, le Soleil lance sur l'univers ses mille cavaliers de flamme. Alors il étreint dans ses bras de feu la lueur froide du matin ; il l'étreint, la brasse, la vivifie, l'échauffe et la jette, ruisselante, sur les murs blancs qui crépitent. Victorieux, il décoche, du haut du ciel, mille autres rayons choisis, qui s'en vont, vagabonds et buissonniers, frapper au front de toutes les tristesses. Et la nature, toute grisée de lumière et de chaleur, titubante et rajeunie, tombe sur l'herbe chaude, pâmée, domptée de fatigue et triomphante de beauté. La terre s'endort, et pendant qu'elle dort, le rayonnant magicien accroche une émeraude à chacune des feuilles d'arbres. Il verse à pleines mains les diamants sur l'eau que les fleuves roulent en bâillant. Il se regarde en chaque goutte de rosée et chaque pleur de la nuit devient un petit soleil ! L'ombre s'est enfuie, rechignant et de mauvaise humeur. Le Soleil la poursuit de son incendie. L'ombre se pelotonne, s'amincit, se ramasse dans les coins des cours, derrière les hautes cheminées, comptant les heures lentes, appelant sa mère la Nuit, impatiente de reconquérir, à grandes enjambées, la terre ensoleillée, — et les cœurs et les cerveaux, un instant, rassérénés.

La chose est carrée d'abord. Elle est en coton tout rouge ou tout jaune, presque rouge ou presque jaune, un peu rouge ou un peu jaune. Que les dix doigts d'une Bordelaise se mettent à chiffonner cette chose géométrique et sans élégance native — un madras — et vous aurez un miracle, c'est à croire que d'un mouchoir de M. Dupin, une Bordelaise qui le voudrait, se ferait une coiffure de bal. Ce sera tour à tour un turban populaire ! un tortil de coton lutinant le col d'une corne badine ! un drapeau d'amour que chacune plie aux caprices de son goût !

Se levant, la belle, les yeux encore lourds, ballotte son madras, disant : « Qu'en fera-t-on ? » Elle essaye et cherche. D'abord le madras couronne le front : c'est un diadème plat. Alors, une chiquenaude, et le diadème est à bas ; et le madras est si négligemment attaché que la belle semble une paresseuse et une attardée encore en son bonnet de nuit ! Puis d'un coup de doigt, le madras pique une pointe sur le haut de la tête, et tout remonté, laisse aux tempes de la belle, un gros bouquet de noirs cheveux découverts et provocants. Maintenant la belle sort ; mais dans l'escalier, une fois encore, elle s'est recoiffée : — son madras dans la rue est un béret assis sur un coin de tête, prêt à tomber comme un singe collé, on ne sait comme, sur le flanc d'un cheval.

Les belles fleurs jaunes, les belles fleurs rouges que ces madras courant Bordeaux, sur des tiges souples et remueuses! Et quand la rue monte et que les femmes s'étagent, ne voyez-vous pas, ami Aurélien, la lumière jongler avec des oranges et des pommes d'amour.

C'était un vaudeville qu'on jouait. Les voix des acteurs avaient dit à la musique de se reposer; et, derrière l'archet du chef d'orchestre, deux des quatre violons au repos, cordes détirées en une pose de paresse et de nonchaloir, sommeillaient sur le pupitre à côté du petit bout de bougie, brûlant sur la bobèche de fer-blanc. Les deux autres violons étaient bercées sur deux poitrines de violonistes, lesquels violonistes ne savaient trop où ils regardaient. Les choses en étaient là, quand soudain... oui, c'était bien une forme de soulier... glissa sournoise, *prestissimo*, dans la main gauche d'un des violoneux. En tapinois, la main droite s'était armée d'un tranchet... Eh, pourquoi non?... — J'ai bien eu un ami qui confectionnait lui-même ses chaussures à vis dans le cabinet du ministre, au ministère de l'Instruction publique. Or le pauvre violon y allait de tout cœur, — pourtant se cachant un peu, — et il épluchait le bois blanc, le ratissait, le polissait, le tout avec des regards!...

des regards d'amant. C'était une caresse perpétuelle de l'œil sur la cambrure du cou-de-pied ; et puis, la forme retournée, sur la petite arche de la plante du pied... une souris aurait passé dessous. Vous ai-je dit que la forme de ce mignon petit pied était minusculement menue et au delà de tout ce que vous pouvez imaginer? Il faut que cet homme travaille pour des chaussures de contes de fées. Il doit être le cordonnier de ce monde idéal, où les pieds de Cendrillon tiennent tout entiers dans une main d'homme. Oui, auprès de la forme que manie l'homme au violon, le soulier de satin blanc de la Néna est un bateau... Non, non, jamais la pluie, qui retrousse les jupes, ne m'a montré la jambe à laquelle pouvait appartenir la forme de ce pied!.. Attendez pourtant : j'ai vu d'aussi petits souliers ; c'est dans la boîte blanche, placée au-dessous de la croix blanche qui garde, au cimetière de la Chartreuse, les petites filles de sept ans qui sont mortes.

Quand tous les jeunes gens de la ville ont mangé des *tartelettes* ; et que les pâtissiers des allées de Tourny sont couchés, M. de Tourny, intendant de Guyenne, qui a fait bâtir tout ce vieux Bordeaux, charmant, contourné, tarabiscoté de rocaille, M. de Tourny qui est mort, il y a des quatre-vingts ans de cela, revient en habit de velours.

M. de Tourny regarde là-bas sa statue et il hausse les épaules.

M. de Tourny regarde les enseignes et les placards qu'on a fourrés dans les caprices sculptés de sa jolie bâtisse et il dit : « *les massacres!* »

M. de Tourny regarde les maisons nouvelles élevées en face et il fait encore : « *les massacres!* »

Les pâtissiers ronflent.

Des toits de tuiles; des cheminées de briques; l'ombre aux deux côtés de la rue et le soleil emplissant la chaussée, vautré sur les cailloux pointus; un âne gris de cendre, les oreilles en arrêt, raide sur ses quatre pattes, chargé d'un monceau de paquets; un chien qui ne jappe, ni ne court; des balcons de fer tout le long de la rue, et de gros pots rouges d'où montent de roses lauriers; — couché sur ma fenêtre, cigare aux dents, — il m'est à regarder ces choses, et les jupes qui passent, et le monde qui va, il m'est un bonheur rond et hébété, et mon œil repu, dilaté, vaguant, dort tout ouvert, en une béatitude de bonze.

Il fait aussi peu net dans ma tête que dans les images que je vois, quand je ferme les yeux. Mon imagination se fige. Mon cerveau semble nager dans un bain d'huile tiède. Là-dessus, un gros niais de sourire m'est venu aux lèvres. Diable de maître d'hôtel qui a serré dans son grand registre vert, mon passeport — et mes pensées de Paris!... Et voilà que sa petite fille, qui est trop petite, s'est assise sur le registre pour rendre la monnaie à un Anglais. Il ne finira pas de la compter, cet Anglais!

Je croirais volontiers mon intelligence une pendule arrêtée. L'estomac rumine silencieusement et mon individu mollement couché tout de son long, regarde les trois chaises de la chambre, qui lui paraissent des instruments de supplice, et les malheureux enfants-trouvés de cette vie coloriée de saint François de Sales, qui orne les murs, vagissent à mes oreilles qui tintent : « Ah! hi! ah! hi! »

C'est une résolution de tout l'être, voluptueuse et consentie, comparable en douceurs torpides au malaise plein d'aise qui précède un peu l'évanouissement. La conscience du *moi* s'en va de l'âme, l'on se quitte et l'on se sépare de soi, on est la couleur qui brille, le rayon qui luit, une onde de l'air chaud qui coule ; et dans un Éden intangible et de sensations confuses et non formulées, d'idées roulantes et sans forme, il semble que l'on soit balancé sur des senteurs et sur des lueurs...

Eh! là-haut! qui perd sa jarretière?

Ici un bruit m'attriste. C'est parmi les échos joyeux de la rue, les éclats de rire, les invites des marchandes, le cri rauque du porteur d'eau de Figuereau : Aoh! aoh! Cette musique persiste, fort désolée. Tout est gai en mes entours, tout est triste en mes pensées ; et cette fleur noire de mélodie s'obstine à mes côtés, un bruit sourd, terne, souterrain ; — on dirait un borborygme d'une messe des Morts de Chopin. Je sais cependant à peu près quelle est la basse qui fait ce bruit; et j'entends, dans ses notes voilées et mélancoliques, une vieille mélodie d'un philosophe qui chantait dans les fleurs et le bleu du ciel :

> Linquenda tellus, et domus et placens
> Uxor. . . . .

Où vous mirez-vous, mesdemoiselles les grisettes, s'il vous plaît? mesdemoiselles les grisettes, où vous mirez-vous? Vous n'avez qu'une bande de glace à hauteur d'appui, large comme la main, sur votre cheminée. Eh quoi! dans vos mansardes, c'est un trumeau qui prend toute la place, vous ne vous mirez pas, mesdemoiselles? mesdemoiselles les grisettes, vous ne vous mirez pas? Vous mirez-vous en ce paysage épinard où cette châtelaine en robe de la restauration promène cet enfant culotté de chamois, mesdemoiselles les grisettes, dites-le moi? Vous mirez-vous en cet arc romain, où ce troubadour chante sa romance à cette Yseult aux pâles couleurs, coiffée d'un chapeau œillet d'Inde, — mesdemoiselles les grisettes, répondez-moi? Où vous mirez-vous donc? Eh! là-bas, bonhomme, qui arrivez de la campagne, pourquoi venez-vous de si loin à la foire Saint-Fort, votre parapluie dûment enfermé dans un bas bleu rapiécé au talon et au bout du pied? — Acheter une glace avec un trumeau? — Où vous mirez-vous, dites-moi, bonhomme? Bonhomme, où vous mirez-vous?

Les moines pendus sur deux rangées que je vis hier au milieu du marché, leurs robes noires et brunes agitées par le vent, — dès que le coq a chanté ce matin — se sont métamorphosés en de grands parapluies à chevalet. Maintenant, ils garent les marchandes du soleil. Et du vert, du blanc, du rouge, du rose ; et sur ce tapage de toutes les couleurs, des pans d'ombres rousses, tombées des parapluies couleur tabac. Et les passages menant au marché, abrités de vieilles toiles à carreaux ou à pois bleus ; et là-dessous, un air tiède et comme soyeux, une ombre transparente et dorée, un rayonnement tamisé où se silhouettent mollement hommes et femmes ; et par tous ces couloirs, un frétillement de servantes, la nuque lumineuse ; et ici et là, une filtrée de soleil, cinglant une pointe de madras, une jupe, une loque, un ventre de saumon, une pétale de fleur, de la mèche d'un fouet de feu ; et par échappées, des toits de tuiles noircies par les années ; et le clocher, à la pierraille brodée, de Saint-Dominique, qui met à l'horizon le mensonge de l'Espagne ; et des brises à la fraise, et des rires plus rouges que les fraises et des yeux de velours derrière des bottes de roses... Mais n'ai-je point eu la vision de la belle Hérodiade dans cette reine des tripes, debout devant un pilier de la Halle ! Elle avait un bien beau madras jaune tendre à fleurs roses. Un col à grandes dents serrait son col dru dans sa cangue de neige. Un caraco de soie promettait, soulevé, une vierge robuste. Droite comme une statue, les bras croisés, elle mâchonnait entre ses lèvres, un demi-sourire, ainsi qu'une rose de chair. Des festons de mous l'auréolaient de rouge, et tout autour d'elle, les larges couteaux battaient les billots, les viandes saignaient et des hommes trapus, tabliers blancs aux épaules, passaient farouches, pliant sous des quartiers de bœuf.

Tranquille et insouciante, elle laissait saigner et ensanglanter tout autour d'elle. Dans un tonneau, une tête dépouillée, toute rougeoyante et l'œil bleuâtre, la regardait sans qu'elle la vît : une tête faisant penser à la tête de saint Jean-Baptiste...

A chaque tempe, la belle bouchère avait deux féroces accroche-cœurs.

Ce soir la bouteille m'a dit une légende :

Autrefois, il y a longtemps, Bordeaux s'appelait Falerne. Les chansons y poussaient sur les lèvres ; des poètes, couronnés de violettes, cueillaient des vers en se baissant ; le vin coulait à grandes ondes ; des femmes passaient sous les pampres, gracieuses et agaçante déesses de la démarche ; et les roses foisonnaient. Les dieux ont rappelé les poètes ; la politique morose a chassé les chansons... Il reste encore le vin, les femmes et les roses.

Et vraiment, j'ai vu sur les grandes routes des bordures de roses qui faisaient, de chaque côté, une haie de parfums à cueillir par les amoureux, durant des lieues. Oui, c'est une préfecture où les cantonniers peuvent se fleurir tout le long de leur chemin.

Ils vont au-devant de vous, ils vous abordent, — encore que vous ne les connaissiez guère ; — il vous traquent, ils vous cernent, ils vous enveloppent, ils vous prennent en écharpe, ils caressent, ils griffent, ils sourient, ils éclairent une seconde, ils se sauvent, ils boudent, ils reviennent, ils chantent, ils parlent, ils attaquent : « Bonjour, monsieur l'homme ! » — malins en tout cela plus qu'éloquents et moqueurs plus que tendres. Ils sont à ravir et à peindre, ces enfants gâtés du visage, ces yeux noirs de Bordeaux rayés d'un trait de feu ! Rues et jardins et balcons, tout est étoilé de ces paires d'yeux conquérants et mutins, et jusque derrière le rideau blanc fermé qui tremblote, une étincelle trahit un regard de la Gironde. Et, à la nuit, dans l'ombre, tous les petits vers luisants semblent dire : « Entrez dans la danse, monsieur l'homme ! » Et voici qu'un petit enfant ailé, dodu, poupin, joufflu, cul nu et le plus joli du monde, carquois doré au dos, joue du violon vivement, vitement. Et voici en branle tous les yeux de la ville, en grande toilette, de beaux cils lustrés. Tous les yeux sont jolis dans ce quadrille, — car même aux femmes qui sont laides, en ce pays, Dieu a donné des yeux de jolies femmes. — Après bien des avant-deux, où les regards d'abord avançaient hardis, puis se repliaient langoureusement modestes ; après bien des balancés, où les regards remuaient doucement l'âme ; après tout cela, vint un grand galop... et mon cœur de fuir. Mais les maudits yeux couraient après lui et quand le pauvret, passait essoufflé et demandant asile, les portes se fermaient dans un éclat de rire, et dans le refrain de la chanson de Mascarille :

>Au voleur! au voleur!

. . . .

— Quand Rosalie sera morte à l'hôpital, dit Elegius au carabin, le scalpel ira par son œil, la petite chapelle de mon âme, l'autel de l'*élévation* de ma poésie?

— Oui, monsieur, dit le carabin en saluant, nous reconnaîtrons la *choroïde*, le *cristallin*, l'*iris*, l'*uvée* et la *pupille* de la demoiselle, et le *pigmentum*, une substance noirâtre dans l'intérieur de la choroïde, une solution d'encre de chine plus ou moins épaisse..... Elle est brune, je me souviens?

— Quoi, cela dont son regard est si divinement peint?

— Messieurs, s'exclama un courtier, se trouvant là par hasard, un courtier en vins qui avait fait ses humanités, et venait d'enlever une affaire sur les *Roussillon*. Messieurs, disséquez toute chose en ce monde : l'honneur et la vertu, l'entraille et le cerveau, mais le regard des femmes...

— Eh bien? fit le carabin.

— Oui, c'est disséquer l'amour! soupira Elegius.

ÉMAUX ET CAMÉES[1]

« Les chrétiens, dit Tertullien, ne doivent pas faire attention à la beauté, parce que les avantages qui flattent les gentils doivent nous toucher fort peu. »

Ç'a été la fortune de Mademoiselle de Maupin et de Fortunio, d'être écrits contre cette parole, et ce sera peut-être la gloire de Théophile Gautier d'avoir été un protestant païen.

Un héros de Musset, en son enfance, restait pendant des heures entières le front posé sur l'angle d'un cadre doré. « Les rayons de lumière frappant sur les dorures l'entouraient d'une sorte d'auréole où nageait son regard ébloui. Ce fut là, ajoute le conteur, qu'il prit un goût passionné pour l'or et le soleil, » — et la beauté matérielle des choses.

---

1. Article sur l'édition d'Émaux et Camées de Théophile Gautier, publié en 1852, et qui a paru dans le numéro du 28 août de l'Éclair. — Article à rapprocher de l'article sur Théophile Gautier à la fin du volume : celui-ci parlant d'une manière plus spéciale de l'Œuvre, celui-là de l'homme.

Théophile Gautier a posé le front sur l'angle de ce cadre doré.

Sans se le dire à lui-même, Théophile Gautier a marché de conserve avec les politiques de son temps. Il a prêché la jouissance, quand d'autres avaient la bonne foi de prêcher les intérêts. Il a entonné le *carmen seculare* du beau matériel, sous une loi qui avait la franchise d'être athée. L'esprit français, dépossédé de croire, il l'a fait passer de l'adoration du Créateur à l'adoration de la création.

Esprit redoutable au catholicisme et à toute religion mortifiante, — sans en avoir aucunement la conscience, — dans cet hymne exubérant à tout ce qui est naturellement et humainement beau, dans ce cantique charnel, le panthéiste à outrance, enivré de l'idéal artistique, a appris à ses contemporains, sans dieux domestiques, à aimer la vie et à la vivre amoureusement, quitte à s'occuper de l'autre monde quand celui-ci vous manque. Il avait trouvé le scepticisme de Voltaire, un scepticisme de petit bourgeois, la négation d'un froid, maigre, triste esprit, qui se moquerait au besoin de Raphaël pour se moquer du Christ. Il jeta aux épaules du Doute un manteau de velours cramoisi; devant lui il effeuilla les roses des jardins de Schiraz; il évoqua la belle plasticité de l'ancienne Grèce; il nationalisa le sensualisme de l'Orient, et « faisant sus ung pied la gambade en l'air gaillardement », le Panurge artiste berça les tristesses des René, des Werther et des

Obermann, d'une réjouissante ritournelle, chantant toujours que :

> Malgré les députés, la charte et les ministres,
> Les hommes du progrès, les cafards et les cuistres,
> On n'avait pas encore supprimé le soleil,
> Ni dépouillé le vin de son manteau vermeil,
> Que la femme était belle et toujours désirable...

Le soleil ! le vin ! la femme ! le programme ne pouvait pas ne pas être du goût des vivants avec un soleil qui s'éveillait sur la gorge de Vénus de Milo et qui se couchait derrière les pyramides.

Ainsi Théophile Gautier ressuscitait l'antiquité à l'imitation des esprits artistes de la Renaissance, et à trois siècles de distance, il recommençait, hardi et applaudi, le paganisme.

La muse de Théophile Gautier est née dans un air harmonieux, sous le ciel ionien. Elle a été bercée à deux pas d'une colonnade d'Architelès. Elle a assisté au jeu de la grâce, ordonné par Cypsélus, près du fleuve Alphée, — et à la fête d'Apollon de Phélésie, elle a vu les jeunes gens concourir à qui donnerait le plus savant baiser. Elle a vécu dans le pays où le Beau était dieu. Les pompes dionysiaques avec les jeunes filles coiffées du *corymbos* ont défilé devant elle, interminables et chantantes. Elle est allée en Égypte, où les temples énormes dorment à l'ancre sur les océans de sable. Elle a assisté, sous les Ptolémées, à des repas de quinze cents triclins. Elle s'est rendue à Rome, du temps que toutes les divinités du monde s'y donnaient rendez-vous. Elle est montée sur le char d'Héliogabale, s'enivrant de la pompe et du spectacle, des flots de pourpre et des vapeurs de crocus, du sénat en robes phéniciennes et des Syriennes dansantes, cortégeant l'Empereur-Dieu que traînaient six chevaux blancs, jusqu'à une naumachie de vin applaudie par deux cent mille hommes !

Puis, les Faunes chassés par la religion catholique, des régions de l'antiquité la muse de Théophile Gautier s'est lancée vers tous les pays dorés du soleil, vers toutes les terres brûlées où la forme des choses et des êtres se ligne au soleil, nue et mordue de lumière.

Oh ! elle n'aime ni la boue, ni les habits noirs, ni les robes de cotonnade, la muse de *Theo* !

On la voit s'accouder sur les brocarts, se gaudir aux reflets de l'or, boire aux teintes brûlées des vins de Xérès, caresser les cous aux trois plis de la Vénus, les gorges drues et rebondies, les croupes à puissants ressauts — et même un peu la musculature androgyne. Elle se plaît aux ciels d'implacable azur, aux terres de Sienne brûlée, au *strepito* criard des costumes du Midi, aux tertres noirs où pose à cloche-pied l'ibis, et aime prendre le frais dans des jardins de palmiers, de *henné,* de *cyprus esculentus* et de colocases.

Elle a couru les Espagnes et a rapporté Tra los Montès; elle s'est promenée au quai des Esclavons et a rapporté Italia ; elle est maintenant au tombeau de la sultane Validé, fumant du tabac de Gébaïl : elle rapportera une suite au Jardin des Roses de Saadi.

Ce fut vraiment une grande et heureuse audace, que cette préface insurrectionnelle de MADEMOISELLE DE MAUPIN, une audace qui fit du bruit et qui valait le bruit qu'elle fit. Théophile Gautier bravement, c'était brave même alors, a pris parti contre cette tartuferie épidémique de moralité qui désole toute société pourrie jusqu'à la moelle. Il a déclaré tout haut que les œuvres de Molière ne lui semblaient pas faites pour être jouées, aux distributions de prix, dans les pensionnats de jeunes demoiselles. Il a dit toute la tolérance du vice, et toute l'intolérance de la vertu. Il a chargé à fond de train avec une verve rabelaisienne sur les critiques vertueuses, les revues vertueuses et les journaux vertueux qui insèrent, à leur quatrième page, les annonces des *biscuits Olivier*, et qui crient haro sur un pauvre roman qui lève tant soit peu la robe. Il a fouetté, et de bonne prose, tous ces puceaux et ces virginaux de la critique qui parlent de la moralité de l'art entre deux orgies. Il a indiqué la cause de bien des purismes littéraires : l'envie. Il s'est emporté et s'est pris de colère après les mensonges de chasteté et les affichages de pudeurs masculines. Et devant Dieu et devant les hommes, il a affirmé qu'un livre n'avait pas besoin de compter plus avec la critique, que l'art avec l'orthodoxie.

Déjà, au reste, Théophile Gautier avait, comme dit Mercier, « arboré la *libertine* cocarde » dans les CONTES HUMORISTIQUES, — une promesse plutôt qu'un livre. FORTUNIO suivit MADEMOISELLE DE MAUPIN.

Dans FORTUNIO, Théophile Gautier verse à pleines

mains l'écrin éblouissant de son style. Le poète descend, une lampe merveilleuse à la main, dans les féeries du luxe. Cette bacchanale d'or, cette débauche de billets de banque, qui débute par une impériale orgie et qui finit par un compte rendu de notre moderne civilisation, écrite par un Pangloss au rebours, un Oriental pessimiste, a tout le long des scintillements et des ruissellements. C'est un feu d'artifice « de fines pierres, escarboucles, rubis balais, diamants, saphirs, esmeraudes, turquoises, grenats, agates, berylles, perles et *unions d'excellence.* » Les phrases y sont coloriées comme des queues de paons qui font les beaux à midi, les femmes y passent les chapitres à se déshabiller. Et de la soie, et du velours, et des aiguières, et des vases de cristal de roche, et des étoffes d'Orient, et des lits de citronnier aux pieds d'ivoire et aux rideaux de cachemire, et des patio à colonnettes de marbre turquin, et des piscines constellées d'émeraudes, et des Titien, *en veux-tu, en voilà,* et toujours des mirages, des prismes, des fulgurations... Une palette prise de fièvre chaude, un Véronèse grisé de haschich. Toutes les couleurs y chantent, toutes les formes y rayonnent! Kaléidoscope magique, monde imaginaire de beauté et de richesse, petit paradis de Mahomet, loué en un quartier de Paris. Ah! la folle invraisemblance et le beau rêve absurde! Comme en un harem cueilli à travers le monde, la parisienne Musidora y coudoie la javanaise Soudja-Sari, et Fortunio écoute, indolent, l'amour en toutes les langues! Les impossibles amours et le beau roman à lire sur des coussins, l'été!... « Je ne me soucie pas de me parfumer d'essences et de mettre des chapeaux de roses sur ma tête. » C'est le dernier mot d'un ancien grincheux : et du premier au dernier mot, pendant tout le volume, c'est le souci du héros de Théophile Gautier.

Mais qu'importe la fable romanesque, la langue picturale était créée. A la plume du coloriste la prose académique des xviie et xviiie siècles ne suffisait pas. Diderot, Bernardin de Saint-Pierre, empêchés qu'il étaient en la prose pittoresque qu'ils tentaient, avaient emprunté quelques expressions techniques à la science. Théophile Gautier entra dans le chemin qu'ils avaient ouvert; il quêta près de l'industrie, des arts, de la médecine, etc., il dépouilla les mille dialectes, les mille idiomes, les mille argots qui se parlent à l'atelier, à l'usine, au laboratoire; et remontant jusqu'au vieux passé de la langue française, jusqu'aux BALLIEUX DES ORDURES DU MONDE pour trouver une épithète, il étudia cette opulente et vivace prose du xvie siècle, la prose pleine de sucs des Amyot et des Rabelais, si rudement émondée par les Malherbe. Il francisa, ne reculant ni devant un archaïsme, ni devant un néologisme, ni devant un germanisme, et ne s'effrayant point des clameurs, et faisant son bien de tout ce qui colorait ses tableaux; et de tous ces emprunts, de toutes ces créations, de toutes ces résurrections, de toutes ces appropriations, il se donna cette belle langue imagée prenant le moule et la couleur de tout ce que le poète veut lui faire sculpter ou peindre. Descriptions peintes plutôt qu'écrites, où la forme des objets extérieurs vient se dessiner comme dans une chambre noire, et revit embellie du coloris du styliste. Écoutez-le décrire les essais céramiques de Ziegler :

« L'un de ces grès rappelle ces pots de terre poreuse où l'on fait rafraîchir de l'eau, et que les Arabes ont légués aux Espagnols. L'ouverture excessivement évasée, formant le trèfle à quatre feuilles, s'épanouit comme le calice d'une énorme fleur. Les nervures des gouttières se prolongent, le long du col légèrement étranglé, jusqu'aux flancs entourés d'une branche de figuier chargée de feuilles en relief. Cette branche, repliée sur elle-même, forme deux anses courtes et détachées de la courbe générale, comme des oreilles ou des cornes, qui donnent à la physionomie du vase quelque chose de rustique et de pastoral et font naître une vague pensée de Faune et de Sylvain passant sa tête à travers le feuillage.

« Un autre, de plus petite dimension, avec un goulot allongé, accompagné d'anses inquiètes qui semblent craindre pour sa fragilité, a quelque chose de l'attitude étrusque. Les clochettes toujours prêtes à saisir de l'ongle vert de leurs vrilles tout ce qui peut soutenir leur langueur énervée, applique à ce profil sévère leurs calices et leurs petites feuilles en cœur, comme une fleur naturelle qui trouverait dans un tombeau de l'Étrurie une urne antique à broder de son feuillage. On se croirait à l'Alhambra en regardant le vase mauresque, aux anses en forme d'ailes, fenestrées et trouées à jour comme des truelles à poissons, aux entrelacs délicats qui rappellent les guipures de plâtre de la salle des Abencerrages ou des Ambassadeurs. Le vase indou, mince, allongé, semble avoir emprunté ses broderies au corset d'Amanry ou de Saudiroun. Le pot où l'ai-

guière, comme vous voudrez l'appeler, dans le goût du
Bas-Empire, à une richesse barbare très caractéristique.
Un masque aux yeux effarés, à la bouche hurlante, semble
regarder avec terreur, du sommet du vase dont il forme
l'orifice, le combat d'un tigre et d'un boa, inextricable-
ment enlacés et se déchirant à belles dents et à belles
griffes. Une guivre écaillée, imbriquée, hybride, moitié
reptile moitié fleuron, sert de motif à l'anse. Le reste de
l'ornementation se compose de clous, de galons, de broderies denticulées et de pierreries feintes, taillées en
pointes de diamant, avec des montures richement histo-
riées, un mélange de férocité et de luxe. L'amphore a
cela de particulier, qu'elle contient l'eau, quoique décou-
pée à jour. Une étoile d'ornement, une rosace frappée à
l'emporte-pièce, au milieu de laquelle se tortille un dra-
gon chimérique, occupe le ventre du vase; le cou assez
allongé s'élève entre deux anses greffées par des têtes
d'animaux. »

Cette langue n'était-elle pas la vraie langue de la
critique annuelle des Salons? Admirable histoire de
la peinture française qui meurt feuilleton, et n'a
pas encore été sauvée de l'oubli par le volume.
Voilà que l'auteur des GROTESQUES, des CONTES
HUMORISTIQUES, de MADEMOISELLE DE MAUPIN, de FOR-
TUNIO, de TRA LOS MONTÈS, vient de donner un petit
volume de poésies toutes pleines du panthéisme
enivré de Mewlana Dschelaleddin Rumi, le patron des
Gazelles de Rückert, un volume, qui par ces hymnes
aux métamorphoses atomistiques rappelant la *Rose
et le Diamant* du Souabe, s'épanouit et rit, de temps
en temps, comme une pièce printanière de Tieck.

THE BOTTLE

THE DRUNKARD'S CHILDREN

LA BOUTEILLE, LES ENFANTS DE L'IVROGNE

PAR GEORGE CRUIKSHANK [1]

Londres. David Bogue, 86 Fleet-street.

A toutes les échéances d'année, passaient le détroit et venaient se montrer aux étalages des libraires anglo-français, quelques petits livres habillés de toile, almanachs pour la plupart, illustrés de bois d'une étrange verve caricaturale, signés George Cruikshank ; — et George Cruikshank passait, même chez nous, pour un caricaturiste de talent.

Ce George Cruikshank, l'humoristique et fin dessinateur, qui, sur le frontispice des petits livres, excelle à laisser passer les jambes et les bras de M. Punch, par la bouche et par les yeux de la Lune ; ce moqueur tout anglais qui a fait pour la Chevalerie, en enfantines charges, ce que chez nous Daumier a fait pour l'Antiquité, mettant aux hommes d'armes

---

1. Article paru dans le Paris, numéro du 19 janvier 1853.

des hauberts ridicules, affublant les nobles comtes saxons de panses à la Lablache, décorant les Iseult et les Isabeau, d'*anglaises* invraisemblables, de nez microscopiques, de joues éléphantiasiaques. George Cruikshank — visant un but plus haut et plus largement humain que le rire de l'homme — s'est attaqué au dessin philosophique laissant après lui une réflexion et une instruction. A peu près à la même époque où Gavarni, mettant son crayon lithographique, ce crayon autour duquel s'enroulaient jadis les rubans du carnaval, au service des plus hautes pensées, et entamait le procès, en ses Propos de Thomas Vireloque, à la plaie française : *la blague;* — Cruiskhank, dans sa Bouteille, dévoilait la plaie de la Grande Bretagne : l'Ivrognerie!

Ceci n'est pas la gaie bouteille de Rabelais, sur laquelle Panurge danse une gaillarde, au pied levé, chantant : *Trinque!* la bonne bouteille de vin de France, mettant en joie et de bonne humeur les *Beuveurs* très illustres, la bouteille, qui tient en sa prison de verre, la Gaîté, la Force et la Santé ; la bouteille, pleine d'un généreux bourgogne, faisant chanter l'ivrogne, et lui ouvrant le cœur à tous : *Boutte à moy sans eaue! fouette-moy ce voyrre gualentement!* — la bouteille enfin « qui raffermit les nerfs du Travail à sa tâche pénible, et qui illumine même le sombre découragement d'un pâle sourire! »

Non, la bouteille anglaise, c'est le *whiskey* et le *gin;* c'est la boisson abrutissant l'homme ; c'est le poison lui filtrant jusque dans les os, le poison qui mange le cerveau, le poison qui rend l'homme mauvais et le dispose au crime. C'est cette bouteille mortelle, grande pourvoyeuse de Botany-Bay, et vers laquelle tous les soirs la Mob anglaise lève « sa bouche goulue juste comme une écuelle à aumône ! »

Se rappelant ces monographies qui ont toujours souri aux artistes d'outre-Manche, Cruikshank, dans une première série de seize planches, a fait tristement défiler la sévère moralité de son œuvre. Il prend le buveur comme Dumas a pris le Joueur ; il le prend à la vie heureuse et aisée, et le conduit au meurtre, à travers la misère et la dégradation ; et la leçon, le δηλοι οτί, pour ainsi dire, de cette fable funèbre ne s'arrête pas là.

La seconde série, intitulée : LES ENFANTS DE L'IVROGNE, montre comment les fils et les filles paient les fautes du père, et comment la bouteille meurtrière poursuit son œuvre destructive sur la seconde génération.

Cheminée pétillante de houille, bouilloire chauffant pour le grog ; armoire aux rayons étincelants de vaisselle d'étain ; meubles chargés de petits chalets en bois, de coquillages, de chiens en porcelaine ; glace où la jeune femme arrange ses cheveux le matin ; tableaux aux murs ; fleurs qui baignent, odorantes, dans un vase d'eau, et qui apportent, une odeur de campagne à cet intérieur anglais sans soleil ; horloge avec son coq qui joue au milieu d'arabesques coloriées ; daguerréotype de la femme, daguerréotype du mari se regardant amoureusement ; enfants s'amusant à la dînette sur un tabouret ; fille déjà grandelette desservant la table ; chat, gras et fourré, qui fait le gros dos au feu ; table chargée de plantureux aliments, et le *porter* et l'*ale*, — et le joyeux buveur qui invite sa femme à boire et qui chante la bouche pleine :

> La nourriture remplit le ventre, et nous tient vivants,
> Quoique la vie soit un présent qui ne vaut pas qu'on l'accepte,
> Lorsqu'on la traîne lourde de peine et de chagrin ;
> Mais huilées par toi,
> Les routes de la vie descendent allègrement la pente
> Avec un joyeux bruit !

Et la joie, et le bonheur, et le confort ! Telle est la planche d'introduction de LA BOUTEILLE.

Tournez le feuillet. La cheminée est sans feu ; les armoires, piteusement entre-bâillées, laissent voir des rayons nus ; un chat-squelette pourlèche une assiette nette comme un miroir ; le buveur, les deux mains enfouies dans ses poches, la tête dans les épaules, le chapeau rabattu sur les yeux, la cravate dénouée, est assis, une pipe à la bouche, devant le foyer où grelotte une théière. Le petit garçon tient sur ses genoux sa petite sœur, et cherche à rassurer l'enfant qui regarde, effrayée, son père ivre. Dans un coin, la mère met dans le tablier de sa fille aînée des vêtements, pour qu'elle fasse remplir la bouteille que le père demande.

La saisie fait ici son entrée au logis de la Bouteille ;

et pendant qu'on détache l'horloge, qu'on roule les tapis, qu'on décloue tableaux et portraits, et que les joujoux s'inscrivent au procès-verbal, les enfants se pressent autour du père stupide qui se verse à boire.

Voilà le ménage dans la rue. C'est l'hiver, il fait froid, les fenêtres sont closes, les cheminées ont de la fumée, les arbres sont sans feuilles, les enfants, trous aux coudes, trous aux genoux, pieds nus, courent après les âmes compatissantes, et rapportent l'argent à leurs parents, — haves sentinelles d'un débit de *gin*.

Le soir, à l'heure où, comme dit Dickens, « les petits enfants riches, lisant des contes au coin du feu, tremblent en songeant au sort de Cassini-Baba », le ménage rentre au taudis démeublé; la fenêtre sans carreaux, et fermée par un rideau fixé avec une fourchette. Sur un matelas roulé dans un coin, il y a le chapeau de la mendiante, une assiette et un couteau; une chandelle est fichée dans un cruchon vide. Le petit garçon, accroupi sous le manteau de la cheminée, cherche à chauffer ses mains bleuies à la flamme de trois brins de bois gros comme les tibias d'un phtisique. La femme boit et pleure; son homme, debout, une bouteille à la main, est terrible de désespoir et d'abrutissement. Dans un coin, la fille aînée, le tablier relevé aux yeux, fait glisser la planche d'un petit cercueil, pour voir une dernière fois sa petite sœur morte.

D'un coup de la terrible bouteille, l'ivrogne a tué sa femme; la bouteille est là, cassée, par terre, à côté de la femme étendue roide morte sur le carreau. La porte ouverte donne passage à tous les commérages et à toutes les curiosités féminines qui se pressent et babillent autour du cadavre. Un médecin, un genou en terre, tâte le pouls de la morte, dont on ne voit que les jambes et un bras. Ce cadavre à demi masqué est une admirable composition.

Nous retrouvons pour la dernière fois le buveur dans un hôpital de fous, les pupilles dilatées, le corps anxieux et, les bras croisés et ratatinés sur lui-même, comme un homme qui a peur, près d'une cheminée, défendue de sa folie par une grille en fer. Son fils et sa fille sont venus le voir. Le fils a les cheveux tortillés sur les tempes, une fleurette à la bouche; la fille a un chapeau à plume, des gants, un mouchoir, une ombrelle à la main, et un spencer par-dessus sa robe. Celui-là a la livrée du Vol; celle-ci a la toilette de la Prostitution!

L'ouverture de la série : les Enfants de l'ivrogne a lieu à la *bar* du marchand de *wines and spirits*. C'est autour de ce comptoir, en face de ce gras boutiquier, impassible comme un croupier dans une maison de jeu où l'on se suicide, que se coudoient toutes ces ivresses d'hommes, de femmes et d'enfants. C'est à cette *bar*, — dégarnie de bancs par la loi anglaise pour que l'on se grise moins, se grisant debout, — que la fille et le fils de l'ivrogne font leur entrée. On ne voit que tonneaux de *gin*, de double *gin*, de *cream of the Valley*, de *whiskey*, de double *irish wiskey;* et ce ne sont que verres pleins, verres qu'on emplit, verres qu'on vide; ce ne sont que prunelles qui s'allument, faces qui s'hébètent, châles qui tombent des épaules, cris et vociférations râlés par les gosiers brûlés; ce ne sont que mendiants se disputant le fond des verres, mendiantes qui font goûter les liqueurs de feu à leurs babouins en guenilles! De la *bar*, toutes ces ivresses se donnent rendez-vous au tripot, et du tripot passent dans les *Dancing rooms*, — toujours le frère et la sœur menant la ronde!

Le frère a une rixe avec un camarade; il le tue. Il est jugé, condamné à la transportation.

Le voici sur le bâtiment qui va à Botany-Bay. L'infirmier lui abaisse ses paupières. On met un paravent autour de son lit. Le ministre referme sa Bible. Le fils de l'ivrogne a vécu.

Et comme pendant à cette planche, voilà une arche immense du pont de Londres. Noir est le pont, noire est la voûte, noir le coin du ciel où la lune se voile, noire la forêt de mâts des vaisseaux qui dorment! Lancée la bouche ouverte en un cri suprême, les deux mains sur les yeux, les cheveux épandus, le chapeau en l'air, la robe rebroussée, la fille de l'ivrogne descend, descend, robe blanche sur cette nuit noire, descend dans la Mort!

Ces seize planches — où Cruikshank dépouillant l'esprit, la *patte*, l'attrayant, l'agréable à l'œil, — s'est mis en quête de la naïveté, sans beaucoup se soucier des procédés, ont, au premier aspect, le caractère de l'imagerie d'Épinal : caractère qui étonne d'abord et fait hésiter pour quelques moments l'admiration. Mais quand le *feuilleteur* s'est rendu compte de la science d'observation, de la recherche du détail, de la simplicité de l'effet, de l'intérêt de la mise en scène, du magistral agencement de la composition, du cachet anglais imprimé à tout ce panorama de la boisson : quand le feuilleteur s'est rendu compte de la vérité vraie de l'œuvre, il regrette que Gihaut et que Goupil n'aient pas à leurs vitrines ces très remarquables et saisissants dessins.

HISTOIRE D'UN RATELIER [1]

Dans sa tour de porcelaine blanche, la veilleuse jetait une faible lueur par la nuit de la chambre. Vaguant sur son petit lac d'huile, elle rayonnait doucement, à travers les paysages de neige de la porcelaine transparente : — sa lumière endormie, un petit éclairage, étroit et resserré, comme un coup de jour dans une eau-forte de Rembrandt. Sur ce brouillard lumineux marchaient, des quatre coins de la pièce, de grandes ombres denses, mangeant formes et contours, et faisant en leur domaine nocturne, avec de grands noirs d'aquatinte, des fonds voilés.

A quelques pas de la veilleuse, le dessin s'en allait et sombrait dans l'obscur; et parmi les opacités mystérieuses et peuplées, se succédaient mille apparences fantasques. A peine quelques réveils dans tout cela : une glissade de lumière, un miroitement, une paillette rouillée.

L'appartement était frileux, soyeux, capitonné, velouté; le tapis épais et sourd. Les rideaux tom-

---

1. Cette fantaisie a paru dans les numéros du Paris des 29 octobre, 9, 16, 21 novembre, 22 décembre 1852, et du 5 janvier 1853.

baient, pesants, à larges plis, et les clartés laiteuses de la veilleuse coulaient dans l'air tépide.

Aux fenêtres, il y avait des volets intérieurs en cuir vert; les portes étaient tamponnées de bourrelets. La rue se taisait.

Sur le dos d'une chauffeuse, jetée, forme vague, on devinait une robe; sur un tabouret, des bas blancs tout tirebouchonnés, tiraient à eux la lumière.

Dans l'alcôve aux rideaux de soie entre-bâillés, des draps de batiste tombaient autour d'un corps long et maigre, et semblaient dessiner les plis cassés d'un suaire sur une ostéologie du peintre Gamelin. La veilleuse faisait danser sur ce vieux corps son frigide clair de lune. De larges dentelles battaient deux tempes jaunes et creuses et sans cheveux. La dormeuse fronçait les sourcils en dormant. Elle avait des contractions de mains après les draps. Sa respiration était pressée, cessant brusque, repartant vite; et en remuant, souvent de sa camisole ouverte, il passait un bout de sein flétri aux deux ou trois grands poils — on aurait dit un faucheux sur une mûre.

Nul bruit. Rien que ce souffle fréquent. La dormeuse rêvait un mauvais rêve. L'ombre avançait toujours cerner le lit.

Le vent passe dans la rue; il donne un petit coup aux persiennes de cuir qui font : clic! clac! Quelque chose sur la table de nuit remue. Le ressort d'or d'un râtelier se détend. Le râtelier s'étire peu à peu, et montre lentement ses trente-deux dents blanches.

L'une quitte son alvéole, enjambe ses compagnes, descend sur le marbre de la table de nuit, et va jusqu'au bout, sautillant et clopinant avec un petit bruit sec. Là, elle pivote gracieusement sur sa conoïde faisant à la dormeuse une révérence d'actrice rappelée.

— Madame la baronne, dit la coquette canine, je suis la dent de Mei-Ying. Ma maîtresse était née dans la jolie ville de Tchang-Ngan, partagée entre trois îles, étincelantes comme des écharpes brodées.

Ses sourcils formaient une belle ligne courbe semblable à la lune dans le premier jour de son renouvellement. Elle ne montrait jamais ses mains cachées sous les longues manches de sa robe, quand elle touchait à quelque chose. Sa noble personne avait grandi dans un appartement parfumé. Elle avait tous les talents. Comme Tiao-Tchan, il lui suffisait de savoir une chose pour en comprendre cent. Elle lisait d'ordinaire LE PAPILLON AMOUREUX DES FLEURS, OU LA PERDRIX REGARDE LES CIEUX, OU LES HISTOIRES A RÉVEILLER LE MONDE. Les trois religions, les neuf sciences n'avaient rien de caché pour elle. Ses petits pieds ressemblaient à des lis d'argent; et quand elle marchait boitaillant, s'arrêtant, se reprenant, les poètes du district comparaient sa marche au balancement du saule sous la brise.

Son père et sa mère l'aimaient comme une perle précieuse qu'on cache dans le creux de sa main.

Rien n'était plus joli que le fiancé de Mei-Ying. Il avait les yeux petits, à fleur de tête, et obliques, les sourcils remontés à leur extrémité, le nez camus, la face carrée et massive, les lèvres épaisses, les oreilles grandes. Il mangeait, dans les grandes chaleurs, du chien pour avoir le teint frais et luisant; et, toute l'année, des tendons de cerf pour continuer son ventre. Nul fils de Tan ne couvrait plus consciencieusement que lui la superficie d'un siège. Sous son air lourd et pesant fermentait une moisson de pensées vertueuses. Son proverbe était : « *Les malheurs sortent par où les maladies entrent : par la bouche.* » Et il disait bien douze mots par jour. Il s'appelait Yu, son surnom était Sien et son nom honorifique Pémin-Tchong.

C'était un jeune homme d'avenir. Quand on avait placé devant le petit Yu, âgé de douze mois, l'arc, les flèches et les pinceaux, le petit Yu avait choisi les pinceaux. Nul ne doutait qu'il ne fût appelé à porter la robe violette, la ceinture d'or et le bonnet de gaze. A son premier examen, il avait obtenu le second rang sur la liste des *talents en fleur*. A l'examen d'automne, il avait le grade de licencié. Le vice-gouverneur lui avait donné le *repas de la chanson du Cerf* où l'on chante l'ode du Chi-Ping qui commence ainsi : « *Le cerf fait entendre sa voix* », et ç'avait été de grands compliments des examinateurs. *Pé-min-Tchong, vos trois compositions ressemblaient à une riche étoffe* » — « *ou à un réseau formé de perles et de pierres précieuses,* » avait ajouté l'examinateur en chef, le sage Kin-Sing, le lettré retiré du *nénuphar bleu*. Il allait passer le dernier examen où l'empereur, devant deux cents docteurs prosternés sur les dalles rouges, pose lui-même des questions d'économie politique. Ses amis le voyaient déjà membre de l'Académie des Hân-lin, et siégeant dans le palais des *Clochettes d'or*.

Il suivait la mode. Aussitôt que la gazette officielle avait annoncé que le Pé-Song de la province avait mis son bonnet d'hiver ou d'été, il était le premier de la province à mettre son bonnet d'hiver ou d'été. Il avait les ongles de la main gauche comme ceux du bradype, et les tenait enfermés dans des étuis de bambou. Il portait au cou un chapelet de grains odorants qui lui tombait jusqu'à mi-corps. Il attachait toujours sa ceinture avec une agrafe de jade du dernier goût, accrochait à côté des bâtonnets d'ivoire, une grosse montre hollandaise enfermée dans une bourse de soie cramoisie. Sa robe était bleu foncé, son *ma-koua* fabriqué de la peau de jeunes agneaux extraits du ventre de leur mère. Il faisait blanchir trois fois par jour les semelles de ses bottes.

Il avait la plus belle main du Céleste Empire, et Mei-Ying avait de lui, encadrés dans sa chambre, deux modèles d'écriture.

Et le père de Yu et le père de Mei-Ying se disaient l'un à l'autre, en s'offrant la noix d'arec : « *Nos enfants se sont rencontrés dans la vie comme deux mousses légères, poussées l'une vers l'autre par les eaux du fleuve.*

La première lune était venue. Aux bords aimés du lac Sihou, les pêchers étaient en neige. Le *ping* avait été réglé. La comparaison de l'heure de leur naissance et des caractères dont se composaient leurs billets d'âge, offrait une correspondance parfaite et annonçait l'union la mieux assortie. Les futurs s'étaient fait la confidence réciproque de leurs imperfections cachées. Ma maîtresse avait avoué deux taches noires sur le bras; Pé-min-Tchong, des varices... Les oies vivantes, symbole de concorde, avaient été envoyées. Mei-Ying commençait à relever les longues tresses noires de sa chevelure; elle y essayait des perles devant son miroir. Elle se fardait les lèvres avec la terre de Nien-Cheu. Pé-min-Tchong avait déjà commandé à Sou-Tchéou, la ville d'élégance, chez le plus habile bijoutier, le phénix qui devait couronner de ses ailes de pierreries le front de la jeune immortelle du ciel de jade, et le poète allait chanter :

Il la mène toute tremblante sous les rideaux brodés. Semblable à l'une des deux Kiao, elle rougit en ôtant le dernier voile de soie. L'époux doit ménager sa jeune et timide épouse, dont l'âme novice est prête à s'échapper.

— Avez-vous lu Turner? Avez-vous lu Glaspoole?

La baronne ne répondit pas.

— Nous sommes vraiment bien malheureux en Chine, reprit la dent chinoise. Nous avons la poussière qui met toute l'année un plumeau à la main de l'empereur, et vingt-cinq mille pirates qui enlèvent vingt-cinq mille femmes par an.

Paou, le chef de l'escadre rouge, avait vu, derrière son rideau de bambous, Mei-Ying arroser ses mo-li-hoa, ces fleurs qui mêlent au parfum du jasmin le parfum de la rose et le parfum de la fleur d'oranger. La veille du mariage il la fit enlever; et comme elle résistait, il la fit hisser avec une corde le long d'un mât.

— Ane tondu! lui criait en ses douleurs Mei-Ying, si Pé-min-Tchong était là, il t'arracherait la langue avec des tenailles de fer! il percerait tes yeux ce brigand avec une alêne rougie! il disséquerait pièce à pièce tes chairs palpitantes! il pilerait tes os! il ferait jaillir ta moelle avec un marteau, diable noir! il scierait ta tête avec une serpe de cuivre!

Les paroles d'un homme sont comme une flèche : elles vont droit au but; celles d'une femme ressemblent à un éventail brisé, disait tranquillement, au pied du mât, Pahou mâchant son bétel.

Mais il paraît que la petite Mei-Ying, au haut de son mât, trouva une parole d'homme qui alla droit au but; car Pahou la fit détacher, et du pommeau de son kriss, il me fit sauter de sa mâchoire... Dans le tombeau de la famille, la place de Mei-Ying est restée vide, et son père n'a pu jeter sur le corps aimé les branches d'anis, verser les tasses de vin chaud, brûler les papiers de monnaie dorée.

J'étais tombée sur le pont. Un matelot qui fumait sa pipe d'opium me prit pour débourroir; et j'allais de sa poche à sa pipe.

Un jour qu'il était en train d'être pendu sur une frégate anglaise, il s'approcha du chirurgien qui rangeait sur le pont sa collection de poissons séchés destinés au British Museum, me tira de sa poche et me donna comme une dent de *hai-sen,* poisson chinois inconnu au chirurgien. Le chirurgien fit donner un verre de rhum au Chinois, et le regarda pendre. Le Chinois mourut, tirant la langue au chirurgien.

Une commission d'ichtyologues ne décida rien.

Une commission de physiologistes me reconnut pour une dent humaine, et même pour une dent chinoise, aux petites teintes roses que je devais au bétel.

Comme on allait me jeter, un dentiste français me fit glisser dans la poche de son gilet de soie noire, et de la poche de son gilet je suis passée là. »

Et la dent regagna le râtelier, et rentra en son alvéole.

Un autre dent se détachait : celle-ci était une incisive.

Elle arriva au bord de la table de nuit, et fit une révérence comme avait fait la canine.

Madame la baronne, dit l'incisive, je suis une dent de 1101; une dent de 1101, madame la baronne! je suis une dent d'Héloïse, achetée trois livres par le chanoine Pernetti. Dieu fasse paix et miséricorde à l'âme tant *doucelette* de ma maîtresse! je puis bien vous assurer qu'elle a fait son purgatoire dans ce monde, avec cet Abélard qui avait des idées inintelligibles; et M. de Rémusat l'a bien fait comprendre, lorsqu'il a dit : « Le réalisme disait que les universaux étaient non seulement des idées et des mots, mais des réalités ; le nominalisme, qu'ils n'étaient ni des réalités, ni des idées, mais des noms ; le conceptualisme, représenté par Abélard, qu'ils n'étaient pas des réalités, mais des idées et des mots ; » — et M. Guizot, encore mieux que M. de Rémusat : « Abélard était nominal. Les nominaux étaient ainsi nommés, parce qu'ils n'accordaient aux idées générales d'autre existence, hors de l'entendement, que celle des noms dont on se sert pour les exposer. »

Or ma maîtresse morte, du petit moûtier du Paraclet je passai dans le chœur de la grande église du monastère, à gauche du sanctuaire. De là Mlle Marie de la Rochefoucauld nous fit déménager dans un caveau, situé au-dessous des cloches.

Comme on nous déménageait encore une fois, le chanoine Pernetti, qui avait chez lui de l'eau du Jourdain dans une fiole, et une contre-marque du théâtre d'Emilius Scaurus dans un tiroir, vint à passer, tout en herborisant à la façon de Jean-Jacques. Il glissa trois livres dans la main d'un ouvrier qui avait soif, en me montrant du doigt. L'ouvrier comprit. Il donna un petit coup de pioche : la joue tomba ; un petit autre, il me ramassa (de ces deux coups de pioche, M. Lenoir n'a rien vu) ; et huit jours après, avec une monture d'or en ogive, je me balançais à côté d'une montre en or et de mirolifiques, au-dessous du gilet du chanoine Pernetti, faisant ma partie de cliquetis de sonnerie et de carillon sur la plus majestueuse, la plus glorieuse, la plus triomphante panse, dont ait jamais eu à se glorifier la congrégation de Saint-Maur.

Le chanoine Pernetti avait eu beau travailler à la GALLIA CHRISTIANA, faire un dictionnaire de peinture, aller aux îles Malouines avec Bougainville, en revenir, devenir bibliothécaire du roi de Prusse, traduire Swedenborg, chercher la pierre philosophale, passer pour fou, — le pauvre homme, qui aimait la bonne chère et le monde comme pouvait l'aimer un abbé d'alors, n'avait que deux ou trois maisons ouvertes dans Paris. A peine s'il avait sa serviette mise en ville, une fois par semaine, le pauvre chanoine Pernetti!

Mais moi, attachée à côté de sa montre et lui battant sur le ventre, tout change. Voici que les portes fermées s'ouvrent! Voici que le chanoine Pernetti est reçu! voici que le chanoine est de mode! voici qu'il est des soupers et des ambigus! voici qu'on l'invite avec M. Poinsinet! voici qu'un arrêt du Parlement lui permet de vivre dans le siècle! voici qu'il devient du monde!... et nous vivons aux bougies, nous frottant aux nappes de Saxe et aux robes de l'illustre Alary!

Une dent d'Héloïse! — et le président Hénault l'invitait. La vraie dent d'Héloïse! — et le chanoine savourait les rissolettes à la Pompadour, les sauces à la Chirac! Une dent d'Héloïse! — et on avait l'abbé pour me voir, comme on eût Préville et Coqueley pour jouer des proverbes. La dent d'Héloïse! — et le chanoine, frisé *à la déiste*, s'assit à la table de Mᵐᵉ Du Deffant!

C'était un opéra que d'avoir le chanoine et ses breloques. La livrée annonçait au bas de l'escalier : Le chanoine Pernetti! et j'entendais, moi, qu'ils annonçaient : La dent d'Héloïse! Les conversations s'interrompaient, les *a parte* se brisaient, les cavagnoles en restaient là; je faisais tort à la musique, aux petits chiens, aux magots, aux mathématiques. Il n'y avait jamais assez de : « Comment! c'est la dent d'Héloïse?... la nièce de son oncle?... l'abbesse du Paraclet?... celle que... celle dont... celle pour qui... » Je passais de main en main. « Quoi! une vraie dent?.. et au Paraclet, l'abbé?... — Au Paraclet, madame! » On m'examinait, on me soupesait, on me mangeait des yeux, — qui me trouvant petite, qui me trouvant grande, — et toujours : Et comment?.. et combien?... — Un ouvrier... — « Ce diable d'abbé! Un prince suédois demandait à m'être présenté. Je passais des Ismènes aux Cidalises ennuyées d'un *tri*. Strawberry Hill voulait m'avoir entre la mèche de cheveux de Marie Tudor et l'étui à pipe de l'amiral Tromp. On s'étonnait; on hochait la tête, on croyait; on doutait. Vous étiez là? — J'étais là, — Devant vous?... incroyable?

Et toujours à la fin, l'oncle Fulbert entrait en scène...! les dames jouaient de l'éventail; et tous les soirs, j'entendais remémorer *la male et doulente adventure*. Et les Anglais qui avaient lu Pope, et les Français qui avaient lu Colardeau, faisaient comme le prince suédois, à ce point que la Du Deffant finit par être jalouse de moi : elle devinait que

Walpoole me regardait plus qu'il ne la regardait.

— Ces Lettres d'Héloïse, dit-elle tout haut, la vieille aveugle! en me rejetant un jour brusquement au chanoine, c'est un galimatias! »

— Un galimatias, madame la baronne! Nous qui avons cité, dans une seule lettre d'amour, saint Jérôme, Ovide, l'apôtre saint Jacques, le pape saint Grégoire, saint Benoît, Jésus-Christ, Macrobe, saint Chrysostome, saint Augustin, Salomon et saint Paul!

Donc le chanoine me laissant toucher et retoucher, il pouvait dire tout à son aise que la voyelle domine dans le langage des anges, que d'aucuns se servent beaucoup d'*u* et d'*o*, d'aucuns beaucoup d'*e* et d'*i*. Et moi étant là, on lui permettait d'être fou tout à son aise... Arrivait-il même qu'il contait que les anges ont des chemises, et qu'il les avait très bien vus, en mettre, en ôter, en changer, on avait la politesse de ne pas s'étonner beaucoup plus de ce qu'il avançait que de l'automate de Kempelen, du *dîner au cochon* de M. la Reynière fils, du baquet de Mesmer, du vaisseau volant du sieur Blanchard, ou du succès de Figaro.

Vous le voyez, madame la baronne, j'étais condamnée de naissance aux idées inintelligibles. Mais ce n'était pas là tout mon ennui... Remâchant en sa tête les Merveilles du ciel et de l'enfer, quelquefois au sortir d'un souper, ce grand illuminé de chanoine, — il faut penser *qu'une influence efféminée circulait en ondoyant autour de lui*, — croyait de son chemin de passer par les galeries de bois du Palais-

Royal ; et je me prenais à des robes de gaze qui recouvraient des jupes de taffetas rose, imitant avec beaucoup d'immodestie la chair vivante... Et croiriez-vous, madame la baronne, que moi, une dent de la première abbesse du Paraclet, j'ai été condamnée à passer bien des nuits sur une table de nuit du Camp des Tartares, avant de les passer sur la vôtre !

Mon chanoine mourut en 1801. La gouvernante, le mort encore chaud, tira des ciseaux de sa poche, me fit sauter de ma monture d'or et me jeta dans la rue. Un ferrailleur me ramassa. »

Et l'incisive retourna à son alvéole, pendant que trois molaires s'entr'aidaient à quitter le râtelier.

Les trois molaires arrivées au bord du marbre : — « Nous sommes trois dents de Thompson Bendigo, madame la baronne, dirent-elles d'une seule voix, de Bendigo, le champion d'Angleterre, qui a porté glorieusement la ceinture après Caunt, Deaf Burke et Jem Ward ; de Bendigo, qui a donné son nom aux bonnets *à la Bendigo ;* de Bendigo dont la Boxiana a publié le portrait, trois molaires tombées sous le poing de Tom Paddock au *fight* de Mildenhall. »

A Mildenhall, à huit heures du matin, on pesa Thompson Bendigo et Tom Paddock. Ils pesaient le poids stipulé.

Thompson Bendigo et Tom Paddock étaient arrivés en voiture du débarcadère, dans d'excellentes conditions, et l'on ne savait pas quel était le *meilleur* des deux.

Tous deux ils s'étaient privés pendant un mois de spiritueux, de *porter*, de tabac, d'oignon, de poivre et d'amour. Ils avaient pris tous les deux, l'avant-veille, un grain d'émétique avec vingt grains d'ipécuanha dans une infusion de camomille.

A Mildenhall, à huit heures et demie du matin, le *ring* fut fait et les cordes mises autour des pieux, la plus basse à deux pieds du sol, la plus haute à quatre pieds.

Au centre du *ring*, on traça un cercle sur le sol.

Un coin fut donné au second et au porteur de bouteille de Bendigo ; un coin fut donné au second et au porteur de bouteille de Paddock.

Il y avait une grande foule. Le *fight* avait été annoncé longtemps d'avance à CASTLE TAVERN et à BELL INN, et il ne se trouvait pas assez de paille pour mettre sous les genoux des gens qui regardaient un genou en terre.

Tout autour dans le champ étaient les mille et mille têtes de la populace.

Le mouchoir de couleur de Bendigo, le mouchoir de couleur de Paddock urent noués chacun au sommet d'un pieu.

Aux deux extrémités du *ring*, en face l'un de l'autre, Bendigo et Paddock étaient assis par terre, nus jusqu'à la ceinture, une petite culotte coupée aux genoux. Les seconds examinaient les clous de leurs brodequins.

Les deux champions se regardèrent, Bendigo aperçut Paddock, et il devint vert.

Bendigo voyait Paddock, le couvant du bout du *ring* de ses deux yeux gris enfoncés dans sa figure osseuse, tout en faisant rouler tranquillement les boules de ses biceps. Il voyait son sourire perpétuel, fixe, machinal, laissant voir des dents, jaunes, larges et plates. Tom Paddock promettait un *homme de résistance.*

Tom Paddock était un paysan, les cheveux frais coupés, avec une ligne blanche sur la peau bise de la nuque. Il venait d'Écosse disputer la ceinture au champion d'Angleterre. Il avait vendu son champ et le pariait contre Bendigo. Il était grand, sec, maigre, et avait le nez descendant et le menton montant : un casse-noisette de Nuremberg souriant au bout d'un cou de taureau.

A Mildenhall, à huit heures et demie, Thompson Bendigo et Tom Paddock se donnèrent la main, sous les mains croisées de leurs champions.

A Mildenhall, à huit heures trente-cinq minutes, Thompson Bendigo et Tom Paddock s'entamèrent.

Au premier *round*, Paddock lança un violent coup de poing de la main gauche sur la mâchoire de Bendigo, qui frappa comme un boulet. Nous vacillâmes toutes les trois. Premier sang et premier coup en faveur de Paddock.

Le second et le porteur de bouteille de Bendigo élevèrent, dans leur coin, une petite tente, avec leurs mouchoirs posés sur des baguettes. Le porteur de bouteille lui donna à boire, le second l'épongea de son éponge trempée dans le vinaigre.

Time! dit l'arbitre à la trentième seconde ; — et Thompson Bendigo se retrouva en face de Paddock toujours souriant de son grand sourire.

Les porteurs de bouteille, de leur bouche remplie d'eau, faisaient pleuvoir sur les deux champions une pluie fine comme d'une pomme d'arrosoir.

Vers le vingtième *round*, Paddock lança un prompt coup de poing dans l'œil gauche de Bendigo, qui enfla comme une orange.

Sous la petite tente faite avec les mouchoirs du second et du porteur de bouteille de Bendigo, le second fendit d'un coup de bistouri la paupière tuméfiée de Bendigo qui ne voyait plus.

Time! dit l'arbitre à la trentième seconde ; — et Bendigo se retrouva en face de Tom Paddock, qui commençait à avoir les poignets violets, mais qui toujours souriait de son grand sourire.

A Mildenhall, à neuf heures, on pariait cinq contre un pour Tom Paddock.

— Il va le tuer ! dit votre dentiste, madame la baronne ; votre dentiste qui était venu visiter l'Angleterre en train de plaisir.

— Oui, dit l'Anglais son voisin... mais il perdra !

Au quarante-cinquième *round*, sous la petite tente aux mouchoirs posés sur des baguettes, le second de Bendigo lui racla la langue et lui exprima dessus du jus de citron.

Au quarante-septième *round*, Bendigo commença

à donner des signes d'affaiblissement, quoiqu'il fût un *praticien* et qu'il fît tous ses efforts.

Au quarante-neuvième *round,* Bendigo reculant sur la corde, Paddock, toujours souriant de son grand sourire, le ramassa de deux coups de poing simultanés, l'un dans la mâchoire, l'autre dans le creux de l'estomac. Bendigo tomba à la renverse sur la corde du *ring,* et nous cracha toutes les trois du coup, avec du sang, aux pieds de votre dentiste. Mais Tom Paddock avait perdu.

C'était un traître coup! *Foul blow!* — décida le directeur du BELL's LIFE.

A Mildenhall, à dix heures du matin, le vaincu s'en alla à pied, toujours avec son grand sourire. On emporta le vainqueur.

Et les trois molaires remontèrent à leur alvéole, murmurant :

« Nous sommes trois dents de Thompson Bendigo, madame la baronne; — de Bendigo, le champion d'Angleterre qui a porté glorieusement la ceinture après Caunt, Deaf Burke et Jem Ward, de Bendigo qui a donné son nom aux bonnets à la *Bendigo*; de Bendigo dont la BOXIANA a publié le portrait; trois molaires tombées sous le poing de Tom Paddock au *fight* de Mildenhall[1]. »

---

1. Ce *fight,* auquel Gavarni avait assisté pendant son séjour en Angleterre et qu'il nous contait un soir au Point-du-Jour, a été republié par nous, presque textuellement, dans notre étude sur le célèbre artiste.

Comme en une pièce qui commence à avoir plusieurs répétitions, les scènes défilent plus vite, les dents du râtelier commençaient à se manœuvrer prestement, et se succédaient l'une à l'autre pour le récit de leurs aventures, sans interruption, sur le marbre noir de Dinan. Et les trois molaires de Tom Paddock étaient à peine rentrées dans le râtelier, que deux blanches incisives avaient déjà fait leur salut gracieux, et contaient ainsi :

— Madame la baronne, la campagne avait fait reposer ses tapis. C'était le mois où les Heures lumineuses commencent à se dépêcher à leur toilette; le mois où les vieux galantins arborent des pantalons de nankin; le mois où les bancs de mousse se font secs pour les amoureux! — c'était le mois de la fête de la femme.

Mai était revenu, remettant en place ses joujoux verts, jetant dans l'air dégelé les fragrances de l'arbre en fleur. La terre commençait à se trouver parée, et à se regarder dans les rivières, de-ci, de-là. Les oiseaux couraillaient sur les branches bourgeonnantes, rechantant leurs madrigaux.

Le vieux bonhomme Hiver, avec ses demoiselles la Neige et la Pluie, était parti maussade et boudant le vent du midi et l'hirondelle revenue; et les marchands de bois, jadis assiégés et occupés, avaient maintenant tout le temps de faire leurs comptes et de promener mesdames leurs épouses.

Messieurs les clercs de notaire, qui savaient l'allemand, murmuraient dans leurs entresols obscurs, en grossoyant des rôles : « Le Printemps balaie la neige des chemins. Il taille les garnitures du buis; le soir même, il n'a pas de repos, il travaille et bêche au clair de la lune. »

Or, un beau matin de mai, beaucoup de gens se levèrent qui se dirent, une fois rasés ou coiffés, madame la baronne, qu'il ferait bon aller voir si les lilas montraient le blanc de leurs thyrses à Meudon, ou à Ville-d'Avray! Mon maître fut de ceux-là; il était grand, brun, et pour les moustaches, il les portait sans fixatif.

La jeune fille qui se trouvait en face de lui, dans le wagon, était blonde. Et mon maître se dit à lui-même : « Sur ce front poli et limpide comme l'ivoire, sur ce front qui naît à la pensée, sur ce front sans un pli, sans un remords; ici où frisottent ces cheveux blonds, dans lesquels le soleil faufile, sans qu'on le voie, des fils d'or, oh! ne serait-ce pas une accomplie félicité, et une minute qui ferait du souvenir pour des années que de mettre ses deux lèvres! »

Le convoi était parti, la machine renaclant et sifflant. Le panache de fumée de la locomotive mettait sur les terrains des maraîchers, des deux côtés des rails, deux ombres galopantes. Le train s'emportait comme le cheval de la ballade : *Hourra, hourra, les morts vont vite!* Et quelques arbres, éparpillés de loin en loin, se hasardaient à annoncer que la campagne allait commencer.

Grâces qui s'ignorent, — se disait le jeune homme aux moustaches sans fixatif, — comme elle pose sa main sous son menton rond, recourbant gracieusement ses doigts de fillette si jeunement roses! Pas une bague, pas un anneau! Pas un souvenir encore! Rien de promis et tout à donner. En ta main, tu tiens encore ta vie, comme au bord de la mer glauque, Pandore tenait la boîte fatale, d'où les maux s'envolèrent!... Enfant, aux regards bleus, tes yeux sont comme l'eau azurée d'un lac perdu au fond des bois où se reflète un rayon de la lune. Les arbres ont incliné leurs cimes ainsi que des oiseaux qui mettent leur tête sous leur aile pour dormir; l'eau unie n'est plus rayée d'une de ces moires soudaines que fait le saut d'un poisson, les roseaux las laissent tomber jusqu'au lendemain leurs têtes chevelues dans l'eau argentée du lac assoupi. Ainsi de ton âme, ô jeune fille! C'est une eau vierge de sillage : tout y dort!

La locomotive fit halte; — et les endimanchés descendirent et se mirent à monter le sentier menant à travers la campagne, les petites bottines de chevreau un peu tournant sur les grosses pierres; et les deux à deux s'en allaient, s'éparpillant dans le Val-Fleuri et dans d'autres endroits de verdure.

Virginité! disait-il, qui me dira ton secret? Qui me dira pourquoi tu jettes au cœur de l'homme une gerbe de fraîches pensées? Et pourquoi, rien qu'à t'avoir à côté de soi, il passe en vous, des idées rajeunies, des désirs amoureux qui ne sont plus tout à fait des désirs des sens, et des tendresses qui vous remuent le cœur avec quelque chose d'un sentiment au delà des sentiments humains. Virginité ! pourquoi toujours fais-tu rêver des amours tendres et muettes, prosternées dans le respect ? Et pourquoi, Virginité, fais-tu douter, par moment, fais-tu douter de leurs amours des beaux corps aux plus endurcis de la chair ?... C'est qu'à celles qui t'ont, Virginité, tu donnes deux amies, la Pudeur et la Mélancolie ; et les marquant au front d'un signe radieux, tu leur dis : Faites souvenir qu'il est des anges !

La locomotive s'arrêta encore et repartit, accrochant aux arbres des lambeaux de fumée blanche, semant de chaque côté du chemin les amoureux de Paris, en manche de chemise, la redingote sur le bras, et le chapeau de la femme au bout de la canne du monsieur.

Mon maître, qui avait bu ce jour-là, outre mesure, du vin d'idéalité, continuait en dedans son monologue, déchirant un feuillet de ses souvenirs.

Elle s'appelait Marie... Nos parents nous faisaient devant eux marcher, nous donnant le bras ; et si bien nous étions de taille ensemble, que les passants disaient : « Le joli ménage ! » Quand elle se fit grande, ma mère me dit de l'appeler mademoiselle : il y a de cela deux ans. Maintenant, elle descend en robe blanche dans mes rêves... Si tu voulais, fillette aux regards bleus, je t'appellerais Marie, je n'aurais plus besoin de fermer les yeux pour retrouver mon rêve. Nous irions, ô mon adorée : comme tous ces gens qui s'en vont là, la main dans la main, et mai dans le cœur... Comme eux, nous monterions le petit sentier des bois, nous faisant un bonheur d'une violette trouvée, et un petit chagrin d'un gant perdu!.. Tant que je t'aurais au bras, il me serait assez de bonheur de te sentir t'appuyer un peu sur ce bras... Hélas! quelque gros homme matériel t'épousera, et te fera un enfant... Alors à la triste nouvelle, ainsi qu'ils sont venus au lit de Massimila Donni, sortant de leurs niches de pierre et de leurs fonds d'or, ils viendront à ton lit de dentelle, les anges et les archanges gothiques! elles viendront, les vierges de Memmling! et longuement, avec les chérubins voilés dans leurs grandes ailes, elles pleureront sur toi qui ne seras plus leur sœur!..

Et toujours la vapeur mangeait le chemin.

Le jeune homme dit encore : Passez vite, champs verts, haies vives, maisons au levant, jardinets riants! Amie aimée, je ne veux garder dans mes yeux que le pli de ta robe, et ton air de tête! Ici ou là, on va appeler quelque nom banal de village, tu disparaîtras... et je ne te soutiendrais pas même le bras pour descendre, et pas même ta robe légère n'ondoiera sur moi.

« Et pourtant sur ton front limpide et poli comme l'ivoire, sur ton front qui naît à la pensée, sur ton front sans un pli, sans un remords; ici où frisottent ces cheveux blonds dans lesquels le soleil passe, sans qu'on le voie, des fils d'or, ce serait une accomplie félicité, et une minute qui me ferait du souvenir pour des années, que de mettre mes deux lèvres! »

Le train s'emportait comme le cheval de la ballade : *Hourra! hourra! les morts vont vite!*

Soudain le souhait du jeune homme fut exaucé. Un moment ses lèvres rencontrèrent le front de la jeune fille, — mais dans un tel choc, que le lendemain on retira des décombres, à côté des wagons broyés, près d'un jeune homme mutilé, une jeune fille morte qui n'avait d'autre blessure qu'une ferronnière sanglante de dents humaines.

Nous sommes deux perles de la ferronnière, madame la baronne, dirent en souriant les deux incisives.

Les deux incisives étaient remplacées par une grosse molaire jaune et érodée.

Je reposais tranquille, dit-elle, madame la baronne, aux bords du Nil, songeant vaguement à ces cinq de mes frères, que l'empereur Commode tua, au rapport de Dion. Je goûtais le bonheur doucement laborieux d'une parfaite digestion. La troupe de mes enfants s'ébattait, folâtre, au bord de l'eau, le plus jeune tétait sa mère dans une pose gourmande... les caresses de la mère, et les dodelinements joyeux de l'enfant en appétit m'offraient le plus charmant tableau de l'Amour Maternel.

Le fleuve coulait sans se presser, somnolent, et je ruminais délectablement, couché dans le vestibule d'un temple ruiné, dont il ne reste plus que le pylône chargé d'hiéroglyphes. Le soleil me glistait·tout le long des épaules, en ami, caressant de chaleur les quatre mètres de ma colonne verébrale.

Du côté de Thèbes, Shaamy et Taamy, les deux statues colossales, écornées par Cambyse, ruisselaient sous le ciel d'or. Toute la plaine morte, sans un arbuste, sans un oiseau, étendait à perte de vue son sable blanc, piqué çà et là de paillons aveuglants.

Si je regardais au loin, levant un peu mes paupières lourdes, des montagnes de jaspe, de porphyre, de vert antique, de serpentine, de quoi bâtir des Romes, des Corinthes, des Memphis, des Syracuses, des Alexandries, faisaient à l'horizon de merveilleux étages de marbre pourpre, vert, jaune, gorge-de-pigeon, étincelants en leurs surfaces vitreuses, comme des murs de pierres précieuses superposés.

Les crocodiles dormaient sous l'eau.

Je cherchais mon portrait dans les hiéroglyphes encore coloriés de ce rouge foncé, que les savants ont appelé pourpre tyrienne. Parfois mes petits yeux se fermaient presque, et je ne voyais plus qu'à demi les chapiteaux des colonnes faits de quatre têtes d'hommes, opposées l'une à l'autre, avec des oreilles de chauve-souris. Quand j'eus considéré les chapiteaux, examiné les hiéroglyphes, regardé Shaamy et Taamy, je bâillai jusqu'aux épaules — faculté dont je remerciai vivement le Créateur, — mes paupières se joignirent, et je m'endormais, sans penser à mal.

sans songer à méfiance, le ventre à l'air, quand un coup de feu...

On vous a trompée, madame la baronne! je suis un os d'hippopotame[1].

1. L'Histoire d'un ratelier a été interrompue ici, et n'a jamais été reprise.

RUELLES ET ALCÔVES

PAR M. GRANDIN DE CHAMPIGNOLLES [1]

Il faut se presser. Voilà un titre que nous regardions comme nôtre. M. Grandin de Champignolles a pris la corde sur nous ; et nous croyons vraiment, contre nous-mêmes, que le titre a gagné à avoir derrière lui les trois cents pages de M. Grandin de Champignolles.

Sous le nom de Ruelles et Alcôves, M. Grandin de Champignolles publie une série de biographies intimes. On dirait que M. Grandin de Champignolles a écouté à toutes les portes, a vu à tous les trous de serrure, et qu'il a surpris tous nos célèbres et toutes nos illustres, en flagrant délit de nature.

C'est le XIXe siècle, trahi et raconté par un valet de chambre qui serait le petit-fils naturel de Saint-Simon, et qui nous fait assister au déshabiller des

---

1. Article paru dans le Paris du 17 novembre 1852. C'est le compte rendu d'un livre qui n'a jamais existé et qui pendant huit jours a fait courir tous les amateurs de livres modernes à la recherche du dit volume. Il a le mérite toutefois, cet article, d'avoir été composé avec des anecdotes alors inédites et des fragments de lettres autographes qui nous avaient été communiquées.

actrices, au petit lever des écrivains. Un Théveneau de Morande, mais non pas un Théveneau de Morande contant le scandale pour le scandale, mais plutôt un Théveneau matiné de La Bruyère et faufilé dans les coulisses de la Comédie et de l'Art, et faisant son bien propre de l'indiscrétion par l'esprit et esquissant avec un hardi crayon mille silhouettes curieuses et que nos neveux ne trouveront que là. Petit Versailles que ce livre! Versailles des Clairons et des Dangevilles de 1852! Versailles des Palissots, des Frérons, des la Harpes et des Diderots du xixe siècle! Versailles unique de petits médaillons où l'on entre par la porte bâtarde de l'Histoire : l'Anecdote !

Tous les portraits sont portraits de contemporains bien vivants. L'auteur n'a fait qu'une exception en faveur de Balzac. Et vraiment nous l'en remercions, car les cinquante pages consacrées à cette grande figure fourmillent d'inédit :

« M. de Balzac avait l'habitude de manger à son dîner par delà le premier appétit. Soûl de vin et de nourriture, il sortait de table et se couchait immédiatement. A minuit, son domestique le réveillait et lui apportait du café noir. M. de Balzac se mettait à son bureau, prenait sa plume et couvrait du papier pendant deux heures. Au bout de deux, quelquefois de trois heures de ce travail purement mécanique, il ramassait tout le papier qu'il avait chargé d'encre, le jetait dans un panier et se mettait définitivement au travail. L'inspiration était venue. Cette intelligence, lourde à la ville, embrassait alors comme par une intuition somnambulique et merveilleuse tous les personnages de son roman, et de sa main et de sa tête échauffées fluaient les admirables pages. »

Plus loin : « M. de Balzac avait de singulières manies et des théories de fortune plus singulières encore. En un champ près des Jardies, il y avait un noyer: M. de Balzac achète le noyer. Toute une année, il fatigua ses amis à leur conter que ce noyer était toute une fortune, et qu'avec la récolte des noix, il tirerait cent pour cent de son argent. Il capitalisait déjà ses profits, comme Perrette, se promettant d'acheter bien vite le champ. »

Mais ce qui donne une grande valeur à cette notice, ce n'est pas seulement le chapitre intitulé : Théogonie mystique de l'œuvre de Balzac, c'est encore la publication intégrale de la belle lettre (deux grandes pages !) de Balzac, enlevée l'année dernière aux enchères anglaises : «... *Il chicane et marchande son existence à coups de plume à ses nuits... Les jours se consument dans une seule pensée: Du pain et de l'honneur.* »

Au reste, en voici assez pour piquer la curiosité.

Ne déflorons pas le volume. Disons seulement que M. Baschet, dans son étude sur Balzac, n'a pas eu connaissance de cette lettre, pas plus que d'un billet d'un remarquable cynisme, daté de chez Vachette, et que M. de Champignolles a fait entrer dans ses Propos de table d'Honoré de Balzac.

Ce livre est un martyrologe littéraire allant du philosophe au vaudevilliste. « M. Cousin, on le sait, est rétrospectivement amoureux de Mlle de Longueville, M. Sainte-Beuve ayant avancé quelque part, sur la foi d'autorités, que Mlle de Longueville avait l'haleine forte, M. Cousin manqua le mener sur le terrain, et sans l'intervention d'amis officieux, un duel avait lieu entre deux académiciens pour la plus grande fraîcheur d'une bouche du xviie siècle. »

Et le nom de M. Sainte-Beuve est le prétexte d'un chapitre charmant, où l'on suit semaine à semaine les démêlés de M. Sainte-Beuve avec M. Véron, l'un voulant faire passer ses portraits caressés des vieux siècles, l'autre voulant au temps présent des analogies et des allusions, — et commandant Paul-Louis Courier à M. Sainte-Beuve, quand M. Sainte-Beuve lui propose Scarron...

Puis défile le personnel du Constitutionnel, des Débats, de la Presse, de la Revue des Deux Mondes, de la Revue de Paris, etc., les uns posant en pied, les autres jouant un rôle épisodique. On concevra notre réserve devant tel ou tel passage qui peut être attaqué comme diffamatoire. M. Grandin de Champignolles (est-ce un pseudonyme?), — qui a sans doute, à l'appui de ses assertions, autographes et pièces probantes, dont il se déclare, dans sa préface, furieux collecteur, — a su ce qu'il pouvait avancer, et nous ne pouvons faire mieux que de renvoyer au petit in-18 de deux francs.

La partie du volume consacrée au théâtre est du plus piquant intérêt d'un bout à l'autre. Nous y avons compté vingt et une lettres d'actrices. M. Grandin tait les noms; mais aux lettres sont annexés des portraits qui ne laissent que peu de doutes sur la signature. Qui ne reconnaîtra une de nos chanteuses?

« Nina a dix-huit ans au théâtre. Elle est blonde et coiffée à la Sévigné. Elle a un filet de voix qui n'a rien de particulièrement désagréable, et qu'elle mène assez gentiment. Elle a un petit minois agrimaché. Elle est vaillante à souper. Elle a de pudeur le nécessaire, d'esprit l'utile, de cœur l'indispensable. Elle a des traditions de province, et met au nombre des gens qu'on ne peut refuser : les machinistes. Elle a des petits bouts de rôle et des petits bouts de grâce, des petits sourires et une petite bouche, de petites liaisons et une petite main, et un talent et un jeu plus petits que ses sourires et que ses rôles. Elle a tout ce qu'il faut pour être première chanteuse à Riom et à Agen sous un directeur brun. Elle est frêle, délicate, une vierge de miniaturiste; — au reste, bonne mère : quand on va chez elle, on trouve cinq de ses enfants. »

Parmi les lettres, nous prenons au hasard. Ceci nous semble appartenir au Théâtre-Français :

« ... Au moins, monsieur, et je vous le demande à
« genoux, les yeux pleins de larmes, taisez mon nom,
« ayez-en la force ; je suis assez punie!

« Eh bien! vrai, vous perdez quelque chose! Soyez
« heureux! »

N'y a-t-il pas là, à franc parler, beaucoup de ce

qu'il faut pour appeler l'attention sur ce petit volume qui, indépendamment de son mérite littéraire, renferme la plus curieuse collection d'autographes modernes? N'oublions pas que M. Grandin de Champignolles a dépensé beaucoup d'argent à faire lire tout le monde par-dessus l'épaule des gens. N'oublions pas aussi que c'est quelque courage de jouer peut-être sa vie à dévoiler bon nombre de turpitudes qui jouissaient du plus modeste incognito.

DECAMPS[1]

La France a perdu un grand peintre : Decamps est mort.

De sa vie, que dire? Il l'a racontée dans une lettre qui donne l'accent de sa conscience et de sa dignité, la mesure de l'élévation de son caractère, de la noblesse de son cœur, de la grandeur de ses aspirations. Il était né le 3 mars 1803. Il est sorti de l'atelier d'Abel de Pujol. Il n'a pas été membre de l'Institut. Voilà toute cette vie honnête, droite, simple.

La postérité commence pour lui.

Decamps est le Maître moderne, le maître du sentiment pittoresque.

Il a trouvé la nouvelle formule plastique de la nouvelle histoire d'Augustin Thierry.

Descendant à des personnages de miniature la

---

1. Article publié dans le TEMPS ILLUSTRATEUR UNIVERSEL, numéro du 2 septembre 1860. — C'est la répétition du Decamps de notre brochurette intitulée : LA PEINTURE A L'EXPOSITION DE 1855, mais la brochurette n'avait été tirée qu'à 42 exemplaires.

grandeur michelangelesque, il a doté le tableau de chevalet de l'énergie historique.

Il a été le dessinateur superbe de l'Hercule juif.

Il a été le paysagiste épique.

Il a été le poète comique et profond de l'instinct et de la malice de la bête.

Et il a rallumé le soleil de Rembrandt au foyer de l'Orient.

Son DC puissant au bas de trois coups de crayon ou de brosse est la signature maîtresse de la peinture du XIXe siècle.

Il s'est trouvé des gens qui, dans cette intelligence supérieure, dans cette compréhension originale, dans cette admirable organisation artistique, n'ont vu ou n'ont voulu voir qu'un homme de métier, disons leur mot, de *ficelles*. Dans cette prodigieuse interprétation de la nature, qui est l'œuvre de Descamps, ils ont vu quoi ? — des frottis secs. Cela qui n'était que son moyen, a été déclaré sans appel ni recours, son but : et la critique malveillante et le public qui l'écoute, ont fermé les yeux devant cette âme intime de la nature, qui montait et jaillissait de ces travaux, de ces recherches, de ces inventions d'une main savante.

Et cependant regardez un tableau de Decamps et voyez : n'est-ce pas la vie du ciel ? Les petites caravanes paresseuses de nuages blancs par l'éther implacable ; les courses folles des nuées échevelées ; les longs déroulements et les lourdes marches et les figurations titanesques des nuages solides et les firmaments balafrés, barrés, rayés, et les zébrures terribles; les vapeurs humides qui s'élèvent de la terre, à l'heure de son réveil; le rayonnement pacifique du midi; le soir, et ses voiles de gaz ondulants, lutinés par l'haleine des nuits; le glaive de feu de l'orage; — se rendent à ses pinceaux vainqueurs, surprenant ces images de l'infini, comme les surprend le daguerréotype de Macaire.

Que du ciel la peinture de Decamps descende à la terre, la magnifique traduction! la surprenante perspective! C'est d'abord une croupe énorme, la barrière d'un monde. Les monts sont collines, les rocs se mamelonnent à l'horizon lointain. Puis roule lentement, par les plans étagés, le torrent des lignes insoumises, jusqu'à ce coin tranquillisé qui est le *proscenium* du tableau et le rendez-vous de son intérêt. Et là encore, tout sera grand, par l'aspect sculptural que le maître sait donner à tout. Decamps prête un caractère à son décor comme à ses personnages. L'arbre sera rameux; il se profilera dans toute son armature; il percera sa feuillée avare d'un faisceau de nervures accentuées qui se dresseront contre le ciel comme les cent bras de Briarée, — mouvement de l'immobile matière. Au-dessous de l'arbre, Decamps ne dédaigne rien, vivifiant dans sa toile le grain de sable et le fétu, s'arrêtant aux moindres accidents du terrain, pourléchant ses rugosités brutes, prêtant une figure jusques aux cailloux du chemin; travail patient et inspiré, par lequel Decamps conquiert la physionomie de la localité, du pays, du climat! Il va, il cherche, il s'inquiète ainsi de percer et de peindre l'âme inerte de la nature, cette vie latente, ce reflet d'action qu'elle emprunte à l'universelle action des êtres ; et la nature, en l'OEuvre de Decamps, est ce conte de fée, où tout à coup, guéris de leur catalepsie, affranchis du mauvais sort que Dieu leur jeta, l'arbre sent, le rocher s'anime, l'eau gazouille.

Ce mur, ce mur blanchi et reblanchi de chaux vive, mangeant les yeux, — les pinceaux de Decamps le truellent ; ils le maçonnent, ils le crépissent ; et à leur aide, voici le chiffon, le grattoir, le bouchon et le couteau à palette, tous les aides de la pratique. Soudain le mur, le mur lui-même, est tout entier sur la toile, calciné, lézardé, grenu, poreux, suant des micas, rougi par des esquilles de briques, émeraudé par d'humides suintées, les pieds roux de fumier, baveux d'immondices, un mur en personne naturelle, confessé tout entier, contant toute son histoire, toute sa vie de pluie et de soleil ! Et faut-il une ombre sur ce mur, une petite cernée d'outre-mer la fera lumineuse et transparente, comme il convient à une ombre faite sur un tel mur par un tel soleil. Même l'ombre franche, l'ombre crue, l'ombre sous cette porte, elle sera l'ombre qui est ; — et des glacis, et des lavis, et des frottis, il sortira non une nuit partielle mais une défaillance de lumière, noyée et ensevelie dans la poussière dorée du jour, sans que le maître ait sacrifié une arête, une solidité, une vigueur !

Pour meubler ses paysages de France, Decamps s'empare du gamin, du roulier, du mendiant, du paysan, — tout gens qu'il sait habiller, du contour carré et cerné de Chardin, le grand *silhouetteur* moderne.

L'Italie, la Grèce, l'Asie, les terres chaudes et brûlées, les favorites du soleil, il les peuple de canéphores aux lignes sévères, de Turcs immobiles et graves, recueillis en leur paresse comme en une prière, d'Arnautes au profil indien, d'éphèbes aux beaux membres, de femmes voilées, ombres silencieuses du Repos et de la Rêverie, de marmots déminus aux yeux fiévreux et nageant dans leurs orbites, de cavales blanches piétinant dans des gués roses, de truies noires du Latium accroupies dans l'ombre, de tortues lentes, de cigognes perchées sur les ruines, sentinelles d'argent.

Et de ce kaléidoscope, et de cet arc-en-ciel, et de ce royal vestiaire d'Arlequin — l'Orient, — comme il en a fait son bien et son domaine. Ce ne sont, par ses toiles, que tendres, vives et gaies couleurs, que fanfares et pétillements de vermillon, de jaune d'or, de cendre verte, riant dans l'harmonie fauve de l'ensemble. Les beaux éclairs de ton, ramenés au ton général par les blancs jaunes, reliés entre eux par les contours et les ombres de terre de Sienne brûlée! Et de cette palette, un jour, s'échappe tout un écrin, ces ANES D'ASIE, étincelants, fulgurants d'une poudre de perle, de topaze, de rubis et de diamants, le chef-d'œuvre de cette peinture agatisée que tous cherchaient alors : Delacroix et Bonington; et un autre jour, de cette palette reposée et tranquillisée, s'envole cette merveille des merveilles : le BOUCHER TURC.

A Decamps le village, la ferme, la cour et la bassecour, le fumier, la masure et la loque, l'écurie, l'auge, la bauge et le chenil!

A Decamps la chasse, la perdrix au blé, le canard au marais, la quête et l'arrêt! A Decamps le chien! chiens de plaine, chiens de bois, et les bassets tors!

A Decamps, le singe, la comédie simiesque! et macaques et guenons, une ménagerie de grimaces.

A Decamps, le choc des peuples et des hordes! les harnachements sauvages, les catapultes grossières, les chars barbares, le carnage de la guerre en enfance; les cirques bornés par l'accumulation des montagnes, le sang qui brunit le terrain de cuivre et monte voiler le firmament de la pourpre de ses fumées! A Decamps, trois armées qui se broient, deux mondes qui se dévorent! A Decamps, la Panique poussant dans le ravin la défaite trépidante! A Decamps, les roulées d'hommes, de chevaux et de bœufs, emportant, dans le flot de leur terreur, le désespoir des femmes!

A Decamps, la Bible! les pierres énormes semées sur la terre pour le sommeil des Jacob! A Decamps, les peupliers et les amandiers maigres des montagnes de Galaad, les citernes économes auprès desquelles s'aplatissent les chameaux ismaëlites chargés d'aromates! A Decamps, le troc des Joseph contre vingt pièces d'argent! A Decamps les cavernes profondes où Israël fuyait Madian; les roches d'Élam, où le douzième juge reposait sa force! A Decamps, les travaux du Nazaréen, la mâchoire du poulain d'ânesse, les mille·hommes tués de Lechi, et Dalila, et le temple du Dieu-Dragon qui croule!

A Decamps, les mers bleuissantes ourlées de lumière; les campagnes embrasées, craquantes et dartreuses! A Decamps, le paradis torride, fleuri, emperlé, éblouissant, l'Éden incendié! A Decamps, l'Orient!

A Decamps, le soleil!

POÉSIES EN PROSE[1]

LA NAISSANCE DU TOAST

Elle se baignait.

Il y a de cela combien d'années? Je ne sais!

Comment se nommait alors le roi d'Angleterre? Je ne sais encore!

Mais c'était la maîtresse du roi d'Angleterre. Holbein a-t-il laissé sa portraiture? Je ne sais vraiment!

La salle de bain, je ne l'ai vue!

Était-elle en marbre blanc? Était-ce un cabinet de rocaille qui touchait à son appartement d'été « et qui sans doute était le plus agréable lieu du monde », meublé de piles de carreaux de drap d'or et de vases de porcelaine remplis de fleurs, avec un lit de repos fait à la portugaise.

Six courtisans étaient là qui regardaient. Tel était le bon plaisir de Sa Majesté. Avait-elle une chemise? Peut-être bien oui, peut-être bien non... A chaque mouvement... l'eau lui mettait à la gorge un collier de perles.

---

[1]. Poésies parues dans l'ÉCLAIR, numéros des 13 et 20 mars 1852.

Elle était bien belle, les cheveux dénoués, la maîtresse du roi d'Angleterre !

Un des courtisans se pencha et se releva... il avait rempli une tasse et buvait l'eau du bain.

La tasse passa. Le second fit comme le premier, le troisième comme le second, le quatrième comme le troisième, le cinquième comme le quatrième. Le sixième dit : « Je retiens la *rôtie*. »

L'usage du temps était de boire avec une rôtie au fond du verre. Toster veut dire rôtir. »

Et depuis ce temps, les Anglais ont toujours, ont toujours tosté.

Cela un *old book* le dit : il faut le croire.

LES DEUX GIRAFES

C'est une large cave sous de grands arceaux.

Des bancs de bois et des niches dans les murs. Au milieu il y a une table et sur cette table deux bocaux de poissons rouges. De grandes veilleuses dont la lumière s'endort par moments, puis s'éveille en sursaut, éclairent étrangement et font de larges ombres. Sur les bancs, des Arabes assis, dans les niches, des Arabes accroupis, fument dans l'immobilité et le silence.

Un petit Maure va d'une pipe à l'autre avec son réchaud.

Sur un lit garni d'un mauvais matelas, trois hommes chantent et reprennent continuellement un air nasillard, qu'un *derbouka*, sempiternellement frappé, accompagne.

Des spirales montent des pipes, les chanteurs nasillent, et les Arabes sans mouvement dorment en leurs pensées.

Vous reconnaissez? C'est le café de la Girafe à Alger.

Passé Saint-Cloud, on trouve, en remontant la Seine vers Paris, un cabaret propret et endimanché. Il attend les voyageurs au bord de la rivière, sa porte grande ouverte. Tous les printemps on le rebadigeonne à neuf. Et printemps comme été, ce sont des bruits de verres. Le coteau de Sèvres avec ses villas aux fumées bleues s'élève derrière lui. Le Bas-Meudon, les îles aux joyeuses saulaies, — toute cette idylle qui trempe ses pieds dans l'eau, — est à ses pieds, à deux minutes.

Du cabaret aux saules, des saules au cabaret, c'est un va-et-vient de jeunes hommes et de jeunes femmes : une chaîne de joyeux deux à deux. Ils montent, ils descendent la berge, du matin au soir, et lui est là, souriant et hospitalier, hélant les canotiers de la basse Seine. Il y a des régates près du pont là-bas. Entrez et entrons! A la santé de la Marie Michon! — Les échos y disent des chansons, les murs y chantent des gaietés. — Voyez les deux rangées de tables aux nappes blanches, aux verres provocateurs, aux menus cartonnés, s'il vous plaît, à cheval sur deux tables. La mère, une matelote et du vin blanc! Les jolies parties d'amour, les jolis ménages tout autour des tables! La nuit accroche ses étoiles, la nuit les reconduira. — Les échos y disent des chansons, les murs y chantent des gaietés!

Vous ne reconnaissez pas? C'est le CABARET DE LA GIRAFE à Sèvres.

A LENOTRE

Ce jardin serrait le cœur; non pas qu'il eût l'aspect pleureur et désolé de ces coins de terre mangés d'herbes parasites qui s'en vont, disparaissant sous la mousse et l'oubli, et où le tracé des allées se perd, et où la place des massifs de fleurs s'efface et où la naïade du bassin verdie par les années pleure sur son urne aride... Non, mais il attristait comme la coquetterie d'une douairière. Les cadres de buis maigres qui emprisonnaient les parterres, avaient encore la vigueur des droites lignes de leur première jeunesse, les deux allées de tilleuls montraient leurs feuilles comme coupées par les ciseaux d'un perruquier soigneux, le cailloutis était jaune et lustré. Tout cela présentait le profil sec de ces parcs géométriques et malingres esquissés par Abraham Bosse. C'était un ensemble peigné, verdelet, soumis à une tyrannie du cordeau d'un charmant bon goût Louis XIV; un jardin qui n'était pas du tout un jardin comme l'entendent le Bon Dieu et la Nature, — deux grands amateurs pourtant.

Parterres de haut style, quinconces architecturés, buis à façades, morts, morts, morts! O mon pauvre cher poète mon pauvre cher Boileau de la Nature, toi qui as écrit Versailles en ta belle calligraphie à angles droits, la fin du dix-huitième siècle est passé sur tes œuvres, et les dernières années de ce siècle-là, vois-tu, ont guillotiné la royauté et sacré le jardin anglais.

SILHOUETTES D'ACTEURS ET D'ACTRICES [1]

I

FECHTER

On y joue maintenant des opéras, à ce que dit l'affiche, je n'ai aucune raison pour ne pas croire l'affiche. Alors on y jouait le drame, et voici ce qu'il y avait ce jour-là au-dessous de la cariatide de Klagmann.

THÉATRE-HISTORIQUE

PAULINE,

Drame en cinq actes et huit tableaux, tiré du roman de M. ALEX. DUMAS, par MM. E. GRANGÉ et X. DE MONTÉPIN, précédé de la CHASSE AU TIGRE, prologue en un acte par les mêmes auteurs.

« Donnez-moi votre fusil, monsieur; vous tremblez. »

---

[1]. Une série commencée en 1852 dans les premiers numéros de de l'ÉCLAIR et qui fut abandonnée après la publication de *Fechter*, de *Levassor*, de *Got*, de *Geoffroy*, de *Madame Allan*, de Mlle *Luther*, de Mlle *Augustine Brohan*. Je donne les trois silhouettes qui me semblent les moins mauvaises.

Ces mots sont scandés dans cette tonalité sourde qui fait le dramatique de l'organe mélodieusement voilé de Fechter. Ce ne sont pas les ondes caverneuses de Beauvallet, dont la basse profonde, en dépit de l'art des gradations, alourdit les queues de périodes. La voix se tient résolument dans un *medium*, sans jamais *filtrer dans le clair*. Aussi, quand elle vient à tomber d'une octave, elle fait émotion. Un peu étoupé en ses sonorités gutturales, le drame tel qu'on le note, tel qu'on commence à le jouer, en ces derniers jours, ne réclame plus ces dictions métalliques, fort admirées de quelques-uns. Pour arriver à la fibre, il est besoin au timbre dramatique d'un mordant sourd, et Fechter le possède, le manie, le veloute à un degré qui fait de sa voix un des organes les plus heureux, pour la traduction dans une gamme distinguée, des grandes émotions du théâtre moderne. Et puis, Fechter est grand, svelte, élancé ; Fechter est beau, beau d'une beauté presque anglaise à force d'aristocratie. C'est dans un corps masculin une linéature féminine par la délicatesse. La bouche seule, charnue, aux lèvres détachées, a le caractère de plénitude recommandé par la Clairon pour l'expression de la souffrance ; mais le jeu du masque se limite chez lui presque exclusivement aux yeux : puissants, profonds, incisifs sont les siens. Il a le regard long ; dans ses entrées, il englobe la scène, par un certain coup d'œil de côté, d'une *jettatura* saisissante. Il n'a point de ces coups de physionomies invraisemblables qui transposent brusquement

tous les muscles du visage. Il est sobre, concentré ;
— un jeu ganté, — je risque le mot ; l'action qu'il a
soigneusement élaguée de la télégraphie, s'est faite
chez lui contenue, délicatement nerveuse ; il l'a
presque réduite au geste *affectif*, pardon ! un vieux
terme de la technique théâtrale, qui veut dire que
Fechter ne gestifie que l'état de la passion intérieure.
Fechter dit aussi l'ironie *mezza voce*, mais il lui donne
valeur par la manière dont il la laisse glisser d'un
coin de lèvre, c'est du plus exquis et du plus profond
dédain. Au reste, cet air de bouche, vous le retrouverez chez Madeleine Brohan, mais maniéré, façonné,
contourné, fatigant et pris de moins haut. Fechter
est l'homme des nuances, n'a que mépris pour les
gros jeux de scène, ne s'éparpille pas, ne charge
pas, et, dans sa répugnance à l'exagération, ébauche,
indique plus volontiers qu'il n'accentue les situations
dramatiques. Sa mort, lorsqu'il est frappé, au cinquième acte, il la joue avec une économie d'effets
bien rare dans un moment où les agonies du boulevard détaillent chaque hoquet : un mouvement en
avant, une parole strangulée, un rictus, un mouchoir qui court aux lèvres rougies, un affaissement.
Ce qu'on ne peut dire et ce qui est partout chez Fechter, du timbre de la voix au galbe des mains, c'est,
disons-le encore, — la distinction. Qu'il était beau,
au quatrième tableau, en haut de l'escalier, les bras
croisés, l'allure fière et les cheveux au vent, debout, drapé dans une royale pose de mépris, effrayant
de calme et d'orages muets ! Qu'il était beau, le

gentilhomme de grand chemin, dans sa blouse bleue!...

Hier, c'était au Vaudeville. Fechter, en quittant le Théâtre-Historique, n'a fait que la moitié du chemin pour aller où il doit aller.

Lord Montgommery !

Et ce sont des façons, je me trompe, des airs, je me trompe, des manières ! car Fechter en remontrerait au marquis de Polinville. Il a des voussures d'épaules familières à incriminer la femme à laquelle il parle, des impertinences de tête du dernier faiseur, de la mauvaise humeur la plus comme il faut qui soit ; il plie sur ses jambes comme un secrétaire d'ambassade rompu aux factions du meilleur monde ; il articule des riens et vous jureriez que c'est quelque chose. Il soufflète d'un mot, et dit : M'aimez-vous ? — et si bien qu'on ne sait que répondre.

Il porte sur lui tout le matériel d'une visite à illustrer de distinction : il marche, il complimente, il ôte ses gants, il salue; c'est l'école du dandysme. Lord Montgommery ! on sent qu'il a été le lion pendant deux saisons de suite. Il a des nœuds de cravate que lui envierait Brummel. Il possède des châteaux qu'il n'a pas vus et qui ne l'ont pas vu, comme lord Herfort. Il se gratte du petit ongle, ce geste de tous gentilshommes et que César repasse à Damis. Et le voilà traversant toute la pièce, faisant valoir cette fragilité comme un gentleman fait valoir un habit noir, donnant à croire à des mots par un regard, une attitude, que sais-je ? une façon de lever son verre, de rendre le champagne au seau de glace, une façon de déployer un journal, une façon de se cantonner dans sa chauffeuse.

Palsembleu ! se dit, un de ces soirs, l'âme de Préville, l'âme de Préville avait eu congé ce soir-là, palsambleu ! se dit la digne âme avec un de ses contournements qui lui valurent 500 louis du marquis de Bièvre, — la toile allait tomber sur LE COUCHER D'UNE ÉTOILE, — je ne me croyais pas ici chez moi !

II

MADAME ALLAN

Si Asmodée n'était retourné à sa fiole, et qu'il mît encore les maisons à jour, à un cinquième étage dans la Chaussée-d'Antin, vous verriez un *obras* complet : une vierge et deux processions de saints ; et sur la table, un Alfred de Musset. Images byzantines et comédies de Musset, Mme Allan a rapporté les deux choses de Russie.

Causer du regard, du geste, de la main, de tout ce qui n'est pas des paroles ; mettre les vocables à la retraite, en faire des zéros qu'on chiffre d'une moue ou d'un éclair de l'œil ; se traduire par une attitude, une intonation ; rédiger tout un protocole d'amour d'une pression de bras ; attacher une impertinence au bout d'un salut ; laisser une espérance au bout d'un : jamais! se taire et faire parler son silence, causer et mettre un loup à sa pensée; persifler dans un éloge; renvoyer dans un compliment : — le monde, c'est un carnaval où l'on s'intrigue sans masque !

Là, le parler est un idiome intraduisible en une langue quelconque. Les mots ne sont rien ; la façon des mots est tout. C'est la patrie des nuances, des demi-tons, des demi-jours, des demi-nennis. L'heure qu'il est, et le temps qu'il fait; le fauteuil que l'on prend et la pendule qu'on regarde ; les yeux qu'on baisse et le pied qu'on avance ; le tabouret qu'on demande et la rose qu'on effeuille ; — tout est signe, rien n'est signal; tout est complicité, rien n'est preuve. Tel sourire de Mme une telle, rien qu'un sourire; et demain, si vous recevez ces trois mots : « Je viendrai à dix heures; j'aime les huîtres! » Vous n'aurez pas à chercher la signature... Les drames y vont, y viennent, un peu comme dans une guerre de Mohicans : une branche cassée, des feuilles à terre, quatre pierres là, où il n'y en avait que deux hier, pas plus... mais quand l'amour passe par là, c'est le chien de Zadig. — Le monde n'existe qu'en France.

La femme du monde est habillée à deux heures.

Elle marche en voiture; jamais un faux pas ne la crotte.

Elle a toutes les pudeurs de bon goût.

Des méchants vous diront que son cœur suit les modes.

Elle a été fidèle à son mari plus que son mari ne lui a été fidèle : est-ce trop ?

A la vente de Célimène, elle a bien acheté quelques feuilles de son éventail, mais quelle femme n'en a un petit morceau ? et d'ailleurs que lui reprocher ? Elle est charitable comme une coquette : « Elle vous fait gagner votre procès pendant six mois, pour un jour vous le faire perdre. »

Elle a des amies, absolument pour avoir des pelotes à épingle : le mot et la chose sont vieux.

Elle reconnaît un caprice, rien qu'à le faire mettre à genoux, comme on reconnaît une fausse pièce à la laisser tomber à terre.

Elle changera de confesseur, si vous voulez, mais non de femme de chambre. Au reste, elle peut l'amour tout autant que les autres femmes, n'en déplaise aux Marions.

Elle possède des expressions pour tout, — même pour ce qu'on ne dit pas.

Elle a son fauteuil, j'allais dire sa loge, à l'année, dans deux, trois, quatre salons, où l'on cause, et toujours applaudie lorsqu'elle entre et toujours reconduite lorsqu'elle part.

Son cordonnier lui dit : « Madame a le pied fondant. »

La couturière n'est que son secrétaire : elle lui dicte ses robes.

Elle va à la messe d'une heure ; cette messe qu'on appelait, il y a de cela un siècle, je crois, la *messe musquée*.

Veuve, parce qu'elle n'a plus de mari; libre, parce qu'elle a trente ans; aimée, parce qu'elle ne le défend pas; charmante, parce qu'elle veut bien l'être; méchante! avec des : « Pauvre petite femme! » qui tuent une réputation, un honneur, une vertu à bout portant: elle est bonne, bonne parfois, et rend un mari à sa femme, dans un thé à thé... sans songer à le lui reprendre le lendemain!

Oui, monsieur de Chavigny, c'est de vous que je parle, et vous le savez bien!... A-t-elle été femme avec vous? Avec vous, elle a été véritablemen distraite à impatienter un baron allemand. Elle vous a harcelé de riens, de flèches en papier, de *banderillas* comme un taureau qui ne veut pas marcher. Quand elle vous a fait nerveux au point qu'elle voulait, elle a dit à vos fureurs. « Servez-lui une tasse de thé! » — De votre femme, oh! ne craignez rien, elle sait votre cœur de mari sur le bout du doigt.—Pauvre Othello que vous faites! Elle ouvrira une parenthèse, piano! piano! l'air du Caprice! le Caprice... Et la timide de viendra si confuse à vous dire un : Non, que vous parierez : Oui... A deux genoux, monsieur de Chavigny, à deux genoux, et sur le parquet!... Elle vous relève d'un éclat de rire. Vous vous croyez sauvé... et l'hameçon, monsieur de Chavigny? Elle laisse filer la corde, bien sûr de vous ramener tout à l'heure. Et vous voilà à supplier : une déclaration! une déclaration assise cette fois-ci, une déclaration qu'elle a la cruauté de vous laisser dire tout du long, sans toucher à une syllabe... Puis sa morale vous donne un coup de busc sur les doigts, et vous — embrassez votre femme.

La femme du monde n'existe qu'à Paris. Le soir où nous l'avons rencontrée, elle se nommait Mme de Léry, et c'est Mme Allan qui est Mme de Léry.

On nous a dit que Mme Allan n'était pas sociétaire du Théâtre-Français.

III

LEVASSOR

« Un Romain, en faisant son éloge, l'appela le dernier des Grecs. » Plutarque parle de Philopœmen.

Levassor est le dernier des étudiants.

Ohé! ohé! les flambards, les chicancards! Ohé! de la Chaumière! C'est LE LAIT D'ANESSE; c'est LE BAS-BLEU. Et voici Ovide, Ovide au geste facile, à la tournure leste, à l'amour impromptu, aux jambes balancées. Ohé! ohé! c'est Levassor crevant une armoire et tombant comme une trombe chez Aline, la queue de billard au port d'armes !

    Eh houp! eh houp! charmantes bergères!
    Eh houp! eh houp! grisettes si chères!

Comme il pince le cancan, ce fils naturel de Vestris!

    Gais enfants
    De vingt ans,
Vous qui là-bas suivez ma loi,
Là-bas dansez pour moi!

L'étudiant est mort, vive Levassor!

Et pourtant, c'étaient de gais garçons, des joyeux, des excentriques, que ces nomades du quartier Latin! peuplade ayant à elle une histoire, des usages, des cafés, une religion, un code, — et des chansons de gestes chantées, tous les soirs, autour d'un bol de punch! Et pourtant il avait bon air, l'étudiant, avec son béret rouge, sa redingote à boutons dorés, son pantalon de hussard ballonnant, ses deux mains dans ses poches, *la bouffarde aux gencives*, et un bouquin sous le bras! un bouquin qu'on s'en allait lire au Luxembourg, et qu'on n'y lisait pas, parce que... Il y avait toujours des parce que!

L'étudiant! l'étudiant qui avait place partout, à Hernani comme aux émeutes; l'étudiant qui serrait son argent dans une tête de mort; plaçait son cœur sur le carré, la porte en face; l'étudiant qui riait aux missions sous la Restauration; l'étudiant toujours un peu *carbonaro*, et qui *chansonnait* et qui gaudriolait; l'étudiant dont on savait le petit nom à tous les Porcherons de la rive gauche; l'étudiant, cet enfant gâté, cet enfant terrible du quartier Latin, de ce quartier Latin, « le *Trivium* et le *Quatrivium* des sept arts libéraux »; l'étudiant qui se consolait de ne pas avoir rossé le guet, en se colletant avec les sergents de ville, et de ne pas avoir de quoi applaudir Carlotta, en improvisant le pas de la *Girafe en calèche* ou de la *Limande amoureuse;* l'étudiant qui vendait son cor de chasse pour aller au bal de l'Opéra!

L'étudiant! l'étudiant et la grisette! — car ils étaient

toujours bras dessus, bras dessous, — l'été comme l'hiver au théâtre Beaumarchais, ainsi qu'au café de l'Odéon! Bras dessus, bras dessous, l'étudiant et la grisette! Et c'étaient des amours qui se nouaient sans lettres et qui se dénouaient sans larmes!... ménages de pinsons accrochés à un cinquième étage! Bras dessus, bras dessous, Paul de Kock et Béranger! Bras dessus, bras dessous, la Jeunesse et la Gaieté! Bras dessus, bras dessous... Aujourd'hui bien enterrés la grisette et l'étudiant! oui, une pipe cassée, un sourire envolé.

Passants, aimez pour eux !

Eh! non, ce n'est pas l'étudiant! eh! non, ce monsieur raide, ce teint lymphatique, cette pose en bois, ce faux-col inexorable, cette chevelure jaune, ces favoris frisés, toute cette personne tirée à quatre épingles. C'est sir George Walker, baronnet, libre de *son personne* et de ses trois millions. Mais ici plus de ces Anglais charges, de ces Anglais burlesques et calomniés, qui ont eu seuls si longtemps droit des planches chez nous. Il semblait vraiment que nous voulussions venger, nous, le peuple le plus spirituel du monde! — nous le disons au moins, — Waterloo avec des vaudevilles. Ce n'est plus ce Britannique qu'on eût dit découpé dans une caricature du PUNCH; c'est le *gentleman*. Et sir George a tout le temps cette fleur de froide distinction qu'ont seuls, quoi qu'en disent les patriotes, les Anglais distingués.

Eh! non, dit un autre, — la lorgnette magique passait de main en main, — c'est Adonis, le grand gas de la ferme, Adonis qui a de gros souliers, une chemise en treillis, Adonis qui dit : M'n'onque! Adonis le pataud qui débarque de la charrue, Adonis dont on se gausse, Adonis qui pue le patois à vingt pas à la ronde ! — Est-ce assez le paysan, le paysan retors, le paysan madré, le paysan toujours normand, le paysan qui vous fait faire un bail en une petite chambre avec un gros feu de fagot dans la cheminée et du vin clairet sur la table : A votre santé, m'n'homme !

Allons donc! vous ne voyez donc pas son pantalon garance et son bonnet de police, et son petit doigt sur la couture du pantalon? Ce garçon-là est militaire jusqu'à la moelle des os ! Il en a le physique, il en a l'inintelligence. Salut, sergent Trifaut ou fusilier Brésil! Les bancs de pierre des Tuileries se souviennent de vous, — les nourrices aussi. Et votre catéchisme n'est pas long : Mon capitaine et Dieu! Ran, plan, plan, plan, plan, tambour battant : LE BRELAN DE TROUPIERS!

Ils avaient tous raison, et celui-ci qui voyait un militaire, et celui-là qui voyait un Anglais, et cet autre qui voyait un paysan, et cet autre encore qui voyait un étudiant : ils avaient tous raison.

M. MÉRIMÉE ET M. LIBRI[1]

M. Mérimée, qui a eu déjà son Candide dans la vie de Stendhal, veut avoir aujourd'hui son Calas.

Malheureusement l'écrivain, goûté de la Cour et de la ville, n'a pas eu la main heureuse : il a choisi M. Libri.

De temps immémorial, nos bibliothèques publiques ont été dilapidées, pillées, volées. Le Prince, Hoenel, Dibdin en font foi. Mais, depuis quelque vingtaine d'années, — et ici la date de quelques trop rares inventaires, la reliure récente de nos grandes collections manuscrites, l'impression de manuscrits, la publication de *fac-simile* dans l'Isographie, sont des preuves irrécusables, — depuis quelque vingtaine d'années, les vols ont pris d'incroyables proportions. M. Naudet affirme que la Bibliothèque royale n'a perdu, depuis un inventaire de 1720, que deux cents volumes, et se félicite de la modicité de

[1]. Article paru dans l'Éclair du 1ᵉʳ mai 1852, avant les poursuites intentées à MM. Mérimée et de Mars.

ce chiffre; mais, s'il voulait faire le catalogue de toutes les pièces détachées, disparues, et si les autres bibliothécaires archivistes entreprenaient ce même catalogue, on verrait alors, au vrai, de quelles valeurs ont été dépouillées nos grandes collections. Nous citerons quelques exemples :

A Carpentras, 1,700 feuillets enlevés à la correspondance Peiresc.

Aux archives de l'Institut, 62 lettres de Descartes disparues, sur 65.

Sur les 75 lettres de Rubens du volume 704 de la collection Dupuis, 45 dérobées.

Dans la correspondance d'Hévelius, 600 pièces soustraites.

Une collection de lettres de Marie de Médicis et d'Anne d'Autriche à Gaston d'Orléans, indiquée en 1810, irretrouvable en 1843.

A la Bibliothèque royale, le sauf-conduit accordé par Charles le Téméraire à Louis XI, lors de l'entrevue de Péronne, publié par Michelet, évanoui!

Enfin, à la bibliothèque de l'Institut : 84 feuillets de Léonard de Vinci, volés; — et un feuillet semblable vient d'être payé, en Hollande, par le Musée du Louvre 235 florins [1].

Les bibliophiles montraient du doigt les voleurs; mais c'était tout. Les vols continuaient, et les voleurs, sans le moindre émoi, réalisaient leurs bénéfices.

---

1. DICTIONNAIRE DES PIÈCES AUTOGRAPHES *volées aux Bibiliothèques publiques de France*, par Lud. Lalanne et H. Bordier, précieuse publication à laquelle nous renvoyons nos lecteurs.

C'est ainsi que M. Letronne fit rendre et restituer par un ancien employé des Archives, retiré en Normandie, 75 kilogrammes de parchemins et de papiers dérobés à l'État. Et en dépit des menaces de poursuites, encore l'employé ne remit-il pas tout et garda-t-il de quoi continuer son commerce avec les amateurs et les Anglais.

Comme la justice était sans oreilles, les acheteurs furent sans scrupule. Une lettre de Louis XI, de la Bibliothèque royale, dont le *fac-simile* avait été reproduit par l'Isographie, porte, au bas d'un autre *fac-simile* publié depuis dans l'ouvrage intitulé : Louis XI et le château de Plessis-lès-Tours, la suscription : Tiré de la collection de M. Feuillet de Conches.

De 1835 à 1837, MM. Canazar, Thomas W..., Riffet, Gottlieb W..., firent d'importantes ventes d'autographes. On s'étonna de la richesse de ces ventes.

Quelques-uns remarquèrent que les noms historiques dont il avait disparu le plus d'autographes dans les bibliothèques publiques, étaient en nombre dans les catalogues de MM. Canazar, Riffet, etc.

Tous ces noms, Canazar, Riffet, Gottlieb W..., Thomas W..., étaient des pseudonymes de M. Libri, qui, indépendamment de toutes ces ventes d'autographes faites sous faux nom, indépendamment de ventes de livres imprimés, vendait encore deux cents volumes manuscrits à lord Ashburnham.

On sait ce qui arriva.

Aujourd'hui, M. Mérimée vient prendre la défense du coutumace.

L'avocat de M. Libri est un homme d'esprit. Sa plaidoirie est un pamphlet, non point un pamphlet de savant tout plein de grands mots et de gros mots, et de *sesquipedalia verba ;* mais un pamphlet poli, leste, vif, trempé au miel de l'Hymette, du Paul-Louis Courier en belle humeur, non plus pour une tache d'encre, cette fois, mais pour une tache de boue !

C'est d'une littérature charmante. Tantôt l'auteur d'ARSÈNE GUILLOT veut bien mettre sa science de bibliophile à la portée des bonnes gens du Parquet; et ce sont des recherches pratiques pensées avec la clarté, exprimées avec l'élégance dont ne se départ jamais l'écrivain, lors même qu'il descend, en semblant se jouer, à l'exposé des plus élémentaires détails techniques ; et ce sont de toujours triomphantes ironies! « Allez à l'école, cher monsieur de l'instruction, allez à l'école des relieurs ; vous y apprendrez, cher monsieur, qu'il n'y a pas d'acide qui enlève les estampilles. » Et si le pauvre Bridoison ose articuler que M. Libri ne s'en tenait pas aux acides, qu'il avait un talent de gratteur étonnant et qu'il faisait merveille de son rasoir, — les verrous tirés, — et qu'il enlevait aux ciseaux les estampilles rebelles, et qu'il les bouchait avec un rempâtement habile, ainsi que le témoigne certaine lettre de Descartes : « Fantaisie de bibliophile ! — goguenarde M. Mérimée, — caprice de bibliophile !... M. Libri n'aimait pas les estampilles, cher juge! brave juge! Venez ici que je vous donne sur les doigts, et l'autre main, là! Vous ne savez pas ce que c'est qu'un livre, juge du bon Dieu! »

Un Érasme nous est né !

Que si, dans le dénombrement des soustractions, il s'est glissé quelques erreurs, le Voltaire bibliographe prend aussitôt le juge d'instruction en flagrant délit, et le fait promener trois pages durant avec un bonnet d'âne; âneries chez le juge d'instruction, âneries chez celui-ci, âneries chez celui-là, âneries chez les élèves de l'école des Chartes, âneries chez tout le monde! Et qui vous dit, monsieur Mérimée, que vos erreurs, à vous, constatées par les petits jeunes gens de l'école des Chartes, ne donneront pas sous peu à rire à bien du monde? Mais, jusqu'à nouvel ordre, il n'y a qu'un juge bibliographe en France, de par M. Mérimée : c'est M. Mérimée. Que MM. Lalanne et Bordier viennent lui dire qu'une lettre de Paul Manuce, signalée au ministre de l'instruction publique en 1841, puis dérobée, a figuré dans une vente faite par M. Libri en 1846, l'avocat d'office vous dira que c'est une lettre d'Alde Manuce. Et si MM. Lalanne et Bordier affirmaient leur dire, que resterait-il de cette délicieuse plaisanterie?

M. Mérimée a voulu faire le plaisantin une heure. Mais, vraiment, que diable la REVUE DES DEUX MONDES allait-elle faire dans cette galerie?

Après cela, se dit M. Mérimée à la fin de sa lettre à M. Buloz, vous me demanderez pourquoi le héros de mon *pro Milone* s'en est allé manger des huîtres en Angleterre?... Le pauvre homme, il a eu peur, il s'est défié de la justice, qui ne connaît ni le grattage, ni le lavage, ni le raccommodage, ni rien de la cuisine des livres. Ah! si on lui eût donné un jury de bibliophiles ! — Mais quels bibliophiles connaît donc M. Mérimée pour en faire les acquitteurs de M. Libri?... Le pauvre homme! Un soir que M. Hase ne veut pas lui permettre de travailler après la fermeture de la bibliothèque, il envoie un cartel à ce vieillard de 60 ans! Le pauvre homme! victime des préjugés qui remontent « à l'invasion des Gaulois sénonais! » Le pauvre homme! victime de son esprit, de sa pluie de bœufs! Le pauvre homme, victime des républicains ! le pauvre homme, victime des cléricaux !

Non, M. Mérimée, il est parti victime de sa conscience !

Il est parti :.

Parce que, sur les 1,700 feuillets enlevés à la correspondance de Peiresc, 296 ont été retrouvés chez lui.

Parce que la lettre de Manuce, dérobée à Montpellier, a été vendue par lui le 16 avril 1846 ;

Parce que, sur 53 pièces (correspondance d'Hévélius), 7 ont été retrouvées chez lui ;

Parce que, sur les pièces estampillées, volées aux archives de l'Institut, cinq pièces trouvées chez M. Libri portent les traces d'une tentative d'effacement de l'estampille ;

Parce qu'il y a tout un volume à faire, — et le volume est commencé, — du catalogue des vols de M. Libri.

Allez dans les bagnes, allez dans les prisons. Tous

les coquins qui sont là sont tous innocents, tous martyrs d'une machination : M. Libri avait besoin d'être, comme eux, innocent et martyr. M. Mérimée lui a appris son air : à partir du 15 avril 1852, M. Libri est la victime des jésuites.

TERPSICHORE[1]

L'atelier était vaste, et la bougie qui brûlait auprès du lit d'Alexandre[2] avait peine à éclairer le fond. Toutefois les chevauchées du Parthénon, courant tout le long des murs, faisaient saillir çà et là quelques croupes blanches; et les petits plâtres des Nymphes dansantes, et du Maccus osque, çà et là, sautaient gaillardement sur leurs portoirs en chêne verni. Au milieu d'un panneau, l'eau-forte de d'Aligny représentant l'Acropolis étalait ses lignes sèches au-dessus de l'Odalisque d'Ingres, en sa maigre lithographie. Dans un carton à demi ouvert, un rayon lumineux jouait sur le croquis d'une antique amphore — qui avait peut-être tenu du vin de Falerne centenaire, du vin du consulat d'Opimius.

Un piano dans un coin se reposait, ayant bavardé tout le jour sous les mains des amis; et jetée sur une pile de coussins du Maroc, à compartiments de cuirs multicolores, une robe de chambre de lampas vert tendre à fleurs blanches racontait la Régence.

---

1. Article paru dans le numéro du Paris du 19 janvier 1853.
2. Alexandre, — c'est Alexandre Pouthier le bohème original qui nous a servi de maquette pour le type d'Anatole dans Manette Salomon.

Mais ce que la bougie éclairait le mieux, c'était le trophée au-dessus du lit d'Alexandre; et pour peu que vous eussiez le goût des jeux artistiques de l'ombre et de la lumière, vous n'auriez pu qu'applaudir à cette hétéroclite panoplie d'objets étranges et disparates. Sur une cuirasse de plâtre bronzé du temps de Henri II, une tête de mort jaune et rancie, un petit toquet noir sur le coin du crâne, serrait entre ses dents un brûle-gueule, au centre d'une sorte de nimbe fait de queues de paon et de roseaux cueillis à l'étang de Ville-d'Avray.

Accroché au mur, un coucou Louis XIII battait la mesure, l'aiguille marchant sur minuit.

Alexandre lisait dans son lit, — un burnous rapporté de chez Nissim Dahan, du bazar d'Orléans, sur les pieds; — et voici ce qu'il lisait :

« Un bruit assourdissant, le cri répété : « Le théâtre commence ! » me tirèrent du doux sommeil dans lequel j'étais tombé. Les basses murmurant de concert, un coup de timbales, un accord de trompettes, un *ut* échappé lentement d'un hautbois, les violons qui s'accordent : je me frotte les yeux. Le diable se serait-il joué de moi dans mon enivrement ? Non, je me trouve dans la chambre de l'hôtel où je suis descendu hier, à demi rompu. Précisément, au-dessus de mon nez, pend le cordon rouge de la sonnette. Je le tire avec violence : un garçon paraît. — Mais, au nom du ciel, que signifie cette musique confuse, si près de moi ? Va-t-on donner un concert dans la maison ? — Votre Excellence (j'avais bu du vin de Champagne à la table d'hôte), Votre Excellence ne sait peût-être pas que cet hôtel touche au théâtre? Cette porte tapissée conduit à un petit corridor d'où l'on entre à la loge n° 23. »

Hoffmann! grand maître germain! — dit Alexandre en fermant le volume sur ces lignes : — O moderne conteur! toi qui, par la fantaisie, as ouvert toute grande à l'esprit la porte de l'idéal! toi qui as mis une femme dans la poupée, des yeux dans les lunettes, une âme dans le son du violon qui meurt! laisse dire à Walter Scott que le roman fantastique est au roman régulier ce que la farce est à la tragédie et à la comédie! et qu'Antonie nous répète de sa voix déchirante et tendre : « Je voudrais bien chanter quelque chose encore! » Ton soleil, Hoffmann! c'est la lune, le blanc soleil des rêves!

La bougie s'éteignit.

Et soudain, tout près de son lit : « — un bruit assourdissant, les basses murmurant de concert, le coup de timbales, l'accord de trompettes, l'*ut* échappé lentement d'un hautbois, les violons s'accordant, » — Alexandre entendit tout cela, et bientôt, une bouffée de musique tonnante, un morceau d'un quadrille infernal entre dans la chambre... en même temps qu'une femme.

Un loup sur la figure, un chapeau de feutre blanc sur le coin de l'oreille, des gants aux manchettes de cuir, une chemise de batiste festonnée de broderies anglaises, un pantalon de soie bleu agrémenté de pompons roses, une ceinture de rubans nouée derrière par une grosse rosette, de fins bas blancs et des souliers de satin, la femme s'avance d'un air de crânerie, une jambe en avant, les deux mains sur les hanches, et elle dit au jeune homme : « Je viens de la rue Papillon, je suis le Bal Masqué ! »

En disant cela, tout aussi vite que dans un changement à vue, l'alerte créature jette son masque en l'air, son chapeau par-dessus les moulins, et, dégageant sa chevelure d'or, elle apparaît au jeune homme couché, vêtue d'un subtil accoutrement d'air tramé, comme la Vénus du ballet « le Jugement de Paris, » ou comme la Diane du Musée de Dijon. Elle rayonne d'une beauté divine, et faisant litière sous ses beaux pieds nus de son loup noir et de son chapeau de débardeuse, elle chante sur un rythme antique :

« Reconnais, reconnais-moi maintenant aux plumes qui voltigent sur ma tête, et que le souffle d'un beau ciel agite ; reconnais les Ris et les Grâces qui me cortègent ; reconnais-moi aux guirlandes qui m'entourent ; reconnais-moi à mes parfums de marjolaine ! Mon pied se lève, et je bondis pour les musiques d'Olympus ! Je ne viens pas de la rue Papillon. Les dieux m'ont bercée. Je ne suis pas modiste, ami, je suis Terpsichore ! »

« O mes chœurs ! O mes belles danses sur les monts Thessaliens ! Alors les plaisirs me suivaient ; agitant leurs thyrses retentissants, et nous courions par les plaines et les vallées ombreuses, sur les jonchées de roses ! Les pompes dionysiaques, au bruit des tympanons et des trigones, défilaient, chan-

tant les chansons lydiennes! Les belles danses, ami!
Oh! le beau poème de la vie que disait, sous le ciel
bleu, la *Dipolia* ou la *Kallinique!* »

Hélas! on met maintenant dix lampes et cent personnes dans un salon d'entresol, et les jeunes gens, gantés et cravatés, marchent, disant qu'ils dansent, et c'est à peine si les vierges essayent de remuer leurs pieds agiles, tenant leur jupe de chaque côté, aux accords d'un piano loué...

« J'ai eu Bathyle! Bathyle qu'Anacréon chantait! J'ai eu le gracieux Thymèle!... J'avais, entre autres élèves, une vraie beauté, la belle Empuse, qui tournait si vite qu'on ne voyait plus ni ses bras ni ses jambes; — si tu ne me crois, lis Suidas et Eustathius! — J'avais les Saliens armés, dansant avec leur *trabea*! J'avais les Lupercales et les prêtres du dieu Pan, courant, couverts de dépouilles de bêtes, frappant de leurs fouets de peau de chèvres! J'avais les Saturnales... et la Danse, devenue souveraine, faisant, par un édit public, cesser les travaux, et tout le peuple retiré sur l'Aventin, regardant la joie saltatrice des esclaves courir, comme un incendie de Néron, par la ville éternelle!... »

Le samedi, les demoiselles de magasin louent un costume sali; les courtauds de boutique se mettent du noir sur la figure, et le catéchisme poissard dans la poche. Et toute la nuit, ils s'en vont bras dessus, bras dessous, gigoter dans une étuve, où montent d'écœurants dégagements d'humanités en sueur. Des messieurs en habit noir tournoient et se dégingandent avec des femmes mal bâties devant un monsieur grêlé, en gilet blanc, qui remue un bâton noir. Les chicards, glorieux de la loque et fanfarons de l'immonde, parés de colliers d'écailles d'huîtres, et de balais breneux passés dans leurs perruques de chiendent, font des solos de pastourelle sur les mains — et des femmes, celles-là, sont les plus courtisées, mettent leur jambe au port d'arme, droit levée devant elles... Mes Phormion, mes Lamie, mes Clepsydre... elles s'appellent Frisette ou Turlurette! En ces cordaces d'Auriol, Brididi me fait pleurer Mnester, me fait pleurer Pylade!... « Non, nous n'irons plus, nous n'irons plus au bois de lauriers-roses, où Cythérée, à la clarté de la lune, conduisait les Grâces unies aux Nymphes, frappant la terre d'un pied souple et charmant!... »

« Et toi, Alexandre, élève d'Amaury Duval, va dire à Paris que la *chahut* a tué Terpsichore! »

La divinité aux beaux blonds cheveux disparut.

Le lendemain, Alexandre se réveilla assez tard. Il se frotta les yeux, se dit qu'après tout son atelier était situé salle Barthélemy, et que la veille, c'était le premier bal masqué. Il chercha le long des murs, et vit qu'au fond d'un des placards de sa chambre, il n'y avait qu'une porte à pousser pour être dans le bal Arban. Comme il aimait son sommeil plus que la musique, et qu'il n'y avait pas de raison pour que madame Terpsichore ne revînt pas tous les soirs de bal, il donna congé. Si vous louez son atelier, cela vous coûtera vingt francs pour faire murer la porte.

L'AFFICHEUR DU DOCTEUR [1]

Il pouvait bien être neuf heures du soir. La campagne s'endormait ; les grenouilles des mares lointaines ne croassaient plus que de loin en loin, le dernier des chanteurs bocagers venait de poser sa tête sous son aile ; la murmurante harmonie de la brise se taisait. Tous les sautillements et les bavardages du fourré, se mouraient. Habitations rustiques, cimes feuillues, clochers pointus, rideaux de peupliers, sombraient dans les ténèbres accourues, et ne faisaient plus que des masses d'ombres aux lignes indécises et flottantes.

Assis, les jambes pendantes, dans le fossé, à la lisière du bois, nous écoutions, recueillis, la nuit venir.

Le bois s'enfonçait, à dix pas derrière nous, dense et noir, avec quelques fourreaux argentés de bouleaux au premier plan. Devant nous, c'était le village de C..., éparpillé dans les arbres, aux maisonnettes assises à l'ombre, aux maisonnettes nichant dans la feuillée, la verdure courant les rues et sautant d'enclos en enclos. A notre gauche, le chemin descendait

1. Paru dans le numéro de l'Éclair du 14 août 1852.

au village, le long d'un mur en pierres sèches, embroussaillé de ronciers et de mûres purpurines. Le mur entourait la première maison du village, la maison du notaire, au toit d'ardoises. Les petits points de feu qui annonçaient les veillées derrière les vitres du village, s'éteignaient un à un. L'oreille d'un chasseur eût seule perçu dans le fond du bois des remuements et d'épais frôlements de feuilles. Les sangliers allaient bientôt descendre dans les champs. Tout dormait.

Tout à coup, dans le chemin, un homme déboucha, venant du village, s'approcha du mur, s'arrêta, épia de tout côté longuement, détacha de ses épaules comme un sac d'artiste, le déposa au pied du mur, l'ouvrit, puis, encore une fois, regarda tout autour, se leva sur la pointe des pieds, et atteignit la crête. Il faisait l'inspection de l'intérieur, appuyé sur les poignets. Une pierre roula ; un aboiement répondit. Une fenêtre s'ouvrit. L'homme avait ramassé son sac ; il était déjà loin.

C'était pendant une course vagabonde, course pédestre, en blouse blanche, à travers tout ce que l'art gothique a semé sur les routes inconnues, d'admirables petites œuvres inédites. Nous avions déjà découvert dans ce coin de Bourgogne inexploré la belle maison des *poupons* de Paray-le-Monial, nous avions dessiné les rabelaisiennes caricatures monacales de Vitteaux[1], les magnifiques piédestaux poly-

---

1. Planches publiées dans le MOYEN AGE ET LA RENAISSANCE.

chromes de Cluny, et nou sétions venus à C... pour une ferronnerie byzantine, miraculeux ouvrage que la tradition du pays attribue à un artiste more, chassé d'Espagne par la persécution d'Isabelle la Catholique.

Nous rentrâmes à notre auberge, — l'unique auberge de l'endroit. Nous trouvâmes près du feu, sous le manteau de la cheminée, assis sur une sellette, un homme, un sac d'artiste, un chapeau de paille à ses pieds. Les poignets appuyaient contre ses genoux, et ses mains, pénétrées de lueurs rouges, étaient droites devant la flambée claire des fagots. L'homme avait un habit-veste en drap noir, un col noir sans linge, de gros souliers ferrés, de larges guêtres. Il était petit avec de longs pieds et de grandes mains noueuses tachées de noir, et une tête conique. Sa figure, chauffée dans le bas de tons sanguins, s'éclaircissait à partir du front et prenait des tons d'un blanc sale sur le crâne dénudé. Ses yeux bleu de faïence se trouvaient avoir leurs paupières inférieures dégarnies de cils et toutes bleuies de veines, en sorte qu'ils semblaient descendre et couler jusqu'aux pommettes. Deux bouquets de cheveux et un collier de barbe noire, courant d'une tempe à l'autre, achevaient de vous rappeler ces têtes d'Indiens boucanées qui faisaient la curiosité la plus regardée des bric-à-brac de l'ancienne place du Carrousel. L'homme fumait un de ces tronçons de pipe, furieusement ébénés, dont le fourneau touche aux lèvres.

L'étrange personnage ne se dérangea pas ; il resta les mains devant le feu, la pipe à la bouche.

Nous causions journaux; « et l'un de nous disant à l'autre, que L... L... avait dépensé quinze mille francs d'annonces avant de faire paraître le premier numéro de son journal? » — « Et il a trente mille abonnés; c'est bien joué! » fit l'homme comme éveillé en sursaut, et il se mit à parler très vite en arpentant la cuisine. « L'annonce! monsieur, vous ne savez pas ce que c'est que l'annonce! Avec de l'annonce, on vend six francs une pièce de cent sous. C'est le commerce, messieurs! Deux mille francs d'annonces, deux mille francs à l'eau; quarante mille francs d'annonces, quarante mille francs doublés! Nous sommes des gamins, nous autres Français... Holloway dépense cinq cent mille francs d'annonces par an. La quatrième page d'un grand journal coûte quinze cents francs pour un jour, et ce n'est que payé... Dans cent ans, il n'y aura plus de Moniteur; il y aura un journal des annonces du gouvernement... Holloway? vous ne connaissez pas, messieurs? Un Anglais. Un marchand d'onguents! c'est comme qui dirait un Napoléon... Il tient les Indes, messieurs. Il a des prospectus en indou, en ourdoe, en géocratoe. Hon-Kong et Canton sont à lui. Il est traduit en chinois. Il remplit Singapour... Journaux de Sidney, d'Hobarteville, de Launceston, journaux d'Adélaïde, de Port-Philip, on lit des annonces de lui dans tout ça. Vous le trouverez à Bahia, à Fernambouc. Il occupe le Canada, messieurs... D'Odessa il va en Russie, où c'est défendu. Oui à Athènes, oui à Tunis. Messieurs, les journaux de Constantinople sont pourris de ses réclames.

Holloway rente un courtier sur la rivière de Gambie, un courtier à Sierra-Leone, messieurs, où l'on crève comme des mouches. Et voilà un homme!... Voyez-vous, l'annonce, depuis la femme la plus honnête jusqu'à l'enfant au biberon, il faut que tout le monde l'absorbe ! »

Il disait cela avec l'accent saccadé d'un fou mystique. Il se rassit, secoua sa pipe contre la semelle de son soulier, prit une chandelle, alla se coucher.

Le lendemain, nous ne le vîmes pas de la journée ; il ne rentra pas dîner. Le soir, nous étions encore dans le fossé, sur la lisière du bois. Notre homme déboucha par le chemin, comme la première fois ; il fit comme il avait fait la veille. Mais, cette fois nulle pierre ne roula, nul chien n'aboya. L'homme ouvrit son sac, se pencha sur le mur, travailla longtemps.

Son travail fait, il se recula pour mieux juger son œuvre, alluma une allumette, et éclaira le mur. Nous vîmes alors une affiche d'un pied carré :

CH. ALBERT

. . . .

L'allumette s'éteignit. L'homme s'éloigna en sifflotant.

Par les trente mille communes de France, il va, cet homme, ce dévoué anonyme, ce misérable épris de sa tâche honnie. Battu ici, chassé là, suspect partout, il persévère en son œuvre, travaillant en dépit des pierres, obscur et maudit, à la popularité de son maître. C'est le Juif errant de l'affiche. Il a la carte de France dans son sac, et le soir, quand il a piqué deux ou trois villages acquis au docteur, il s'endort heureux et glorieux comme un choléra qui a fait dix lieues en sa journée.

ARRIVÉE A NAPLES

(AVRIL 1856)[1]

Dans la baie bleue, aux échos sonores répétant les batteries de tambours du chateau de l'Œuf, dans le port tout plein de bâtiments aux mâts jaunes, à la carène rouge, soudain aux flancs de notre bateau à vapeur immobile, une musique sur une barque est venue s'accrocher: une musique folle et vive, et gesticulante et dansante.

Au milieu de la barque d'harmonie, que de petites vagues courtes berçaient en clapotant, se tenait debout un vieil homme, coiffé d'un chapeau de pitre, dont les deux coins rabattus sur les oreilles, se balançaient de droite et de gauche, suivant le rythme, sur sa face qui n'était que rides et grimaces. Comme on bat le beurre, il battait d'une main preste, avec un petit bâton allant et venant, les musiques dormantes, ronflantes et gargouillantes dans une baratte de fer-blanc, sous son bras gauche. Et selon la vague et l'air, il pliait et se relevait sur ses jambes,

---

1. NAPOLI, *giornale politico, letterario, commerciale*; numéro du 14 juin 1885.

roulant béatiquement les prunelles; retenant ou précipitant la mesure, son immense nez incliné sur le *putipu* aux borborygmes tapageurs.

Le vieux musicien avait pour acolytes, deux aveugles aux yeux semblables à des blancs d'œuf glaireux sur un plat de faïence, et bridés par des paupières sanguinolentes, et sur lesquels couraient de gros morceaux de sourcils qui ne se rejoignaient pas. L'un trompettait dans un cornet à piston vert-de-grisé comme on en voit à la devanture de marchands d'habits, l'autre tirait d'une flûte cinq ou six notes lamentablement fausses.

Puis les aveugles chantaient :

« J'ai vu une fille qui est une chose très gracieuse, joliment parée avec un grain de caprice. Oh! quel sucre! Quel beau visage! quel doux sourire! Tu es en paradis quand tu es près d'elle.

« Qu'elle est belle et quel bon morceau ! Un gracieux petit visage tout blanc. Elle se nomme *Carolina*. Oh! quel sucre pour moi!

Et après un *couic*, les aveugles reprenaient :

« Carolina, que tu es belle avec ta moue de cerise! Que t'ai-je fait, moi pauvret, que tu me fasses tant souffrir? Mon père disait bien : Ah! quel malheur que l'amour! »

Et ce petit poème d'amour, et ces galantes paroles qui font penser à une canzonette de troubadour, et cette *musiquette* si joliment soupirante et où passe comme la brise parfumée de la côte napolitaine sur le bleu de sa mer : paroles chantantes, musiquette, petit poème, s'envolaient, estropiés et boiteux, meurtris et flétris de ces bouches égueulées, dont le sourire s'ouvrait comme une plaie — tandis que le joueur de *putipu* foulant et refoulant plus vivement les crépitements de sa baratte, et grimaçant de toute la sale peau parcheminée de sa vieille figure dans une barbe jaune, accompagnait le chant des aveugles avec les *coui coui*, les *boui boui*, les *riri riri* d'une pratique de polichinelle faussée [1].

[1]. Voici, retrouvé par hasard, un autre morceau de ce livre intitulé L'ITALIE LA NUIT, de ce livre que nous avons brûlé sauf la *Venise*, et une centaine de lignes, disséminées dans IDÉES ET SENSATIONS. Et vraiment, à l'heure qu'il est, je regrette que nous ayons détruit ce manuscrit, car il était vraiment intéressant pour l'histoire de notre développement littéraire, et s'il n'était pas le livre de talents formés, il témoignait d'un effort incontestable vers la poésie, vers l'originalité, vers une littérature *artiste*. Mais si le manuscrit a été détruit, je retrouve le plan ou mieux le *scenario* des chapitres consacrés à Venise, à Florence, à Rome, à Naples, dans un livre de notes de voyage entremêlées de dessins de mon frère, et comme je pense qu'il y a peut-être des lecteurs curieux des procédés de fabrication littéraire d'un auteur quelconque, je donne ici le plan du chapitre consacré à Naples, en donnant avec le plan les notes jetées sur l'heure en face des choses et de l'humanité de l'endroit, et qui devaient servir au développement fantaisiste de chaque paragraphe.

1. *La Carolina et le joueur de* putipu.
2. *Une fenêtre qui a pour store : Amphitrite changeant de robes.*

... Robes couleur vert d'émail chinois, robe couleur bleu tendre de fleur de lin, robe couleur ventre de sardine. robe, robe... Robes aux couleurs d'habitude de la mer de là-bas.

3. *Le vin de Falerne et la gaieté d'Horace.*
4. *Les petits bronzes du Museo Borbonico.*

... L'idée prêtée par la main de l'homme à toutes les choses de son entour, de son service, de son besoin. — Rien de méprisé par l'art. — Dans l'usuel, l'alliance d'une poésie de forme avec la commodité. — La matière non plus employée par l'homme pour son utilité, mais soumise à son agrément et chantant son goût *in minimis*. — Tout cela tué par le progrès, par l'industrie, etc. — La machine s'interposant entre l'homme et la matière, ne laissant plus entre le travail de l'un et les malléabilités de l'autre la communion complète d'où sort cet art qui court une société tout entière, des murs du salon aux casseroles de la cuisine... Un petit candélabre qu'on dirait un candélabre modelé par Clodion...

5. *Jeanne de Naples se mettant dans une jument de carton pour abuser des chevaux.*

... Le trio de Théodora, de Messaline, de Jeanne.

6. *Le tirage de la loterie.*

Une grande salle aux restes effacées de vieilles fresques sur les murs de plâtre. Trois statues : la Vérité avec son miroir, la Justice avec ses balances, la Charité entourée d'enfants... Mettre l'expression : un peuple qui mendie le hasard... Tous les samedis cinq heures sonnantes, tirage de la loterie à la *Vicaria* (la Prison), tirage de la *buon afficiata* (de la bonne aventure)... lire les ouvrages spéciaux sur la loterie imprimée à Naples pour le peuple.

7. *Le mariage de Louis-Philippe.*

. . . .

C'est le comte Brenier l'ambassadeur de France qui parle : « Le roi Louis-Philippe me racontait ainsi son mariage. Le duc de Berri était venu à Palerme pour épouser la fille de Marie-Caroline. La reine, qui était en rapport avec une maquerelle illustre, apprit que le duc de Berri était « très mal monté » et avec cela très libertin. Là-dessus un jour que je montais l'escalier du palais, un officier me remet un placet, en me disant : Vous êtes très aimé de la reine, voudriez-vous lui remettre ceci ? Je remets le placet à la reine, qui, sans paraître y mettre d'intention, laisse tomber : Ah ! cet officier, il a deux très jolies sœurs, vous devriez les voir... J'apprends effectivement que cet officier avait deux très jolies sœurs, qui étaient de vraies putains — mais qui se vendaient très cher... J'avais très peu d'argent dans le moment. Je ne me fis pas présenter. Six mois se passèrent, au bout de quoi la reine me dit : « Votre épreuve est terminée, vous êtes Bourbon, vous êtes sage, vous me semblez fait pour rendre ma fille heureuse !

8. *Les caleçons verts des danseuses de San Carlo.*

Rechercher historiquement et scientifiquement la raison du choix de cette couleur aux derrières des *ballerine*, et prouver que c'est pour la conservation de la vue des vieux abonnés du théâtre.

ARRIVÉE A NAPLES.

9. *Horloge de la matinée.*

A l'aube, le cri des vendeurs d'eau-de-vie coiffés d'une casquette de loutre par-dessus un mouchoir noué autour de la tête, et qui ont crié toute la nuit et l'eau-de-vie et le restant des vieux sorbets de tous les cafés de la ville, mélangés à une dose de cannelle, sous le nom de *stomatica* ou *ammennola amara*.

A 6 heures du matin, les *caldalesse* (châtaignes bouillies) et les *succiole* et le cri des vendeurs de petits pains aux raisins secs.

A 7 heures, le cri du vacher remplissant le verre de la servante du lait de sa vache qu'il trait devant la porte et le *chia chia* du chevrier rassemblant ses chèvres dans la rue.

A 8 heures, le cri des vendeurs de viande, d'herbages, de fruits.

A 9 heures, le cri des vendeuses d'œufs.

A 10 heures, le cri rauque du marinier de Portici qui apporte le beurre de Sorrente.

A 11 heures, les vendeurs de *ricotta* (fromages de brebis).

A midi, vocifération à toute gueule de tous ces vendeurs criant le restant de leurs marchandises.

10. *Les autochtones pas assez riches pour substituer un nez d'argent à un nez absent, et remplaçant le nez d'argent par un morceau de journal, par l'imprimé d'un fait divers.*

11. *La plage de Portici.*

Une plage disparaissant sous les pelures de citron. — Au second plan, des bâtisses aux tuiles vernissées, aux balcons enrubannés de loques multicolores. — Au premier plan, comme des treilles de filets bruns, couleur de tan, qui sèchent au soleil, et devant, un tas de petites filles dont les mères nouent les cheveux désordonnés avec un bout de ficelle. Dominant le paysage, sur le bleu implacable du ciel, le fauve Vésuve surmonté d'une fumée lourde semblable à une grosse sangsue gorgée de sang noir.

12. *Un ingénieur anglais marchandant aux Cyclopes du Vésuve la force du million de chevaux de la vapeur du volcan.*

13. *Un après-midi à Pompéi.*

Dans cet après-midi, il faudra mettre en relief la contradiction des mœurs anciennes et des mœurs modernes... Exemple, le tombeau élevé par des clients reconnaissants à une *procureuse* célèbre.

14. *Description d'un logis antique.*

.... Ne pas oublier le *scrinium* (l'endroit où se conservaient les manuscrits) et le *venereum* privé.

15. *L'enterrement d'un enfant.*

Voiture pour porter les enfants en terre. Deux chevaux noirs, pour cocher, un lazzarone assis sur une housse rouge. Train et roues jaunes. Caisse verte chargée de cuivres. La voiture terminée en baldaquin avec des plumets bleus et blancs aux quatre coins. Sur l'arrière-train, une estrade qui porte un petit sarcophage blanc et rouge auquel sont attachées quatre lanternes. L'estrade fait balcon des deux côtés et de chaque côté sont deux petits chérubins roses, coiffés d'une toque à la polonaise rouge et en surplis blanc. Un prêtre dans la voiture.

Autour de la voiture du petit mort, des gamins qui font la roue, jetant au-dessus de leur tête, leurs pieds à la couleur de bronze florentin. D'autres petits garçons assis par terre, leurs talons entre les mains, et appuyés dos à dos, et les têtes se touchant, et n'ayant pour unique coiffure à elles deux qu'un sac, semblable au capuchon d'Hercule enfant... et regardant avec une immobilité de gentils hermès à deux faces. Et s'avançant pour voir, des petites filles, le ventre saillant, la tête un peu renversée en arrière, les bras collés au corps, pareilles à des statuettes d'Isis.

16. *Atavila, le grime comique de San Carlino.*

... « Quand je suis triste, je me mets sur mon lit et je vois des filles, des carrosses !... » Il a vingt ducats par mois... (En marge de la note est une aquarelle faite par mon frère du comique.)

17. *Galiani et sa doctrine féroce d'égoïsme à propos des esclaves romains, des nègres, opposée au sentimentalisme moderne dans la politique.*

18. *Silhouette du guappo.*

Le type vivant du fanfaron du théâtre italien, mâtiné du type « du beau marseillais ». Il porte une *giacca sbotonata*, et une *cuppola* avec galon d'or. Il a les cheveux taillés courts sur l'occiput, longs sur le devant de la tête, et tournés et roulés sur les tempes à la façon des anciens *bravi*, ou bien tombant, selon une expression napolitaine, comme « un bouquet de pois ». ... Toujours une mimique annonçant une terrible entreprise, et toujours des paroles pareilles à celles-ci : « Je suis connu, j'ai fait couler des lacs de sang dans mon quartier... »

19. *Les papyrus d'Herculanum.*

Dans une petite armoire portative, deux faveurs vertes roulant sur des bâtons comme un écheveau de fil que dévideraient des mains invisibles de femmes. En bas le *volumen* qui semble un gros charbon, et où il y a des nœuds comme aux tiges de bambous, le *volumen* reposant sur un lit de ouate. Le déchiffreur applique sur les deux faveurs des morceaux de baudruche qu'on enduit de colle, et sur lesquels il déroule lentement le manuscrit calciné, en remontant les faveurs qui glissent sur les bâtons mobiles.

20. *La tarentelle.*

Peindre la petite fille loqueteuse que nous avons vue à Baïa... et qui dansait avec des yeux de fièvre dans un rayon de soleil.

21. *La religion en figures de cire.*

Dans une église, la Sainte-Vierge, grandeur nature. — Bois peint, habillé d'une robe de mérinos noir, à manchettes de dentelle. De la main gauche elle élève au ciel un joli mouchoir brodé, et elle a, plongée dans la poitrine, une épée à la poignée d'or, une épée de ténor de province.

22. *Une veuve qui s'est retiré le blanc de l'œil pour donner à vivre à son fils.*

Morceau à trouver sur la langue imagée du pays.

23. *Porta Capuana. Imbresciata.*

De ce quartier muré de la prostitution à Naples, mon frère et moi nous avons fait d'après les notes de ce paragraphe une quarantaine de lignes dans IDÉES ET SENSATIONS, mais nous n'avons osé donner toute l'horreur du lieu, l'horreur de ce quartier-lupanar, où les femmes, accotées à des bornes, se donnaient, sans pudeur, des injections en pleine rue, et où nous étions suivis par une troupe de femelles aux yeux, aux gestes de folles de la Salpêtrière, nous criant : Due soldi o c.... Tre soldi lo c...

24. *La campagne de Sorrente.*

Campagne anormale, et qui étonne à la façon d'une nature artificielle avec son embuissonnement de roses autour de l'arbre fruitier, avec ces vergers d'orangers et de citronniers, où s'entrevoient des croupes de vaches toutes semées de pétales de leurs blanches fleurs, et où l'instrument aratoire, la charrue abandonnée dans le champ, est mêlée à un décor d'opéra, à une cantonade poétique.

25. *La poésie bucolique de Virgile engendrée par les environs de Naples.*

26. *Les Heures lazzarone.*

Belles heures volantes, aux draperies battues du vent de la mer, et nouées d'une main molle... Belles heures qui bercez la vie de visions d'azur et d'harmonie enchantées.

Heures d'or, heures de soleil, heures de midi, flagellées de clarté, et qui jetez le temps par-dessus votre épaule, sans regarder.

Heures qui guérissez de l'existence réelle, heures d'oubli et d'incurie tombant goutte à goutte sur le cœur, ainsi que la répétition d'un humide baiser qui ne finit pas.

Heures, heures d'une seconde, vides et pleines d'un bonheur ailé et où il n'y a plus dans votre tête que des apparences de rêves, des nuages d'idées.

Heures chatouillantes qui flattez, comme de caresses, le dos des lézards et le front des poètes.

Heures où l'homme se fond dans la mer et le ciel, dans la brise et la vague. Heures où l'homme, débarrassé de la matière de son être, s'évanouit et s'incorpore dans le décor de lumière qui l'enveloppe.

27. *Harangue du vieux Ferdinand à son peuple.*

Le roi Ferdinand, du haut du balcon de son palais, se disposant à parler à son peuple, et manquant tout à coup de mémoire, au moment où midi allait sonner, se mettait à frapper de sa main sur son derrière : « Une, deux, trois, quatre, cinq... dix... douze ! et finissait sa harangue : « *E tempo di mangiar macaroni.* » Jamais harangue royale ne déchaîna, en aucun lieu de la terre, de tels applaudissements...

28. *Finale.* — Pulcinelleria *universelle de toute la population napolitaine, costumée en polichinelle et qui brandit des marottes en pâte d'Italie, en demandant la* buona mano *aux* forestiere.

LES AVENTURES

DU JEUNE BARON DE KNIFAUSEN [1]

MONSIEUR LE BARON DE KNIFAUSEN

Le jeune baron de Knifausen n'était ni petit ni beau. Blond, le ventre formé, les idées lourdes, il avait de rondes épaules et les pieds plus énormes que les épaules. Aussi, à un quart de lieue à la ronde du manoir de Knifausen, on l'appelait *le beau baron*.

Maladroit sans être vif, quand il ne cassait, par mois, que trois porcelaines de Delft chez sa mère, la douce femme le remerciait.

Un garçon grave, ne bâillant jamais — peut-être parce qu'il dormait tout éveillé.

Il avait deux amis: une pipe de merisier de la Forêt-Noire, et un pot de bière.

Une ou deux fois par jour, il levait ses gros yeux bleus de dessus ses bottes pour regarder, par la fenêtre de la tourelle, les jupes retroussées, à mi-mollet, des paysannes penchées sur la fontaine de Knifausen,

---

1. Article paru dans le Journal Paris, numéro du 2 mars 1853.

et puis, les jupes rouges parties, il remettait ses deux lèvres à son pot de bière, et ses deux gros yeux bleus sur ses bottes.

Le docte Aloysius était son gouverneur.

OU LE BARON DE KNIFAUSEN PART POUR PARIS

— Monsieur mon fils, vous partez demain pour Paris. Vous trouverez là des hommes qui saluent comme des rois. Faites figure. N'ouvrez pas de trop grands yeux. Permettez-vous quelques bêtises, n'en dites pas. Vous êtes gentilhomme, vous ferez respecter votre nom. Vous êtes sain, vous ne compromettrez pas votre santé. Vous emportez une bourse de deux mille écus, vous ne ferez pas de dettes?

Et le seigneur de Knifausen, ayant enlevé, d'un coup de pied, un chien à la hauteur de son colletin de cuir, partit à la chasse.

— Mon enfant, lui dit la vieille châtelaine de Knifausen, vous allez nous quitter pour tout un an. Votre père veut que vous vous perfectionniez dans les *exercices*, et que vous deveniez capable de vous élever aux charges de l'Empire. Vous partez pour Paris ; je vous sais assez fondé dans les théologies thétique et polémique, pour ne rien craindre pour votre foi ; mais Paris est une ville pernicieuse aux jeunes gens. Vous ne ferez pas de connaissance trop particulière et étroite avec les dames de la comédie. Et vous visiterez, n'est-ce pas, M. l'abbé Bignon.

J'ai mis dans votre valise, mon enfant, trois douzaines de chemises, afin que vous changiez tous les jours de linge; c'est, en France, un signe de noble extraction. Vous n'irez pas habiter rue des Boucheries, qui est toujours infectée par les bêtes qu'on y tue. Logez-vous plutôt près du Luxembourg, où l'air est bon, et où habitent les maîtres de langues et d'exercices. M. Aloysius dit que vous savez un peu l'histoire ancienne, la géographie, la généalogie, le dessin, la géométrie, la philosophie pratique, la morale, le droit de la nature et des gens, la politique, les mathématiques, la physique. Il faut pousser toutes ces sortes d'études. Vous ferez faire, en arrivant un habit chamarré, afin que les suisses ne vous empêchent pas de voir les cérémonies. Puis, un habit simple, sans galon d'or ni d'argent, avec doublure de taffetas de chagrin de même couleur. Pour la pluie, commandez-vous un surtout d'écarlate; mais, quand vous le mettrez, vous ferez attention à la boue, qui tache le drap rouge. Votre père tient à ce que vous sachiez à fond l'histoire moderne pragmatique des États, et le Cérémonial. Comme la perruque est l'ornement du visage, vous ne regarderez pas à la dépense, et vous en ferez faire deux; celle que vous ne mettrez pas, vous l'étendrez sur une corde; rien ne conserve une perruque comme cette précaution. Mon enfant, ne buvez pas de bière à Paris, parce qu'il se dit qu'on y met du fiel de bœuf. Ne fumez pas, parce que les gens de considération ne fument pas en France. Privez-vous de glaces, de truffes, de vin de Frontignac, parce que ces choses sont mauvaises à la santé... Et vous pourrez encore vous faire faire un habit noir, parce que la Cour porte souvent le deuil.

Ne manquez pas, mon enfant, d'aller tous les dimanches et jours de fête assister au service divin chez M. Gedda, résident de la part du roi de Suède, où le service a lieu dans une chapelle de son hôtel, sans que vous ayez rien à craindre d'être troublé dans votre foi religieuse. »

La vieille châtelaine se mit à pleurer.

Le baron but sa dernière cruche de bière allemande.

OU LE BARON DE KNIFAUSEN ARRIVE A PARIS

A Strasbourg, le docte Aloysius dit au baron de Knifausen : Monsieur le baron, j'aurais idée de rédiger à Paris le VOYAGEUR DE CONDITION A PARIS, qu'en pense monsieur le baron?

A Bar, M. le baron de Knifausen répondit au docte Aloysius : « Si vous aviez rédigé votre VOYAGEUR DE CONDITION A PARIS, avant de partir, cela aurait pu nous servir.

. . . .

— Pas de vin du Rhin! demandait Aloysius au maître-postillon du *chariot de poste,* quand ils furent aux portes de Paris.

— Non, monsieur.

— Diable!

— Et le vin de France ?
— Quatre sous la bouteille, monsieur.
— Dieu du Paradis !

DES DÎNERS D'AUBERGE, DES LAQUAIS DE PARIS, ET DES PERRUQUES

— Les cuisiniers de France l'emportent sur tous les autres, dit le baron de Knifausen en se chauffant les pieds dans une chambre de l'Hôtel Impérial, rue du Tour.

— Cela est certain, dit le docte Aloysius. Ils l'emportent sur tous les autres, monsieur le baron, soit pour l'invention, soit pour l'*assortement* des viandes.

Le baron décroisa lentement ses jambes et lentement les recroisa.

— Aloysius, qu'est-ce qu'on nous a donné hier soir ?

— Une soupe, un bouilli, une fricassée de veau, une salade, un rôti d'épaule de mouton, et pour le dessert, du lait, du fromage et de petits biscuits.

— On ne mange pas trop bien dans les auberges, dit placidement le baron, et soupirant, il pensa aux pâtés de venaison que faisait sa tante Ulrique.

. . . .

— Pour un valet, monsieur le baron, votre père m'a dit qu'il fallait battre l'Allemand, rouer l'Anglais, et payer le Français... Le Français est prompt et alerte, et vous défend quand on vous attaque... Mon sentiment est donc que vous preniez un valet de

Paris... Et puis, s'il vous vole, — la justice de Paris ne fait pas de cérémonies, — vous avez la commodité de le faire pendre le lendemain matin!

— Le lendemain matin? — Aloysius, je prendrai un valet de Paris.

— Monsieur le baron veut-il choisir? dit le perruquier qui venait d'entrer, en posant quatre ou cinq perruques, l'une après l'autre, sur sa main gauche, et en les farfouillant de la droite. Que faut-il à Monsieur le baron? Une bourse simple de taffetas? mais cela est bon pour les voyages. Monsieur le baron veut-il se coiffer en *béquille*, en *graine d'épinards*, en *bâtons rompus*? J'ai toutes les *colures* que Monsieur le baron pourra désirer. Monsieur le baron ne voudrait pas une petite perruque anglaise, toute plate; cela n'est pas bien... *à l'espagnole?*... *à la financière?*... mais c'est archi-passé de mode! La Mode, messieurs, déesse de l'inconstance! M. de Bassompierre, après vingt ans de prison, disait qu'il ne trouvait d'autre changement au monde, si ce n'est que les hommes n'avaient plus de barbe et les chevaux plus de queue!... Monsieur le baron, j'ai trouvé! Je sais ce qu'il vous faut... *A la brigadière!* monsieur le baron, *à la brigadière!*

DU FUTUR EMPLOI DE LA JOURNÉE DU BARON KNIFAUSEN

Aloysius. — Monsieur le baron, notre hôte m'a donné hier soir une longue conférence, et voici une petite liste... s'il vous plaît en prendre connaissance.

Le baron. — Lisez.

Aloysius. — De sept à huit heures, M. le baron recevra le maître de langue française ; de huit à neuf, le maître de mathématiques ; de dix à onze, M. le baron passera cette heure au manège de M. Dugast, dont la fille est la première écuyère. C'est 50 livres par mois ; le premier mois se paye 100 livres. De onze heures à midi, M. le baron lira quelque chose de bien écrit, propre à lui éveiller l'esprit... comme la comédie du jour. De midi à une heure, M. le baron ira à la salle d'armes. Après dîner, M. le baron pourra dessiner de deux à trois heures, heure à laquelle il se rendra à la salle de danse de M. Blondi, chargé du ballet qui se donne dans la tragédie latine que représentent tous les ans les Pères Jésuites du collège Louis-le-Grand. M. le baron trouvera encore une heure dans la journée pour le maître de musique. Il fera bien de se présenter quelquefois aux concerts de Mlle Maïs et de M. Clérambault. J'oubliais la fortification que le père de M. le baron m'a recommandée. M. le baron prendra pour maître M. Chevalier, qui l'apprend sur les manuscrits de M. Vauban. Les leçons sont un peu chères : il prend 36 livres par mois.

OU LE BARON DE KNIFAUSEN MONTE SUR LES TOURS NOTRE-DAME

— Pour voir la ville, il faut monter sur les tours de Notre-Dame, monsieur le baron, dit judicieusement Aloysius.

— Montons, dit le baron, qui n'avait, de sa vie, fait une objection à quoi que ce fût.

Une fois en haut : — Messieurs, dit le portier, — ce grand bâtiment d'apparence si noble, et qui semble terminé par un beau jardin, est le Louvre de ce côté et le palais des Tuileries de l'autre. Quant à cette construction qui unit ces deux maisons royales, elle se nomme la Grande-Galerie. Au delà du jardin que vous apercevez, s'ouvre le Cours-la-Reine, bâti par Marie de Médicis en 1616; et où l'on se promène en carrosse. A votre main gauche, de ce côté, la porte de la Conférence. Le pont qui est vis-à-vis des Tuileries, se nomme le Pont-Royal. Ce clocher si bien doré, sur la même ligne, c'est le dôme des Invalides. Tous ceux que vous verrez de cette manière s'appellent dômes. Celui-ci est un monument de l'humanité du feu Roi pour le militaire.

— Et l'Opéra? fit le baron de Knifausen, dont les yeux s'éveillèrent.

— Pardon, messieurs, dit un personnage en s'approchant, vous êtes nouvellement débarqués?... Le personnage avait un habit garni de boutons d'acier à fleur d'or, dits de Berlin.

— Monsieur le baron de Knifausen, et moi, monsieur... monsieur... balbutia Aloysius, en cherchant un nom.

— Le chevalier de Morlaix, pour vous être agréable ! Entre gens nés, on se doit service... C'est demain vendredi, et si monsieur le baron veut permettre que je le mène voir les Ages...

OU LE CHEVALIER DE MORLAIX PAIE SON ÉCOT

— Les gens de ce pays ne sont vraiment pas misanthropes ! laissa échapper le docte Aloysius.

— Messieurs, dit le chevalier de Morlaix, dans le Port-a-l'Anglais, une comédie qui vaut d'y aller, Arlequin dit : Je verrai le Louvre, les Tuileries, le Luxembourg, le Pont-Neuf, la Samaritaine, l'horloge du Marché-Neuf, la rue de la Huchette... Nous verrons tout cela ensemble.

Le chevalier de Morlaix mena dîner le baron de Knifausen avec le docte Aloysius à l'hôtel d'Antragues, rue de Tournon.

Il paya son écot d'un écu.

Ce qui fit que le baron de Knifausen tomba d'accord avec le docte Aloysius, que le chevalier était « un parfaitement honnête homme ».

OU LE BARON DE KNIFAUSEN VA FAIRE VISITE A M. L'ABBÉ BIGNON, ABBÉ DE SAINT-QUENTIN, DOYEN DE SAINT-GERMAIN-AUXERROIS, CONSEILLER D'ÉTAT, DE L'ACADÉMIE FRANÇAISE, HONORAIRE DE L'ACADÉMIE DES SCIENCES ET DE CELLE DES INSCRIPTIONS ET MÉDAILLES ; ET LA CONVERSATION QU'IL A AVEC LUI.

— Par-dessus toutes choses, monsieur, proféra cet abbé, qu'on nommait *l'ornement du monde savant*, par-dessus toutes choses, ne faites pas votre société avec les petits abbés. Ils vous mèneront à la comédie, aux ruelles, aux cabarets. C'est, a dit justement M. l'abbé de Bellegarde, une nouvelle espèce de *colonels en habit noir et en petit collet.*

OU LE BARON DE KNIFAUSEN VA A L'OPÉRA

Arrivés au Palais-Royal, ayant tourné à droite dans la cour, le baron de Knifausen, le docte Aloysius et le chevalier de Morlaix montèrent au balcon de l'Opéra, pour dix livres chacun.

Le baron ne s'étonna de rien, ni des milliers de chandelles, ni des chœurs de sacrificateurs, ni des machines, ni des femmes qui se changeaient en buissons et continuaient de danser... Il n'eut d'yeux que pour une petite nymphe qui parut après les buissons.

. . . .

— Qu'à cela ne tienne, monsieur le baron, — dit aussitôt le chevalier, et menant le jeune homme par les corridors et les escaliers, il le fit arriver dans l'*échauffoir* du théâtre, où Mlle Prévost se tenait debout, appuyée sur un arc doré.

— Mademoiselle, M. le baron de Knifausen, qui est de mes amis.

— Chevalier, il est des miens, minauda la nymphe en clignant de l'œil avec de Morlaix.

OU LE BARON DE KNIFAUSEN MANQUE A GAGNER TROIS CENTS ÉCUS

— Monsieur, dit le chevalier de Morlaix à la sortie de l'Opéra, vous n'ignorez pas que le jeu est le moyen de s'introduire dans les meilleures compagnies.

— Je l'ai entendu dire, répondit le jeune baron de Knifausen.

— Pourvu que l'on ne s'engage pas en de gros jeux, hasarda timidement Aloysius.

— Si vous ne savez la *bassette*, reprit le chevalier, le *pharaon*, le *brelan*, la *dupe* et le *hoque*, au moins savez-vous le *lansquenet*, monsieur le baron?

Le baron fit un signe de tête affirmatif.

Le baron gagna d'abord 300 écus.

Quand il sortit, il en avait perdu 1,200.

— Au moins, dit le chevalier, avez-vous joué avec des gens de famille, et perdu contre d'honnêtes gens. Prenez garde, monsieur le baron, à vous laisser mener chez des demoiselles Boutrave... A ces académies de jeu, mille piperies : cartes rétrécies ou raccourcies; les unes, la colophane les rend rudes au toucher, les autres, la térébenthine et le savon les font glisser sous les doigts ; ou encore la mine de plomb les rembrunit à l'œil. Puis le filou qui fait le *petit service*, et le filou qui *tire à la bécassine !*

OU LE BARON DE KNIFAUSEN SE MET A GENOUX, ET CE QUI S'ENSUIT

C'était une senteur divine d'eau de Villars chez M̀ˡˡᵉ Prévost. Quand le baron de Knifausen entra, M̀ˡˡᵉ Prévost était à sa toilette.

Le baron salua, et mit assez proprement son chapeau sous le bras.

M̀ˡˡᵉ Prévost sourit, puis se posa une mouche au coin du menton, se regarda, se retourna, et dit, d'une voix joliette : Je suis à vous, monsieur le baron !

M̀ˡˡᵉ Prévost avait le renom d'être parfaitement bien mise, surtout en linge, en *point,* et en bijoux qu'elle aimait. Elle avait la taille aisée, un air de jeunesse soutenu par une belle peau, les yeux grands et bien fendus, le regard semblant demander le cœur de tous ceux qu'elle regardait ; une fossette au menton, le bras comme la main, et la main très charmante.

— Eh bien ! monsieur le baron, comment avez-vous trouvé le ballet de M. Fuselier ? dit M̀ˡˡᵉ Prévost en s'attifant.

Comme le baron ne faisait pas de réponse, M̀ˡˡᵉ Prévost se retourna. Elle vit l'héritier de Knifausen à deux genoux par terre, et la langue plus épaisse encore que d'ordinaire.

— Ah çà ! monsieur, fit-elle en partant d'un grand éclat de rire, qu'est-ce que vous ramassez par terre ?... votre cœur ?

Le baron devint tout rouge. Les deux mains con-

-tinuaient à lui pendre le long de sa lourde personne. Soudain il s'arma de courage, se releva, et embrassa Mlle Prévost au front — qui fut bien étonnée.

. . . .

Le soir, en revenant de promener sa conquête, le baron de Knifausen s'avoua qu'il devait 200 écus au marchand de galanteries chez lequel Mlle Prévost avait choisi une boîte en *châtaigne de mer*.

OU LE CHEVALIER DE MORLAIX DONNE UNE IDÉE AU DOCTE ALOYSIUS, ET OU LE DOCTE ALOYSIUS LAISSE TOMBER SON NEZ DANS SON VERRE.

— Ne vous inquiétez donc pas de votre élève. On ne se perd pas de jour à Paris?... Mais vous aimez, ce me semble, le vin de Pouilly? — et le chevalier remplit encore le verre d'Aloysius... Dans votre VOYAGEUR DE CONDITION A PARIS, que ne feriez-vous, docte Aloysius, un chapitre : *Comment il faut se servir des spectacles?*

— Bon cela! bredouilla le docte Aloysius, et il vida son verre.

— Croyez en ma parole. A l'exception de Mlle Prévost, docte Aloysius, les dames d'Opéra ressemblent aux pommes de Paradis... leur apparence est incomparablement belle, le dehors est charmant... Buvons!... mais pour peu qu'on s'en approche, elles se réduisent en cendres... Mlle Prévost exceptée, il faut beaucoup de dépens pour nourrir ces chevaux-là... Buvons!...

Au sixième verre de vin de Pouilly, le docte Aloysius laissa tomber son nez dans son verre.

OU LE BARON DE KNIFAUSEN ÉQUILIBRE MAL SON ACTIF AVEC SON PASSIF

— Aloysius, écrivez :

Journée de carrosse	8 écus.
Moustaches enragées	1 écu.
Pour voir la *Tourneuse Anglaise*, à la foire Saint-Germain.	» » 20 sols.
Salade de thon et vin de Frontignac	3 écus.

— C'est tout ? fit Aloysius.

— Ajoutez, dit le baron :

Brocart de Lyon et joailleries pour la robe de Mlle Prévost, dans les Amours de Prothée.	1,000 écus.

— Mille ? fit Aloysius.

— Mille, — dit le baron.

— Douze cents écus, perte au jeu; deux cents écus, boîte en châtaigne de mer; mille écus, brocart de Lyon; deux cents écus, dépensés à l'auberge... Vous devez six cents écus, monsieur le baron.

— C'est pourtant vrai, s'exclama le baron.

OU LE BARON DE KNIFAUSEN ET LE DOCTE ALOYSIUS SE RÉFUGIENT AU TEMPLE

— A tout prendre, laissa tomber le baron en montant un escalier au Temple, ce bâtiment n'est guère plus noir ni plus sombre que Knifausen.

— Un beau jardin, ajouta Aloysius.

— Le jardin de M. de Chaulieu, où vous pourrez vous promener le soir, messieurs, dit l'homme qui montrait les chambres.

. . . .

— Aloysius ne commencez-vous pas à trouver que cette bière des Gobelins est moins détestable que ma mère ne disait?

Aloysius, qui s'apprêtait à écrire son dixième chapitre du Voyageur de condition a Paris, traitant : *Avec quelle circonspection il faut être de jour dans les rues, et si, au soir, on les peut passer seurement,* — dressa subitement l'oreille. Dans la chambre à côté, on fouettait le champagne et le bourgogne. Même une voix de femme chantait un petit vaudeville.

Et si bien le jeune baron s'habitua au bourgogne, au champagne, aux petits vaudevilles, à Mlle Colinet, aux honnêtes banqueroutiers, au jardin de l'abbé de Chaulieu; et si tranquillement Aloysius écrivit le chapitre : *Avec quelle circonspection il faut être dans les rues,* et un autre chapitre, et encore un autre, — que le père du baron de Knifausen mourut de colère, et sa mère de chagrin.

L'IVRESSE DE SILÈNE[1]

PAR DAUMIER

Dans la mythologie grecque, au milieu de ce Panthéon de figures qui ont la paix absolue, la sérénité et la sévérité divines du marbre, il est des demi-dieux, des dieux humains et comiques que vous prendriez pour des divinités d'intermède. On les dirait taillés par une bacchanale dans le tronc d'un figuier, et apportés dans le monde antique sur le chariot de Thespis.

Ils sont le rire gaillard de l'art païen, et ils ont la jovialité grandiose d'un mascaron au fronton d'un temple.

Parmi tant de personnifications subtiles, de créations ingénues, de formes légères, de symboles aériens, de déesses d'écume, ils apparaissent dans une sorte de majesté bestiale et de corpulence olympienne. La passion humaine y éclate toute brute et toute animale, et la Fable chez eux semble jouer

[1]. Article publié dans le TEMPS, ILLUSTRATEUR UNIVERSEL, numéro du 8 juillet 1860.

familièrement avec ces images énormes du vice comme le poète des Dionysiaques joue, dans son poème gigantesque, avec la reine Ivresse et le prince la Grappe.

C'est l'un de ces dieux que l'on voit ici, c'est le Noé et le Sancho Pança de la Grèce : c'est Silène. Sur sa tête chauve vacille la couronne de lierre dont les Heures et les Saisons couronnèrent Bacchus enfant. L'hébétement éteint le regard et le sourire las de sa face vitellienne. Son menton cherche sa poitrine. Le vent du soir, errant sur les vignes rougies, berce et secoue le dieu ivre qui plie et s'affaisse. Les jambes glissent sur la terre comme sur l'outre huilée où dansent les paysans aux jours de fête. Toute sa chair, toute sa graisse, sa panse prodigieuse sont là, tombantes et pendantes. Il ne peut les porter plus loin, et, rouvrant à demi les paupières, il cherche un lit d'herbe où dormir.

Ses compagnons, ses frères, les Cabyres, les Dactyles, les Corybantes, passent, en dansant et en riant, leurs bras sous ses bras inertes et morts ; un satyre, aux reins souples et rompus à danser l'*Épilémios*, la danse des vendanges, veut le charger sur son âne qui, tranquille, attend son fardeau. Un enfant, beau comme le jeune Ampelus, regarde, de ses grands yeux étonnés, le dieu par-dessus l'âne.

Puis, derrière le dieu qu'on tiraille pour le porter, ce sont des draperies volantes, des bras agités en l'air, de grands cris appelant à l'aide les compagnons qui, là-bas, gagnent, en trébuchant derrière la forêt, la campagne toute sonnante de la chanson du vin nouveau.

Voilà le tableau; et seriez-vous Rubens! seriez-vous cet enfant prodigue de Rubens, Jordaens! vous ne lui donneriez ni plus de mouvement, ni plus de vie; et serait-il signé de ces grands noms, ce Silène ne serait point plus grassement pansu, plus magistralement entripaillé, et ces satyres n'auraient point une plus fière tournure! Entre l'affaissement et la fièvre du vin vous chercheriez vainement autre part une opposition plus puissamment formulée, et un paysage aussi touffu, aussi préhistorique, aussi digne de la scène mythologique.

Et cependant, ce Silène est tout simplement signé d'un caricaturiste, mais ce caricaturiste s'appelle Daumier.

C'est que ce n'est pas seulement un dessinateur *charivarique*, c'est un grand artiste que Daumier. Il a sa place marquée dans la petite pléiade de ces maîtres du crayon, dont la postérité accueillera la popularité et qui signifieront de la façon la plus originale et la plus nouvelle l'art du XIXe siècle. Daumier descend du Bandinelli par le Puget. Il retrouverait, s'il voulait, le Thersite d'Homère, comme Cuvier a retrouvé le plésiosaure. Et ce serait lui que Dante eût choisi, s'il eût rêvé une parodie de son poème, pour faire un Enfer comique!

Feuilletez tant d'images qu'il a jetées dans le journal, amusements des tables de café, balayés par le vent de chaque jour, vous aurez sous les yeux la grimace vivante que fait, derrière une époque, l'ombre de ses ridicules en train de mourir. Sa caricature n'a ni la naïveté enfantine de Topffer, ni l'humour de Cruikshank; chez lui point d'épigramme apprêtée, rien de petit, rien de menu, rien de pointu : tout ce qui jaillit de sa veine semble crayonné à outrance sur un mur par un gamin de génie et une main de Titan.

Quelle proie ç'a été pour ce crayon que la vulgarité, le *commun,* cette marque et ce caractère des civilisations modernes ! Sous le style furieux de son dessin, la trivialité devient épique. Ce masque humain que chaque siècle, chaque état social laisse fouler et remanier par ses passions, ses vices, ses tendances, ses institutions, ses appétits, ses habitudes; ce masque dont un Anglais a remarqué les changements et les renouvellements dans les périodes guerrières et religieuses, — le voici pendant les années de grâce de la rente, de la bureaucratie, de l'industrie et de la boutique.

C'est le miroir grossissant des laideurs morales aussi bien que des laideurs physiques du XIX° siècle, cet OEuvre de Daumier où le grotesque va jusqu'à l'épouvante et où le comique s'élève au châtiment d'un vers de Juvénal. Et je ne sais vraiment si notre siècle produira une satire plus saisissante que cette satire dessinée qui touche à tout, qui va de l'alcôve à la tribune, et qui aura dressé sur le piédestal de Pasquin, la grande figure du temps, le Prudhomme-Farnèse — monsieur Véron !

Et quel jet! quelle abondance dans cette Ménippée aux mille feuilles! Quelle improvisation sans lassitude! Quel franc rire, un rire toujours à belles dents, toujours également sonore comme un rire du vieux temps! Il y a, par toutes ces lithographies, un épanouissement dans la force, une santé dans la gaîté, une verve de nature, une personnalité carrée, une brutalité puissante, quelque chose de gaulois, de dru et de libre, que l'on ne trouverait peut-être nulle part ailleurs que dans Rabelais.

Dans ce dessin du caricaturiste, on voit que, pour ne point copier Raphaël ou le Vinci, pour n'être point de la troupe des peintres officiels, classés, médaillés, enrubannés, peintres à commandes et en voie d'Institut, Daumier n'en avait pas moins, à toucher à Silène, les droits que Prudhon avait à toucher à Psyché?

ALGER

NOTES AU CRAYON

Mercredi 7 novembre 1849 [1].

A cinq heures, la côte d'Afrique sort de la brume du matin. — A six, un triangle blanc s'illumine aux premiers feux du soleil et s'argente comme une carrière de Paros. — Envahissement du vapeur par une horde de portefaix algériens qui s'excitent au transbordement des malles à grand renfort de sons gutturaux. — Porte de France. — Rue de la Marine. — Hôtel de l'Europe. — Bab-Azoun et Bab-el-Oued, rues animées par la bigarrure étrange, pit-

---

1. Je termine la publication des articles auxquels mon frère a collaboré, par une série de notes sur Alger lors de notre voyage de 1849. Je raconte, dans l'annotation des lettres de mon frère, que ces notes écrites par nous sur notre carnet de voyage d'aquarelliste et ne contenant jusque-là que la mention de nos repas et de nos étapes, — notes sans aucun doute bien inférieures aux futures descriptions de Fromentin, — ont pour elles l'intérêt d'être les premiers morceaux littéraires rédigés par nous devant la beauté et l'originalité de ce pays de soleil. Et j'ajoute que ce sont ces pauvres premières notes qui nous ont enlevé à la peinture, et ont fait de nous des hommes de lettres. Ces articles ont paru dans les numéros de l'ÉCLAIR des 31 janvier, 14 février, 6 mars, 8 mai 1852.

toresque, éblouissante, d'une Babel du costume: l'Arabe drapé dans son burnous blanc; la Juive coiffée de la *sarma* pyramidale; la Mauresque, fantôme blanc aux yeux étincelants; le Nègre avec son madras jaune, sa chemise à raies bleues; le Maure à la calotte rouge houppée de bleu, à la veste rouge, au caleçon blanc, aux babouches jaunes; les enfants maures, israélites, chamarrés de velours et de dorure; le Mahonnais au chapeau pointu à pompon noir; le riche Turc au cafetan rutilant de broderies; le zouave; des marins débraillés venus des quatre bouts du monde, et comme repoussoir, à ce dévergondage oriental des couleurs les plus heurtées et les plus éclatantes, la triste uniformité de nos draps sombres. Dans ce kaléidoscope de l'habillement humain, pas un seul costume qui se ressemble, tant il y a de variétés dans le drapé, dans la coupe, dans l'ornementation de la veste, du turban, du haïk, du cafetan, du burnous, de la foutah. — Au soir, quelques musulmans semblent, pour ce jour, avoir complètement mis en oubli les prescriptions du Prophète, et le fameux *biribamberli* résonne comme un refrain de *larifla*, scandé par les hoquets du vin.

Jeudi 8 novembre.

La place du Burnous, où piétinent les petits chevaux arabes d'une vingtaine de coches en partance pour les environs, place tout arabe. Une double rangée de négresses, vêtues d'un morceau de toile bleus, accroupies devant leurs pyramides de pains; des mendiants, rois du haillon, une sébile sur les genoux; un va-et-vient incessant de burnous jaunâtres et encrassés; sur le talus quelques loques omnicolores, trouées, rapiécées, effiloquées, jettent sur quatre pieux un semblant de tente, sous lequel travaillent de graves cordonniers kabyles, pêle-mêle avec des chiens rongés de gale; puis, au fond, un entassement de masures cuites et rougies au soleil; éblouissamment plaquées de blanc rayé de briques.

— Le *kouskoussou*, le fond de la cuisine indigène, semoule pulvérulente safranisée, relayant le pain, cerclant au choix un poulet, du mouton se mariant même quelquefois à du raisin : une chose sans nom qu'on finirait peut-être par aimer. — Six heures d'enthousiasme artistique. A chaque rue, à chaque maison, un tableau de Decamps; boutiques à formes alhambresques, aux magiques devantures de fruits du pays, encadrant la statue immobile d'un vieux Shylock à besicles. — Remarquable beauté, finesse de traits des enfants. Une toute petite juive, soi-disant vêtue d'une chemise blanche, nous offre le type le plus délicat, le plus mignon que puisse rêver une mère. A voir cette chevelure, aile de corbeau glacée de reflets carmin, nous nous éprenons du *roux*, déconsidéré en Europe par la nuance *carotte*. Plus loin, un petit Turc, ramené de l'école avec le carton classique en sautoir, perdu dans les bouffants de son haut-de-chausses, les cheveux emprisonnés dans une jolie queue rouge, d'où

s'échappent deux rubans qui lui balaient les talons.
— Et ce sont toujours des ruelles à échelons de pierre plongeant sous vos pieds, ou grimpant devant vous; des maisons blanches de chaux vive, s'étayant des poutres jetées au travers de la rue, et faisant ressauter leur premier étage d'une forêt d'arc-boutants, et, soudant leur terrasse l'une à l'autre et ne laissant glisser que quelques filtrations de soleil : intelligente architecture qui, dans le moment où la chaleur incendie la campagne et fait déserter le quartier d'Isly, transforme ces passages en frais couloirs. Quelques gracieuses fontaines entourées de légères colonnettes à fond de mosaïque. Un placage de tuiles vernissées, aux savantes combinaisons linéaires, détache ses arabesques bleues, jaunes, vertes, d'un encastrement de murailles blanches. Débarbouillement *in extenso* d'un Maure qui a choisi l'une d'elles pour cabinet de toilette.

Samedi 10 novembre.

École turque. Une vingtaine de ravissants bambins rangés en cercle autour d'un vieux pédagogne à mine rébarbative, chantonnent, en se dandinant, des versets du Coran, inscrits sur une pancarte en bois qu'ils ont passée au cou. Les espiègleries, grimaces, gentillesses et autres singeries nous font mal préjuger de leurs progrès, dont leur maître, du reste, paraît fort peu se soucier. — Les constructions arabes, si brusques d'arêtes dans la journée, estompent le soir leurs lignes d'une vaporeuse demi-teinte et noient comme d'un crêpe violâtre leurs masses indécises. C'est le paysage indien tel que l'a compris Daniell, tel que l'interprète la gravure anglaise.

Vendredi 16 novembre.

Ascension de la rue Casbah, ascension des 497 degrés divisant les 497 mètres de pente de la Casbah à la ville basse. Transport des fardeaux à la façon de la fameuse grappe de Chanaan : deux ou quatre Biskris portant sur leurs épaules une poutre à laquelle vient s'amarrer la malle ou le ballot; déménagement simple, mais fertile en avaries pour le mobilier suspendu. Les tombereaux voués au recueillement des immondices sont remplacés ici par des troupes de bourriquets aux formes enfantines, gravissant l'échelle de la rue de la Casbah sous une bastonnade perpétuelle. — Descente le long des anciennes fortifications au cimetière du marabout Sidi-Abd-er-Haman. — Malgré la défense pour les chrétiens de pénétrer dans ce lieu sacré, nous entrons. C'est un vendredi, jour de prière. Une blanche mosquée d'où filtrent des chantonnements nasillards, de blanches tombes où se tiennent accroupies de blanches Mauresques; de gigantesques cactus ; un dattier balançant son aigrette ; un entrelacs d'arbres tourmentés, frisés, noueux. C'est le champ de repos de l'Orient ; ce n'est plus cette pauvreté attristante, cette nudité désolée des cimetières septentrionaux, et cette terre de la mort, que les baisers du soleil font sourire comme un jardin, vous berce à sa mélancolie. — Le *kaouah* (café) introducteur chez les Mauresques. Une négresse emmaillotée dans une toile à matelas. Accroupis sur un tapis de Smyrne, nous prenons, dans des tasses de figuier, le café sans sucre et accompagné de son marc. Ertoutcha, Aïacha, Fatma : Ertoutcha, gracieuse femme de treize ans ; Fatma, la mutinerie d'une Parisienne ; Aïacha, la langueur d'une Orientale. Sourcils charbonnés et reliés par une étoile. Ongles teints de hennah. Enguirlandées de jasmin, un foulard de Tunis capricieusement jeté sur sa tête ; une épaisse chevelure noire serrée dans une queue d'où s'échappent des rubans de toutes couleurs, une veste en soie bleu de ciel feuillagée d'or, laissant à découvert la gorge, gazée seulement d'une gaze transparente, une ceinture étincelante de dorures, un pantalon blanc, les jambes nues, d'étroites babouches. Ébauche de danse indigène aux sons du derbouka, tamtam primitif, vase en terre recouvert d'une peau. Fatma s'arme de deux mouchoirs, rassemble ses jambes, imprime à son torse un imperceptible dandinement qu'elle précipite bientôt en tordions furieux, les mouchoirs volent, la tête se renverse en arrière, le corps s'emporte. Longues causeries en langue *sabir*. *Olla podrida* de français, d'italien, d'espagnol, la langue *sabir* est une sorte de patois élastique par lequel, au moyen de terminaisons en *ir*, en *ar* et en *ia*, d'un infinitif prolongé, d'une très petite dose d'arabe, et d'une très grande audace linguistique, la pensée européenne est, au bout de très peu de jours, saisissable à l'oreille africaine. Un Maure nous donne une représentation de ventriloquie à rendre jaloux M. Comte.

Samedi 17 novembre.

Bibliothèque et musée, rue des Lotophages. Élégante antichambre ; série de niches s'ouvrant sous un arc ogival entre deux colonnettes géminées. Gracieux cordon de briques vernissées. Arceaux de portes entièrement gaufrés de sculptures. Cour intérieure dessinée par dix colonnes torses de marbre blanc surmontées de chapiteaux précieusement évidés. Le marbre, tiré des carrières de Constantinople, est du grain le plus fin et du blanc le plus éblouissant. Les ogives s'encadrent dans des lignes de briques blanches fleuries de bleu, caractère d'ornementation commun à toutes les maisons mauresques, mais qui se retrouve ici dans une plus grande pureté de goût. Ces dix colonnes supportent une galerie supérieure, où se trouvent reproduites les dispositions et l'ornementation du rez-de-chaussée. Rien de plus gracieux, de plus frais, de plus aérien, que ce petit palais aux arches superposées, que cette blanche cour plafonnée d'azur. Une des trois ou quatre maisons qu'Alger peut citer comme exemple de cette architecture discrète à l'extérieur et pleine de merveilles au dedans. Le Maure, grand artiste du *chez soi*, s'est plu à adoucir le *carcere duro* de ses femmes par une prison enchantée. Des escaliers margés d'arabesques, où les dessous de marches s'éclairent d'un éclat vernissé, conduisent à la galerie supérieure, ciselée comme un bijou. Les baies qui surmontent les portes sont garnies d'une feuille de pierre tout aussi délicate que la dentelle de papier de nos boîtes de bonbons. Ravissante salle° de lecture dont les fenêtres donnent sur la mer. Un boudoir à lire les *Poetæ minores* plutôt qu'un local à compulser des in-folio. Un gros Maure, geignant comme s'il fendait des bûches, élabore à nos côtes une traduction rebelle. Musée d'histoire naturelle africaine. Au rez-de-chaussée, débris de *tumulus* romains. La comparaison ne nous est pas permise entre la bibliothèque et l'hôpital du Dey, que le choléra rend invisible pour toute personne étrangère au service médical. — Quelques détails sur le *Djlep*, cérémonie nègre à l'effet de se mettre *le diable dans le ventre* pour connaître l'avenir. La cérémonie a généralement lieu pendant le rhamadan. Les récipiendaires, inscrits à l'avance, sont introduits dans une pièce où brûle dans un grand réchaud un composé de drogues infernales. Du sang de quatre poules, un vieux nègre oint toutes les jointures des curieux de l'avenir. Ils sont ensuite revêtus de robes à queues hérissées de coquilles et titillantes dè grelots. Ainsi parés, aux hurlements d'un charivari incroyable, ils dansent, ils dansent... jusqu'à l'évanouissement. Revenus à eux, ils commencent par retomber et pour se relever encore, et ne cessent que lorsqu'il leur est impossible de se soulever sur leurs jambes... Ils sont alors regardés comme logeant le diable. Quelques-uns ne se relèvent plus. Ce bal satanique dure deux ou trois jours sans être interrompu par la nuit.

Lundi 19 novembre.

Porte Bab-Azoun. Deux chameaux agenouillés reçoivent un lourd chargement de planches sous les yeux d'un public recruté spécialement dans le burnous sale : nos badauds drapent fièrement à l'espagnole un ramas jaunâtre de couvertures losangées de trous, passementées de graisse, soutachées de boue, frangées d'effiloques. Éden vermineux de tous les animalcules pullulants de la crasse arabe. Un pan de mur effondré est la table, où quatre d'entre eux, tirant d'une marmite éclopée un je ne sais quoi indigène, le roulent entre leurs doigts, le façonnent en boule, et se l'ingurgitent gravement, insoucieux des inutilités de notre service. — Bazar d'Orléans. Achat de ces petites choses que tout Français est condamné à rapporter à ses amis et connaissances. Nous tombons au milieu d'une vente aux enchères. Le *dellal* (sorte de Ridel juif) se promène gravement, la montre à la main, au centre d'une cohue d'enchérisseurs surenchérissant à grand tapage de cris et de gestes. Une veste de Mauresque, vendue 150 fr. *Des foutahs* atteignent les prix de 40 et de 50 fr. Absence d'armes et d'objets d'orfèvrerie. Un seul marchand, Sekel, ayant mieux que des yatagans à 16 francs, mais demandant de ses produits indigènes beaucoup plus cher que n'en demandent les marchands parisiens. — Usage arabe de trois appellations pour les femmes : prénom, nom, surnom. Le surnom joue le plus grand rôle. Une Yamina décorée en arabe du surnom de *Beurre frais*, à cause de sa fraîcheur ; — une Aïacha doit à sa peau plus que brune le surnom de *Panier à charbon;* — des pommettes rosées, baptisées de *Pomme d'api;* — un épiderme bistré a valu à une Ertoutcha le sobriquet de *Pain de munition*.

Mardi 20 novembre.

Dessin en dehors de la porte Bab-el-Oued. Un embroussaillement de cactus aux formes les plus bizarres et les plus tortillardes; un palmier surplombant une hutte minée que fouillent des chèvres à longue soie, un synode de poules blanches caquetant à son pied. Comme fond, des masures lézardées de terre de Sienne brûlée, et rayées de briques rouges. — Bain maure de la rue de l'État-Major, ouvert aux hommes depuis huit heures du soir jusqu'à huit heures du matin, aux femmes le reste du temps. Une vaste salle carrée aux trois côtés de laquelle court une estrade arrêtée par des colonnes de marbre blanc, supportant une série de loges servant de séchoirs. Cette estrade, énorme lit de camp destiné au repos du bain, est couverte de nattes. Au côté nu de la salle, pyramide une fontaine de marbre blanc, et s'ouvre la porte de l'étuve. A l'entrée des baigneurs, une cassette reçoit pêle-mêle montres, argent, bijoux. Les chaussures abandonnées au pied de l'estrade, les habits dépouillés et accrochés à un porte-manteau, un jeune Maure vous ceint d'un tablier, vous chausse de babouches de bois, et vous sert d'introducteur dans l'étuve. Suffocation. Deux Maures vous étendent sur un lit de pierre à forme de sarcophage, figurez-vous les dalles de la Morgue, — puis ils vous disent de suer. Le corps entier ruisselle ; les yeux brûlent ; la pensée prend le vague de l'évanouissement. Quand vous êtes convenablement moites, vos Maures vous couchent par terre, près d'un jet d'eau chaude et se partagent votre corps. D'abord un travail préparatoire, qui consiste à faire craquer toutes les jointures de la charpente et à ausculter robustement la poitrine ; puis vos masseurs, la main gantée du strygille, vous attaquent la peau à l'envi. C'est à qui étalera les plus humiliants rouleaux de *kissa*, trophée que leur orgueil place avec bonheur sous vos yeux. Cette opération est coupée d'écuellées d'eau chaude. Lorsque l'épiderme n'a plus rien de graisseux et crie comme du marbre, ils vous enveloppent dans la mousse nuageuse d'un savon de leur composition. Lavés par un dernier baptême, vos deux fidèles vous emmaillotent de bandelettes avec le soin d'une nourrice, vous couvrent la tête, vous chaussent la sandale et vous conduisent à l'estrade. Un lit de repos vous a été dressé. Hébétement indicible, torpeur pleine d'ivresse et de volupté. Une tasse de café ou de thé, une pipe de douze pieds, vous sont apportées. Pendant l'absorption, dernière tentative de massage. Enfin, abandonnés à vous-mêmes, vous avez la faculté de finir là votre nuit. En sortant, on vous rend, avec une mémoire qui vous étonne, votre menue monnaie; et l'on vous réclame pour le massage, le linge, le lit, le tabac, le café, la somme de vingt-cinq sous par baigneur. Cette modicité de prix explique la fréquente habitude des retardataires qui trouvent leur porte fermée, d'aller coucher au bain maure. Nous regagnons notre hôtel, honteux de l'insuffisance de nos bains européens, honteux de l'ignorance de notre parfumerie. Les essences de rose et de jasmin n'ont pu être contrefaçonnées par nos Birotteaux. Les savons arabes sont, la plupart, des secrets pour nos artistes; quant aux teintures, ils en sont encore à ces préparations corrosives, destructives, à garantie de deux ou trois jours. Les juives fabriquent, à Alger, une bière qui donne au teint un éclat éblouissant, un cirage avec lequel elles simulent des grains de beauté viables pour un mois. Elles préparent des teintures qui, employées depuis l'enfance jusqu'à la vieillesse, ne font qu'ajouter à la beauté et au lustre de la chevelure. Quelquefois vous vous étonnez de les trouver tributaires des anciennes recettes de l'alchimie. Une dame française nous assurait très sérieusement qu'un lézard bouilli donnait aux cheveux un brillant inconnu aux pommades et cosmétiques européens.

Mercredi 24 novembre.

Nous prenons l'omnibus pour les Platanes. Deux graves Arabes enjolivés de *robinsons*, insouciants des douze sous de la course, prennent place à nos côtés. Une Mauresque s'installe en lapin et offre amicalement une prise de tabac au conducteur. — Pénitencier militaire avec ses élégants créneaux et son moucharaby. — Caravanes d'Arabes à dos de mulet, perchés sur un échafaudage de paniers, les deux jambes talonnant le cou de leurs montures. — Mustapha-Inférieur, agglomération de débits, colonie de *trois-six* et d'absinthe. Relevés épigraphiques : O 20 100 O (au vin sans eau). On ne boit pas ici de bon vin, non, c'est... et une effigie de chat. — Délicieuse habitation de M. Darheck, construite dans le plus pur style oriental. — Les Platanes, café maure à coupole enchâssée dans un remblai de terre roussâtre, surplombé par une formidable haie de cactus, sous des platanes colosses. Une fontaine, à la margelle tachée d'émeraude, murmure en ce frais Éden. Des Arabes prennent le café, d'autres fument, d'autres jouent à une sorte de jeu de dames. Ici, dans un café, point de dépense préventive de 2 ou 300,000 francs pour embellissement du local, achat d'argenterie, etc. Le matériel est d'une simplicité patriarcale : des bancs, des stalles de bois, des nattes. Quant au mobilier de l'officine du *quwadji* (cafetier), c'est un fourneau, une cafetière, un mortier, un tableau recevant les noms des consommateurs solvables jouissant d'un crédit ouvert; des pipes, des damiers, quelques sales paquets de cartes espagnoles. Comme rafraîchissement, du café, rien que du café; comme distraction, la pipe; quelquefois, pendant le rhamadan, les MILLE ET UNE NUITS enjolivées par un conteur arabe. — Jardin d'Essai. Tentatives heureuses d'acclimatation de l'indigotier, du cotonnier, de la cochenille. Champs d'orangers fourmillant de pommes d'or. Deux autruches en train de déjeuner avec leur grillage. Petite forêt de bananiers balançant leurs *régimes*. Mur de fleurs de vingt pieds de haut. Des clochettes blanches d'un demi-pied, étagées, entassées l'une sur l'autre, laissant place à grand'peine à de minces filets de verdure : la plus royale ornementation que l'on puisse rêver pour une salle de bal.

Vendredi 23 novembre.

La grande mosquée; très élégante arcature formant le frontispice de la mosquée sur la rue de la Marine. Un groupe de bananiers ombrage une petite cour, le vestibule du monument. On se découvre les pieds. Un quadrilatère inégal enserre un petit préau où se trouve une charmante fontaine, destinée aux ablutions pédestres. La galerie du midi est nue. Cinq rangées de piliers, reliés entre eux par une arcature ogivale trilobée, créent cinq galeries dans la galerie nord, et les galeries latérales sont triples. Le sol, dans toute l'étendue de la mosquée, est recouvert de somptueux tapis. Des nattes aux vives couleurs habillent la base des piliers. Un plafond aux poutres équarries, odieusement tachées de chaux, pas la moindre ornementation. Une niche s'ouvrant entre deux colonnes de marbre blanc cannelées, placée au centre de l'édifice, offre seule, dans sa partie supérieure, des versets du Koran richement ornementés. Impression de recueillement en présence de cette blanche forêt de piliers, en présence de cette grande nudité plus éloquente que les dorures de la Madeleine. Un marabout aux vêtements de neige, à la magnifique tête encadrée dans le turban sphérique, indice de sa dignité, nous semble la personnification de la prière. Aly, le garçon maure de l'hôtel, que nous interrompons au moment de génuflexions qui distancent la grande Chartreuse, nous apprend qu'un des plus magnifiques tapis a été donné à la mosquée par le duc d'Orléans. Des gamins maures ont organisé dans un coin un jeu de bouchon. — A côté du Biskri, sans prétention, dont tout le costume se compose d'une foutah rayée de mille couleurs, à côté du burnous crasseux de l'Arabe, le costume maure se fait remarquer par sa variété, sa propreté, sa coquetterie. Une écharpe à raies jaunes s'enroule autour d'une calotte rouge. Une veste, merveille de passementerie, deux gilets, dont le dernier se boutonne et forme plastron, l'écharpe de soie comprimant les plis bouffants du haut-de-chausses, des babouches. Les dandys ont fait choix de la couleur

24.

écarlate; malheureusement, l'emprunt fait à la bonneterie française de ses bas bleus vient déparer ce riche costume. — Et le costume ici est rehaussé par un physique qui ne court pas les rues en France. Le front est bombé, les yeux beaux et doux, la courbure du nez pleine de délicatesse, l'ovale grassement dessiné; de soyeuses moustaches donnent un air de fierté à cette sympathique physionomie empreinte d'une bonté rêveuse. Le cou nu révèle cette délicatesse d'attaches dont Byron avait la fatuité. Et le *bambino*, que d'intelligence dans ses yeux brillants, que de finesse dans les arêtes du visage, que de gentillesse dans les traits! O petite Provence, tes habitués palissent devant ces bijoux de la création. Quelques chérubins, une corbeille de jasmin sur la tête, vont, de porte en porte, fleurir les Rosines mauresques, pressées de les décharger de leur fardeau parfumé.

Samedi 24 novembre.

La semaine a trois dimanches à Alger : le vendredi, jour férié des musulmans; le samedi, des juifs; le dimanche, des chrétiens. — Aujourd'hui samedi, grande exhibition de juives en grand costume. Les belles filles d'Israël ajoutent à la parure de leurs yeux magnifiques la richesse du velours, de la soie et de l'or. La jeune enfant couronne le carmin factice de sa chevelure d'un toquet conique tout chamarré de broderies, d'où s'échappe un énorme gland qui égrène sur l'épaule ses fils d'or. La femme vêtue d'une sorte d'éphod, au pectoral d'orfévrerie, les cheveux pris dans une coiffe noire, le menton enfoui dans un foulard de Tunis, qu'un nœud fait retomber du sommet de la tête en pointes capricieuses. La vieille femme, au gigantesque *sarma*, soutenant les ondes d'un monceau de gaze. — Intérieur de maison mauresque. Le rez-de-chaussée, consacré à la cage de deux escaliers, n'a de place que pour un petit vestibule et une buanderie. L'escalier algérien donne difficilement passage à une personne d'une corpulence raisonnable, et s'élève par marches de deux pieds de hauteur. Le premier, qui est à vrai dire toute la maison, a pour centre une petite cour carrée entre des colonnes reliées par des arceaux. Sur une galerie quadrangulaire s'ouvrent quatre portes : d'abord la chambre à coucher, qui tient toute la largeur de la façade; au milieu de la pièce une saillie qui fait niche à l'intérieur et moucharaby à l'extérieur, percée au retour de deux petites lucarnes qui sont la *guette* de la désœuvrée mauresque. Cette chambre est garnie de briques vernissées et recouvertes d'un épais tapis. La niche est tapissée de peau de mouton et pourvue d'une montagne de coussins. Trois glaces à cadres dorés ; un brasero en forme d'immense cratère; une lampe annelée à trois becs ; un grand miroir à pied ; un énorme coffre historié de clous dorés; un matelas à couvre-pieds du Maroc ; une table-escabeau incrustée de nacre, servant pour les repas ; quelques tasses bleues; une cage de vingt-cinq sous, logement du canari adoré ;

une étagère grossièrement enluminée de bleu et d'or, soutenant des verres à champagne, — des verres à champagne, oui vraiment, — composent tout le mobilier d'une élégante de la rue Soggemah. La porte qui fait face à la chambre donne accès dans une pièce presque semblable, destinée au logement de la négresse qui prépare perpétuellement le *kaouah*. A gauche est un petit cabinet à nom de cuisine, entièrement dépourvu de cheminée et de fourneau. Toute la cuisine se fait sur un petit réchaud portatif en terre. A droite, un autre cabinet, à la porte duquel repose une paire de patins en bois. Le second étage est entièrement pris par une terrasse entourant d'une balustrade le ciel ouvert de la cour. Pourtant deux ou trois petites pièces, dont un petit grenier et un petit bain maure, couronnés par une seconde terrasse où l'on monte par une échelle. Dans la maison, un fouillis de lampes, réchauds, cafetières, d'une exécution grossière, mais tout pleins de ces contours qui ravissent l'artiste : cols allongés, panses ventrues, anses rondissantes, goulots évasés ; — une mine d'inspirations pour un orfèvre parisien.

Lundi 26 novembre.

Montée en zigzags au fort de l'Empereur. De là nous dominons le blanc échelonnement de la ville africaine et la rade immense et bleue. Jusqu'à Chéragas, route cerclée de cactus et de débits. Déjeuner au café de M. Barbillon, l'introducteur en France du caban. De Chéragas à Staouëli, immenses plates-bandes de palmiers nains. — Staouëli. La pose de la première pierre date de 1843. Les fondations reposent sur un lit de boulets. Le frère Fulgence nous fait les honneurs du monastère, délicieux cloître à deux étages, encadrant un préau où de verts bananiers ressautent sur le blanc éblouissant des murs. Dans le jardin un frais recoin où l'eau d'une source alimente une végétation tropicale, et peuplé de frères dont la robe blanche semble un burnous. Un gracieux marabout, destiné au logement des étrangers, s'élève sous la main d'un seul frère, à la fois architecte et maçon. Toujours le palmier nain, cet opiniâtre antagoniste de la mise en culture. — Dely-Ibrahim : un village de la Brie, transporté avec ses rues à angles droits et sa petite église bâtarde au milieu de massifs d'olliviers, de palmiers et palma-christi. Retour à Alger.

Prise de kaouah chez toutes les beautés en *a* encore inexplorées par nous. Toujours des yeux de la plus belle eau. Mais bien souvent des lèvres mozambiques et des nez camards ; bien souvent des dents malheureuses, et presque toujours des jambes en poteaux, des pieds d'Allemandes et des gorges réclamant un tuteur. A ces défauts naturels à la race, la coquetterie de l'endroit a su ajouter des enlaidissements locaux. Toutes ont les ongles noircis par le *hennah* ou rougis par le *sarcoun*. Quelques-unes, non contentes de se relier les sourcils par une étoile, se les rasent complètement et les remplacent par un arc charbonné. Les plus furibondes se teignent entiè-

rement encore les pieds et les mains. Le costume, il
est vrai, vient amnistier tout cela. Les mouchoirs de
Tunis sont enroulés si coquettement sur la tête! les
chemises de mousseline sont si joliment passementées de rubans! les vestes sont si richement chamar-
rées! les tuniques si capricieusement fleuries d'or!
les foutahs étincellent si ardemment! la babouche
de Constantinople est si coquette! l'aspect général
est si gracieux, si voluptueux, si sensuel! — Au
moral, fantasques, capricieuses, susceptibles à l'ex-
cès, elles changent d'humeur tous les quarts d'heure;
et dans leurs moments de folie, vous sentez, dans
leurs caresses, la griffe féline. Intelligentes au reste,
presque parisiennes d'esprit, elles savent être moqueuses. Quelques-unes pour arriver à ce bienheureux état de *kif*, que donnent aux Européens les
spiritueux défendus par Mahomet, bourrent d'imper-
ceptibles pipes de chanvre haché. Du reste, le haschich n'est pas leur seul mode d'enivrement. Elles
prennent fort bien la pilule d'opium, avalent des
bouzagas (fèves enivrantes), et mâchent le *madjoun*
(pâte opiacée). — Le lointain bourdonnement du
muezzin trouble seul le silence de la ville qui dort; et
de temps en temps quelque Arabe attardé fait saillir
dans les larges ombres projetées par les voûtes la
lueur rougeâtre d'une gigantesque lanterne en papier.

Vendredi 30 novembre.

. . . .
. . . .

...Assis dans une barque qui repose sur la grève, devant cette mer phosphorescente, sous cette voûte bleue aux mille étoiles, dans cette atmosphère d'une nuit d'août, nous ne pouvons croire que sonne la première heure de décembre.

SUR LA VENTE

DES JAPONAISERIES AU JAPON[1]

Place à un petit livre sans prétention qui raconte les achats d'un marchand parisien au Japon en 1874.

Et tout de suite l'admirable bonne fortune, au débotté, que cette retrouvaille au bazar de Nagazaki, sous un lit de poussière de deux ans, de ce lot d'écritoires et de boîtes de laque, payées un dollar pièce, et dont beaucoup valent à l'heure qu'il est mieux qu'un billet de mille francs. Une véritable halle d'objets d'art à bas prix, en ce temps, que cette terre du Japon ; avec ces rues de marchands de curiosités, de marchands d'étoffes, de monts-de-piété ; avec ces foules de vendeurs assaillant votre porte dès le jour, vendeurs de *kakemonos*, de *fou-*

---

1. Ces quelques lignes ont servi de préface au livre publié par Philippe Sichel, à son retour de son voyage au Japon, sous le titre : NOTES D'UN BIBELOTEUR AU JAPON; Dentu, 1883.

Les derniers articles de ce volume : SUR LA VENTE DES JAPONAISERIES AU JAPON, UNE PASSIONNETTE DE PETITE FILLE, UN MOT SUR BARYE, THÉOPHILE GAUTIER et ALPHONSE DAUDET, ont été écrits depuis la mort de mon frère.

kousas, vendeurs de bronzes, qui en traînent des charretées à leur suite; avec enfin les passants même, se laissant dépouiller, sans trop de difficultés, du *netzké* de leur ceinture. Et cela dure tout le temps jusqu'à la fin, où il vient presque à l'acheteur une fatigue, un dégoût de l'achat, devant l'émeute des offres.

Cependant les aimables marchands que ces marchands d'exotiques objets qui se font vos guides et vos *marchandeurs* pendant huit jours pour une boîte de bonbons à l'enfant, et les gracieux trafics que ces marchés de bibelots se terminant par des festins qui ont pour dessert les danseuses et les chanteuses d'Osaka.

Intéressant! il l'est vraiment ce petit livre, ce petit livre beaucoup trop court.

Oui, j'aurais voulu déterminer l'auteur à le faire plus long, à entrer dans des détails plus étendus, à désigner d'une manière plus reconnaissable les objets hors ligne, rapportés de ce voyage, mais vraiment faut-il se montrer trop exigeant avec un écrivain par occasion, bien vite fatigué de tenir une plume?

Pour l'histoire de l'achat des bibelots français du XVIIIe siècle, nous avons l'immense JOURNAL DE LAZARE DUVAUX; pour l'histoire de l'achat des bibelots du Japon, nous aurons le petiot CARNET DE PHILIPPE SICHEL.

UNE PASSIONNETTE[1]

DE PETITE FILLE

Quelle est la petite fille qui n'a pas eu, à un moment de son enfance, ces instinctives tendresses amoureuses, qui n'a pas eu une passionnette? Je me rappelle une mère disant à sa petite fille, éprise presque comiquement de mon frère, qui était déjà un garçon de trente ans : « Va, va, ma pauvre enfant, tu es le sentiment, et il est l'esprit : il t'attrapera toujours ! » Elle disait cela, cette femme qui n'était pas une femme ordinaire, avec le sourire de la Joconde venant parfois naturellement à ses lèvres. Et, sur une note mélancolique, elle ajoutait en s'adressant à nous deux : « On peut la laisser encore quelques années aimer ainsi... puis on essayera de refermer tout cela ! »

Refermer tout cela, les mères y arrivent-elles un jour? Toutefois jusqu'à l'heure du cadenassement, il est un certain nombre d'années où la passionnette

---

[1]. REVUE INDÉPENDANTE, mai 1884. — Fragment retiré de CHÉRIE et qui faisait double emploi avec la *passionnette* de la petite fille pour le secrétaire du maréchal.

de la petite fille ne rencontre que de l'indulgence et des rires complaisants, qui s'amusent et s'égayent de cette imitation en infiniment petit de l'amour.

Des passionnettes dans l'existence de la petite fille, il y en a depuis les cinq ans jusqu'à l'âge où la passionnette fait place à la véritable passion. Maintenant, où elles deviennent intéressantes ces inclinations amoureuses, c'est quand elles éclatent sur la lisière de l'enfance et de la puberté et qu'elles mêlent un rien de la passionnette de la petite fille au sentiment de l'amourette de la jeune fille.

Ici, je ne puis résister au désir de raconter l'épisode d'un de ces jeunes amours, un amour bon et frais « comme l'odeur du muguet des forêts du nord », dans le voisinage desquelles il s'est passé.

Une fillette vivait dans la haute société d'une capitale étrangère, mais toujours dans les jupons de sa mère qui l'avait nourrie, instruite, élevée, et sans amies de son âge, et sans relations intimes avec les femmes de sa société. Sa mère s'était amusée à fabriquer en elle un être à son goût, une enfant sauvage et poétique, absolument ignorante des réalités, et qui ne connaissait de la vie que deux ou trois romans de Dickens.

Parmi les habitués de la maison, qui était une maison où l'on recevait beaucoup d'artistes, il y avait un jeune homme qui s'était occupé d'elle toute petite, lui racontant dans des coins des histoires, et, quand il y avait trop de monde au salon, montant dans la *nursery* lui dessiner des bonshommes, et, lorsqu'elle était malade, lui lisant des contes de fées près de son lit. Ce grand jeune homme triste qui était peintre, elle savait vaguement qu'il avait été très amoureux d'une jeune personne qui lui aurait été refusée en mariage à cause de son état, et ce refus le faisait plaindre en secret par elle.

Une brouille du jeune homme avec la mère l'éloignait pendant un hiver de la maison. La fillette avait un petit chien qu'elle affectionnait. Il était écrasé : dans son chagrin elle écrivait à son ami. Le jeune homme la remerciait d'avoir pensé à lui pour lui faire partager la moitié de sa peine. La fillette touchait à ses quatorze ans.

C'est étrange, quand il était là, elle ne s'était pas aperçue qu'elle l'aimait, et son amour pour lui se révélait à elle, pendant son absence.

Sur ces entrefaites la mère de la jeune fille et le jeune homme se rencontraient, on s'expliquait, on se raccommodait, et il était invité à venir passer quelque temps à la campagne de la mère. Chez les natures du nord l'éveil de l'amour développe une espèce de panthéisme exalté qui leur ferait volontiers embrasser les arbres et la création tout entière. Et la fillette amoureuse, dans le lyrisme de son cœur, remerciait le Créateur du soleil, des nuages, de l'eau courante des rivières, des oiseaux, de chaque *petite feuille si bien faite,* — et la longue rue du faubourg, resserrée entre des murs de boue, surmontés de lilas aux maigres fleurs, et qui menait à une mer d'un vert sale, lui semblait, au bras de son grand jeune homme bien-aimé, une route paradisiaque.

Elle écrivait alors ingénument sur son petit journal secret d'enfant : « Nous causons tant, il me dit de si gentilles choses, mais je ne peux pas noter tout ce qu'il me dit... Je le pourrai quand je serai plus savante, quand je serai grande... C'est tout de même écrit dans mon cœur. »

Dans une de ses promenades, à travers la rue aux lilas, un jour qu'elle accompagnait le jeune homme aimé qui quittait la maison pour une huitaine, au moment où elle venait de lui donner la main, le voyageur, qui avait déjà descendu une marche de l'embarcadère, se retournait, l'embrassait soudain. Courant, courant, elle se sauvait à la maison, se couchait, restait tout le lendemain au lit, sa joue cachée dans l'oreiller, redoutant qu'on ne vît la marque du baiser qu'elle sentait la brûler. Et elle avait honte de ce baiser... et en même temps il lui était bien cher.

Il l'avait ainsi embrassée sur la marche de l'embarcadère le jeune homme aimé, après une explication avec la mère qui lui avait déclaré que sa fille était trop jeune pour se marier avant quelques années, et qu'en somme elle ne se souciait pas de la donner à un homme sans fortune et sans nom, explication à la suite de laquelle il était parti avec l'intention de ne jamais revenir.

Mais il recevait une lettre de la mère lui disant qu'il ne pouvait pas s'en aller comme cela, qu'elle connaissait sa fille, que ce départ brusque pouvait la tuer, et elle finissait par cette phrase : « Vous vous êtes fait aimer, il est de votre devoir qu'on ne vous aime plus. »

L'amoureux revenait au bout de quelques jours avec un visage changé et un sourire mauvais. Et de sa bouche, tout à l'heure enthousiaste, ne sortaient plus que des contradictions, des taquineries persistantes, des ironies, des paroles sceptiques tournant en dérision l'exaltation mystique et poétique de la fillette : un souffle glacé détruisant à plaisir ses illusions, ses rêves, ses enfances généreuses. Trop jeunette pour percer l'invraisemblance d'un changement moral si rapide, elle éprouvait un cruel désenchantement, au milieu d'une grande amertume de l'âme, et quand elle se trouvait seule, elle pleurait, le visage caché dans l'herbe, sur son ami mort.

La femme qui me faisait cette confidence finissait ainsi : « Comment le jeune homme de vingt-trois ans qui m'aimait... et j'ai su qu'il m'a aimée jusqu'à sa mort... comment a-t-il pu accomplir ce sacrifice de chaque jour, à toute heure. Je pense que le mérite en revient à son extrême jeunesse... les jeunes sont avides de martyre[1]. »

---

1. J'ai écrit ces pages d'après un fragment de mémoires d'une étrangère, qui se trouve être à la fois une très grande dame, et la parente d'un des écrivains les plus à la mode en France, à l'heure présente.

UN MOT SUR BARYE [1]

Voici, pour la première fois, livré aux enchères, dans une vente publique, l'Œuvre de Barye — ou du moins la réunion des plus belles et des plus rares pièces de son Œuvre.

Voici offerts aux convoitises des amateurs, les ouvrages de cet artiste, un des deux ou trois grands talents originaux du règne de Louis-Philippe; de cet artiste dont le peintre de la Grande-Bretagne, Herbert, disait que, s'il était Anglais, on verrait ses statues sur toutes les places de Londres; de cet artiste en l'honneur duquel un simple citoyen des États-Unis, M. Walters, un passionné de Gavarni et de Barye, un homme d'un goût personnel et brave, vient d'ouvrir chez lui (*at home*) un musée spécial, et cela avec l'apparat officiel d'un gouvernement [2].

---

1. Préface du CATALOGUE DES BRONZES DE BARYE de M. Auguste Sichel dont la vente a eu lieu le 27 février 1886.

2. M. Walters, de Baltimore, est le fondateur de la galerie Corcoran, au Musée de Washington, composée d'œuvres de Barye. Il est le collectionneur de soixante-dix des plus beaux bronzes de l'artiste, parmi lesquels se trouvent une douzaine de modèles. Et cet enthousiaste de notre grand animalier vient de doter Mount Vernon Place, du don

Et voici de toutes ces pièces des exemplaires incomparables, choisis, triés dans le nombre, par un délicat, un difficile, un raffiné. Car, ainsi que pour les gravures et les lithographies, il est pour les bronzes des épreuves de choix, des épreuves où le *gras* de la fonte est encore à l'état vierge, des épreuves gardant le fruste et le rudimentaire artistique du modelage et de son caractère d'esquisse, des épreuves n'ayant point encore perdu les libres et délicats travaux de l'ébauchoir dans l'émoussement du tirage, des épreuves vous laissant indécis, si elles ne sont pas tirées *à cire perdue*, et pareilles à la réduction du LION AU SERPENT des Tuileries, de l'ÉLÉPHANT ÉCRASANT UN TIGRE et des deux JEUNES LIONS..

Puis, pour la beauté des épreuves, gardons-nous d'oublier la qualité des patines avec leurs lueurs de pierre dure sur le lisse des surfaces sombres, et ces patines si diverses et si variées, se levant avec le

royal des groupes de la Guerre, de la Paix, de l'Ordre et de la Force, et du grand Lion des Tuileries.

Donnons le curieux billet d'inauguration du Salon Barye, en la maison de M. Walters :

Barye Inauguration
W F Walters and his Son
At home
Wednesday January twenty eighth 1885
From ten until four o'clock
Opening of Barye Room .
65, *Mount Vernon Place Baltimore*
This card will be required at the door

J'emprunte ces détails à l'article de la revue américaine THE HARPER'S MONTHLY MAGAZINE, de mon ami Théodore Child qui prépare un livre sur Barye.

temps et le frottement de dessous la patine vert-degrisée, un peu compacte, un peu uniforme, adoptée par le fondeur : patine vert glauque de mer, patine à la nuance de bronze florentin, patine noirâtre jouant la patine des vieilles médailles, et surtout une patine brune dont le fauve est transpercé comme d'un rouge de rouille, et telle qu'on la voit dans le JAGUAR DEBOUT.

Mais voulez-vous mieux que des phrases, une preuve matérielle de la beauté des épreuves, — une preuve à la façon des épreuves avant la lettre, des épreuves de premier état d'une collection d'estampes, — vous l'avez ici donnée par le poinçon du Maître. C'est ainsi que par les numéros poinçonnés, frappés au marteau, au-dessous de la signature BARYE, vous rencontrerez dans cette vente une vingtième épreuve de l'OURS COUCHÉ ; — une seizième épreuve de THÉSÉE ET LE MINOTAURE ; — deux neuvièmes épreuves de l'ÉPAGNEUL EN ARRÊT SUR UN LAPIN et du BRAQUE EN ARRÊT SUR UN FAISAN ; — deux huitièmes épreuves du CERF DE VIRGINIE et de la PETITE BICHE COUCHÉE ; — deux deuxièmes épreuves du SERPENT PYTHON AVALANT UNE BICHE et du LÉVRIER COUCHÉ ; — deux premières épreuves du TAUREAU TERRASSÉ PAR UN OURS et du TAUREAU CABRÉ.

A côté de ces épreuves hors ligne, de ces miracles de la fonte[1], comptez aussi les raretés, les

---

1. Charles Blanc dit : « Barye excellait dans l'art de composer les fontes, de les jeter en moule, de les réparer. Il s'entendait mieux que personne à faire disparaître, par la ciselure, les accidents du mou-

desiderata, les petites curiosités parmi lesquelles je ne veux citer que MILON DE CROTONE DÉVORÉ PAR UN LION, la médaille exécutée par Barye en 1819 pour le concours de la gravure en médaille, et où déjà apparaît le dessinateur du lion — une rareté découverte au fond d'une vieille caisse de débris et de scories de bronze dans la vente de Eck et Durand — et dont il n'existe peut-être en tout qu'un double à l'École des Beaux-Arts.

Les petites merveilles que toutes ces figurations de bêtes non seulement rendues avec les solides montants ou les fines nervures des pattes, les saillies et le jeu dans l'échine des osselets de l'épine dorsale, les rugosités et les flaccidités de la peau, les courants du pelage, le poil floconneux du dromadaire, la soie hirsute du sanglier, l'enveloppe cuirassée du pachyderme, le revêtement squameux de l'alligator, enfin avec la connaissance la plus étendue du détail local, particulier, mais le dirai-je avec quelque chose de plus encore, avec la physionomie morale, avec un peu de l'âme des *frères inférieurs* de l'homme — le Maître, en ces œuvres qui n'ont souvent que le format d'un *presse-papier*, montrant la passivité sereine des éléphants, l'intelligence espiègle des jeunes

---

lage, les traces de la coulée, à purger le métal des croûtes que peut y laisser le contact de la fonte avec le sable. Il savait aussi à merveille modeler en vue du bronze : cela veut dire mettre à profit la densité et la légèreté du métal... Cela veut dire aussi prévoir la couleur que donneront les évidements, et profiter de l'extrême finesse de grain que présente le bronze pour serrer l'exécution, affirmer les plans, acérer les arêtes, creuser plus vivement les sillons, pousser jusqu'au bout la rigueur des formes, le rendu, le fini. »

chiens, les fureurs cabriolantes des taureaux, les effarements peureux des lièvres, la mélancolie des biches couchées, le cou paresseusement allongé à terre! Oh! la robuste et puissante création! Oh! le surprenant bestiaire que ce petit monde de bronzes, pouvant tenir sur des étagères!

Mais avant tout Barye est le Maître des Fauves, des Féroces, des Félins. C'est lui qui, un certain jour de sa vie, rejetant de son talent toutes les réminiscences des lions assyriens, ninivites, byzantins, s'est fait l'artiste *naturiste*, modelant et mesurant, sans trêve et sans repos, les féroces dans leurs cages du Jardin des Plantes; et c'est lui qui, le premier, a surpris les palpitations de leurs flancs, les reniflements de leurs naseaux, le roulis sous-cutané des muscles carrés, en cette marche apaisée, où les os et les nerfs semblent flotter dans une peau trop large — et c'est encore lui, le premier, qui a forcé la dureté résistante des métaux à rendre l'élasticité bondissante de ces animaux qu'habitent la Destruction et le Carnage.

Ici, arrêtons-nous un moment devant le : Jaguar dévorant un lièvre.

Le jaguar, le poitrail sorti de terre, est accroupi sur ses pattes de derrière, le ventre entré dans le sol. Arc-bouté sur la patte gauche, dont la large tête de l'humérus fait saillie au-dessus de la ligne serpentante et effacée et retraitée de tout le corps, il fouille d'un mufle à l'aplatissement presque vipérin les entrailles d'un lièvre, il fouille le cou tout sillonné d'énormes gonflements. Le rampement famélique, l'avalement de la croupe mamelonnée de puissantes contractions nerveuses, le repliement des deux pattes de derrière rassemblées, écrasées sous la bête, la tranquillité du dos où la peau un peu relâchée se plisse sur les côtés, le dénouement de la queue où persiste dans la torsion du bout comme un reste de force colère, les terribles froncements de la face, l'ampleur des mâchoires en joie, le rabattement des petites oreilles tressautantes, le travail de la robe, travail sans relief, travail de rayures couchées dans le sens des poils, le grand dessin des raccourcis, la savante opposition des parties de musculatures au repos qu'on dirait somnolentes, et des parties de musculatures en action — comme inquiètes et encore éveillées : tout ce surprenant mélange de détente et de ramassement de vigueur animale, font de ce bronze une de ces imitations de la nature vivante, au delà de laquelle la sculpture ne peut aller. Oui, en vérité, « ce jaguar dévorant un lièvre » est la parfaite représentation chez les grands félins de la succion jouisseuse, de la volonté gourmande du sang!

Et devant ce chef-d'œuvre, en dépit des légendes et des *racontars* des sculpteurs de l'École normale sur les chevaux de Calamis, sur les vaches de Miron, sur le fameux « chien de bronze se léchant une plaie » et qu'on gardait dans le temple de Junon, — en dépit, il faut l'avouer, de la beauté réaliste de la panthère en marbre noir, cataloguée autrefois sous le n° 315, au Vatican — devant ce chef-d'œuvre de l'animalier des animaliers, disons-le hautement, si la sculpture de l'humanité est, hors de tout conteste, supérieure chez les anciens, la sculpture de l'animalité en aucun temps, en aucun lieu, n'a atteint la perfection que lui a apportée le Français du XIXe siècle Antoine-Louis Barye.

THÉOPHILE GAUTIER[1]

> Toute ma valeur, les critiques n'ont jamais parlé de cela : c'est que je suis un homme pour qui le *monde visible existe*.
>
> CHARLES DEMAILLY.

Voilà comme j'aime le théâtre... dehors ! — c'était Théophile Gautier qui nous accrochait le bras, sur le boulevard, pendant un entr'acte de la première de ROTHOMAGO.

Il reprenait : « J'ai trois femmes dans ma loge qui me raconteront le spectacle... Fournier, un homme de génie ! Jamais avec lui une pièce nouvelle. Tous les deux ou trois ans, il reprend le PIED DE MOUTON. Il fait repeindre un décor rouge en bleu ou un décor bleu en rouge, il introduit un truc... des danseuses anglaises... Tenez, pour tout au théâtre, il faudrait que ça soit comme ça. Il ne devrait y avoir qu'un vaudeville ; on y ferait quelque petit changement de loin en loin. C'est un art si abject le théâtre, si grossier !..... Ne trouvez-vous pas ce temps-ci assommant ?... Car enfin on ne peut s'abstraire de son

---

[1]. Préface du volume d'Émile Bergerat, intitulé THÉOPHILE GAUTIER, entretiens, souvenirs et correspondance. Charpentier, 1879.

temps. Il y a une morale imposée par les bourgeois contemporains à laquelle il faut se soumettre. Pas possible de rien dire... Ils ne veulent plus du sexe dans le roman. J'avais un côté sculptural et plastique. J'ai été obligé de le renfoncer. Maintenant j'en suis réduit à décrire consciencieusement un mur, et encore je ne peux pas raconter ce qui est quelquefois dessiné dessus.....

..... Puis la femme s'en va. Elle n'est, à l'heure qu'il est, qu'une gymnastique vénérienne avec un petit fond de Sandeau... Et c'est tout. Plus de salons, plus de centre, plus de société polie enfin... Une chose curieuse! J'étais, l'autre jour, au bal Walewski. Je ne suis pas le premier venu, n'est-ce pas? Eh bien, je connaissais à peu près deux cents hommes, mais je ne connaissais pas trois femmes. Et je ne suis pas le seul! »

« Toi, dit-il, en apostrophant Claudin, qui s'était approché de nous pour l'écouter, toi, tu es heureux! Tu aimes le progrès, les ingénieurs qui abîment les paysages avec leurs chemins de fer, les utilitaires, tout ce qui met dans un pays une saine édilité... tu es un civilisé. Nous, nous trois, avec quatre ou cinq autres, nous sommes des malades... des décadents... non, plutôt des primitifs... non, encore non, mais des particuliers bizarres, indéfinis et exaltés. Il y a des moments, oui, où je voudrais tuer tout ce qui est : les sergents de ville, M. Prudhomme, M. Pioupiou, toute cette cochonnerie-là... Claudin, vois-tu, je te parle sans ironie, je t'envie, tu es dans le vrai.

Tout cela tient à ce que tu n'as pas, comme nous, le sens de l'exotique. As-tu le sens de l'exotique ? Non, voilà tout !... Nous ne sommes pas Français, nous autres ; nous tenons à d'autres races. Nous sommes pleins de nostalgies. Et puis, quand à la nostalgie d'un pays se joint la nostalgie d'un temps... comme vous, par exemple, du xviiie siècle... comme moi de la Venise de Casanova avec embranchement sur Chypre, oh ! alors c'est complet... Venez donc un soir chez moi. Nous causerons de tout cela longuement. Nous serons, tour à tour, chacun de nous trois, Job sur son fumier avec ses amis. »

Et le grand écrivain disait ces paroles désespérées avec de la placidité dans la figure, de doux gestes apaisés, une voix qui ne renfermait rien de l'amertume colère de l'Occident, une voix dont la musique voilée et la tristesse sereine avait comme l'accent d'un spleenétique de l'Orient.

Bientôt le dîner Magny nous réunissait tous les trois à la même table, chaque quinzaine. Là, Théophile Gautier, — *Théo*, — comme l'appelaient les gens devenus ses amis, apportait sa parole colorée, des pensées d'une crudité superbe, une science toujours armée du mot technique, et fouettée par la contradiction des Sainte-Beuve, des Taine, des Berthelot, des Renan, cette grasse et verveuse et cocasse éloquence charriant du Rabelais.

« Les bourgeois ! il se passe des choses énormes chez les bourgeois... J'ai pénétré dans quelques intérieurs. C'est à se voiler la face. La tribaderie....

Mais je m'aperçois ici qu'il est nécessaire de s'arrêter; car il faudra attendre, pour l'impression des conversations intégrales de notre ami, la fondation de cette bibliothèque spéciale appelée par Gavarni, une bibliothèque autorisée à l'usage des hommes deux fois majeurs.

Les bourgeois restaient, pour le vieux romantique, ce qu'avait été toute sa vie pour Voltaire « l'infâme », et une philippique contre les *bôrgeois* était toujours l'exorde, le début imprécatoire et, pour ainsi dire, l'affilage de sa parole.

Mais des bourgeois, Théo allait bien vite à d'autres sujets de toutes sortes et de tous les ordres. Il passait de la description de la chemise d'une femme janséniste à une définition de l'*insénescence* du sens intime, d'une peinture de l'intérieur de Nohant à un toast à Sakia-Mouni, d'un aperçu sur des fragments générateurs de métaux rapportés du Groënland au récit d'un démaillotement de momie, d'une leçon sur le torse du Vatican à une scatologie bréneuse, d'un coin inédit de Constantinople à l'historique de son gilet rouge.

« Un gilet rouge :... allons donc ! ce n'était pas un gilet rouge que je portais à la première représentation d'Hernani, mais bien un pourpoint rose... Messieurs, c'est très important. Le gilet rouge aurait indiqué une nuance politique républicaine. Il n'y avait rien de ça. Nous étions simplement *moyenageux*. Et tous... Un républicain, nous ne savions pas ce que c'était. Il n'y avait que Pétrus Borel de répu-

blicain. Nous étions tous contre les libéraux et
pour Marchangy. Nous représentions le *parti mâchicoulis*, et voilà tout. Ç'a été une scission, quand
j'ai chanté l'antiquité... Mâchicoulis et rien que
mâchicoulis ! »

Un jour, Théo interrompait un convive parlant de
sa vie de travail, et de privation d'amour dans le sens
élevé du mot. Tout cela, s'écriait-il, est une théorie
du renoncement stupide... La femme, prise comme
purgation physique, ne vous débarrasse pas de l'as-
piration idéale... Plus on dépense, plus on acquiert...
Moi, par exemple, j'ai fait faire une bifurcation à
l'école du romantisme, à l'école de la pâleur et des
crevés. Je n'étais pas fort du tout. J'ai écrit à Lecour
de venir chez moi, et je lui ai dit : « Je voudrais
« avoir des pectoraux comme dans les bas-reliefs et
« des biceps hors ligne. » Lecour m'a un peu *tubé*
comme ça... « Ce n'est pas impossible, » m'a-t-il dit...
Tous les jours, je me suis mis à manger cinq livres
de mouton saignant, à boire trois bouteilles de vin
de Bordeaux, à travailler avec Lecour deux heures
de suite. J'avais une petite maîtresse en train de
mourir de la poitrine. Je l'ai renvoyée. J'ai pris une
grande fille, grande comme moi. Je l'ai soumise à
mon régime : bordeaux, gigot, haltères... Voilà ! et
j'ai amené, avec un coup de poing sur une tête de
Turc, — et encore sur une tête de Turc neuve, — j'ai
amené 520... Aussandon, qui a étouffé un ours à la
barrière du Combat pour défendre son chien, et qui,
de là, est allé laver à la pompe ses entrailles qui sor-

taient... un gaillard, n'est-ce pas? n'a jamais pu arriver qu'à 480. »

Un jour Théo jetait à Taine, qui mettait dans ses préférences Musset au-dessus de Hugo : « Taine, vous me semblez donner dans l'idiotisme bourgeois. Demander à la poésie du sentimentalisme... ce n'est pas ça. Des mots rayonnants, des mots de lumière... des mots de lumière... avec un rythme et une musique, voilà ce que c'est que la poésie... Ça ne prouve rien, ça ne raconte rien... Ainsi, le commencement de *Ratbert*... il n'y a pas de poésie au monde comme cela. C'est le plateau de l'Hymalaya. Toute l'Italie blasonnée est là... et rien que des mots. » Là-dessus, quelqu'un venant à la rescousse de Taine, le vieux romantique laissait tomber avec une foi enthousiaste : « Voyez-vous, on dira tout ce qu'on voudra, Hugo est le chanteur du vent, de la nuée, de l'océan : c'est le grand poète des fluides. »

Un jour Théo lançait à Renan, qui professait qu'on devait écrire, aujourd'hui, seulement et uniquement avec la langue du XVIIe siècle :

« Je crois bien qu'ils avaient assez de mots qu'ils possédaient en ce temps-là. Ils ne savaient rien : un peu de latin et pas de grec. Pas un mot d'art. N'appelaient-ils pas Raphaël, le Mignard de son temps! Pas un mot d'histoire. Pas un mot d'archéologie. Pas un mot de nature. Je vous défie de faire le feuilleton que je ferai mardi sur Baudry avec les mots du XVIIe siècle. » Et rarement la conversation amenait dans le règne de Louis XIV l'amoureux de la langue du xvɪᵉ siècle, sans qu'il poussât au Roi-Soleil, qui était, après le bourgeois, sa seconde bête noire, et qu'il traitait comme un Michelet doublé d'un père Duchêne :

« Un porc grêlé comme une écumoire et petit... Il n'avait pas cinq pieds, le Grand roi. Toujours à manger et à c.... C'est plein de m...., ce temps-là. Lisez la lettre de la Palatine. Et borné avec cela... Parce qu'il donnait des pensions pour qu'on le chantât... Une fistule dans le c.. et une autre dans le nez, qui correspondait avec le palais... Ça lui faisait juter par les fosses nasales les carottes et toutes les juliennes de son temps. Et c'est vrai, ce que je dis là ! »

Alors un tumulte, un brouhaha, un hourvari, un orage d'objurgations et de tendres injures, dans le bruit desquelles on percevait la voix un peu enrouée du terrible Théo répéter sur un ton bouffon : « Moi, je suis fort ; j'amène 520 sur une tête de Turc et je fais des métaphores qui se suivent.... tout est là. »

Cette langue originale, ce parler image, ce verbe peint donnaient à les écouter, quand Théophile Gautier était en verve, une jouissance que je n'ai rencontrée dans la conversation d'aucun autre homme. Ce n'était pas cette espèce de sourire intérieur que produit l'étincelle d'un joli esprit, c'était un gaudissement, une lubréfaction de tout votre être artiste, un plaisir touchant presque aux sens, une joie intellectuelle qui avait un rien de matériel, quelque chose de comparable au bonheur physique d'une rétine dans la contemplation du tableau d'un des maîtres de la pâte colorée.

Toutefois que peut-être, pour celui qui me lit, une parole dont on n'a pas la mimique, la vie, le spectacle, une parole dont je n'apporte ici qu'une notation même incomplète? De ces sérieux et joyeux devis, il aurait fallu une sténographie, et il n'y en a pas... Mais si, cependant, le gendre et le disciple du maître, dans l'intimité d'une existence mêlée pendant de longs mois nuit et jour, a recueilli la parole de l'homme doublement cher. Il a pieusement appliqué son talent et son cœur à retenir, à noter, à fixer la pensée parlée de l'écrivain, telle qu'elle se formulait dans sa bouche aux heures suprêmes. Il a forcé son oreille, pour ainsi dire, à emporter le son de cette voix qui allait s'éteindre. Il a donné la durée éternelle au fugitif bruit des mots, aux ondes sonores des belles et grandes choses que le vaillant causeur jetait dans l'air. Et Bergerat nous a conservé, dans ce livre, Dix Entretiens qui sont comme le verbe Théo apporté à entendre à tous ceux qui ne connaissent que l'*imprimé* de l'illustre mort.

Parfois, mon frère et moi, nous nous trouvions assis avec Théophile Gautier, autour de sa propre table, entre ses deux sœurs et ses deux filles, à côté d'Éponine, la chatte noire aux yeux verts, qui avait sa chaise pour dîner ainsi qu'une personne naturelle. Le plat de fondation était presque toujours un *risotto*, dont l'hôte avait le droit d'être fier, et souvent des mets bizarres, des mets avec des recherches de l'invention de l'écrivain aux prétentions culinaires. Qui ne se souvient des célèbres épinards dans lesquels étaient pilés des noyaux d'abricots! En ce milieu de famille, aux paroles tempérées, parfois le débonnaire maître de la maison amusait la table et remplissait les entr'actes de la conversation par de joyeuses pantalonnades, menaçant, avec des courroucements olympiens très drôlatiques, de faire *estrangouiller* et *étriper* les bonnes à propos d'une sauce tournée; et cela pendant qu'Estelle se posait à la joue, fabriquée avec n'importe quoi, une mouche, en prenant pour miroir le manche de sa fourchette. Puis l'on passait dans le salon aux murs égayés de lumineuses esquisses, et là les deux fillettes, avec leurs grâces d'Orient, avec un brin de ces petits êtres de gentillesse timides, familiers et curieux, que repousse doucement la main du rajah de Lahore pour laisser passer le prince Soltikoff, cherchaient à vous enlever à la causerie du père, vous entraînaient vers des coins d'ombre et d'intimité, pour vous faire épeler une page de leur grammaire chinoise, ou vous montrer, avec de petits rires argentins, une Angélique d'après le tableau de M. Ingres, sculptée par Judith dans un navet, — hélas! se ratatinant tous les jours.

Quelquefois ce n'était plus la petite réunion de famille, l'on tombait sur une immense table où se voyaient un Chinois, des princes russes, des *impresarii* italiens, des violonistes hongrois bottés jusqu'au nombril, un monde de gens aux baragouins divers, et qui faisait ressembler la salle à manger de Neuilly à la table d'hôte de la tour de Babel. Un jour, il s'y trouvait vingt individus parlant quarante langues, et

Théo disait orgueilleusement : « Avec ma table, on aurait pu faire le tour du monde sans interprète ! »

Les douloureux événements de l'année 1870 nous séparaient. Je retrouvai, à la fin d'octobre, Théophile Gautier au bas de l'escalier du JOURNAL OFFICIEL, sur le quai Voltaire.

— « Pourquoi diable, ô Théo! êtes-vous rentré dans cette sinistre pétaudière?

« — Je vais vous expliquer cela, me répondait-il en posant affectueusement la main sur mon épaule ; ce n'est pas très long à dire : Le manque de monnaie, mon cher Goncourt, oui, cette chose bête qu'on appelle *faulte* d'argent! Vous savez comment file un billet de douze cents... c'était tout ce que j'avais... puis mes sœurs étaient à Paris, au bout de leur rouleau... et voilà pourquoi je suis revenu. »

Au bout d'un silence, il ajoutait en se mettant en marche :

« Cette révolution, c'est ma fin, mon coup du lapin... du reste, je suis une victime des révolutions... sans blague. Lors des glorieuses de Juillet, mon père était très légitimiste, et il a joué à la hausse sur les ordonnances... vous pensez comme ça a réussi... nous avons tout perdu : quinze mille livres de rente. J'étais destiné à entrer dans la vie en homme heureux, en homme de loisir ; il a fallu gagner sa vie... Enfin, après des années, j'avais assez bien arrangé mon affaire, j'avais une petite maison, j'avais une petite voiture, j'avais même deux petits chevaux... Février met tout à bas... A la suite de beaucoup d'autres années, je retrouve l'équilibre, j'allais être nommé de l'Académie... au Sénat. Sainte-Beuve mort, Mérimée crevard, il n'était pas tout à fait improbable que l'Empereur voulût y mettre un homme de lettres, n'est-ce pas?... Je finissais par me caser... Paf! tout f... le camp avec la République... Vous pensez bien que, maintenant, je ne puis plus recommencer à faire ma vie... Je redeviens un manœuvre, à mon âge... Un mur pour fumer ma pipe au soleil et deux fois la soupe par semaine : c'est tout ce que je demande...

« Pas mal tragique, toute cette ferblanterie! » reprenait-il. Nous passions alors devant la devanture de Chevet, hier garnie de toutes les succulences solides de la gueule, aujourd'hui ne montrant plus que le zinc de ses rares conserves de légumes.

Après quelques moments de méditation, s'appuyant lourdement sur mon bras, il soupirait : « Est-ce bien un désastre! Est-il complet, concret! D'abord la capitulation, aujourd'hui la famine, demain le bombardement. Hein! est-il composé d'une manière artistique, ce désastre! »

Nous nous revoyons par-ci par-là en ces épouvantables mois de la fin de l'année. J'allai quelquefois trouver l'auteur des TABLEAUX DU SIÈGE, rue de Beaune, dans cette mansarde si petite, que dans la fumée de son cigare, apparaissait, ainsi qu'une étrange peinture effacée, le blême et immobile maître du logis, sous son bonnet de doge à deux cornes, et ayant, sur les genoux, ses maigres chats, ses chats faméliques.

L'année suivante, je passais de longs jours à Saint-Gratien avec Théophile Gautier, chez lequel le médecin de la princesse Mathilde venait de constater une maladie du cœur, remontant à des années. Pauvre et cher Théo !... En lui était déjà l'affectuosité des gens qui vont mourir ; des pardons et des indulgences lui étaient venus ; il avait dépouillé la *truculence*, la férocité de ses théories sur la femme, la pose à l'insensibilité, toutes les affectations *comédiennes* de l'homme de 1830, — et qui avaient fait quelquefois juger si sévèrement notre ami par les gens qui l'entendaient sans le connaître. Sa bonté native se répandait maintenant, sans vergogne, en une tendresse qui avait, comment le dire, une élégance trouvant d'intelligentes et de rares attentions, des coquetteries de lettré, pour caresser le cœur de ceux avec lesquels il vivait. On le sentait s'appuyer à la poitrine de ses fidèles quand il leur donnait le bras. Et se faisant tout petit, tout humble, tout vieux, il sollicitait, il mendiait auprès de la *padrona della casa*, auprès des femmes qui l'entouraient, une amitié, une amitié si joliment épithétée par le poète et le mourant : « une amitié voluptueuse ».

Tous ces jours passés à Saint-Gratien, des jours d'automne, — à onze heures, le château couché, — on montait dans la chambre de Théo, et la veillée commençait, les vitres éclairées d'un clair de lune faisant dans le brouillard de nacre monté du lac d'Enghien, des lointains de ballade allemande. Alors nous causions ou plutôt il causait. Claudius Popelin, en ses

Cinq octaves de sonnets, a peint sur le vif le causeur de la chambrée, dans sa robe flottante en forme de gandoura, assis sur la carpette du foyer ainsi qu'un fils de l'Islam, les jambes croisées sous lui, ses babouches à la dérive sur le parquet, et parlant bien avant dans la nuit, lentement, gravement, pacifiquement, sans qu'aucun de nous songeât à aller se coucher. Les douces paroles en ces molles nuits, les hautaines ratiocinations, les triomphantes esthétiques, les irrespectueux doutes à propos de tous les catéchismes, les jolies modulations sur l'art, les sublimes énormités, les étonnants sophismes parachevés avec un de ses délicats tours de force, semblables à la cueillette d'une fleurette par la trompe d'un éléphant, — et les savoureux paradoxes! O le malheur! que, ces libres et osées improvisations, le maître ne les ait point écrites, qu'il ne laisse pas derrière lui un livre de Pensées, et qu'à côté du Théophile Gautier officiel, muni de son permis d'imprimer, on ne possède pas un Théophile Gautier émancipé et la pensée débridée, imprimable à *Ville-Affranchie,* chez la *Veuve Liberté!* On aurait ainsi un grand homme pour moi supérieur au grand homme connu, et ne s'étant très incomplètement révélé au public en l'originalité de son dire et de son écriture[1] que dans une préface.

---

1. Je fais ici allusion à la lettre rabelaisienne écrite d'Italie par Théophile Gautier à Mme ***, et dont la copie est entre les mains de quelques fanatiques du Maître, lettre qui est véritablement un chef-d'œuvre de style gras.

Une anecdote au sujet des jugements de Théophile Gautier sur les choses et les hommes de son temps « renfoncés », comme il disait, par l'officialité de sa copie. Quelquefois il arrivait à la conscience du critique de prendre sa revanche, entre amis, sur le dos des *louangés* qui n'avaient pas son estime littéraire. A une soirée chez la princesse Mathilde, il lui arrivait de traiter « le nommé Ponsard » avec un mépris qui était la négation catégorique de son talent. Là-dessus quelqu'un lui demandant assez brutalement pourquoi il n'écrivait pas le matin ce qu'il disait le soir :

« Je vais vous conter une petite historiette, répondait tranquillement Théophile Gautier : Une fois M. Walewski m'a dit de n'avoir plus aucune indulgence pour personne, vous entendez, pour personne ; il me déclarait qu'à dater de ce jour il me laissait complètement libre d'exprimer ma pensée tout entière sur les pièces représentées. Mais, lui ai-je soufflé dans l'oreille, monsieur le ministre, il y a cette semaine aux Français une pièce de D... — Ah ! vraiment, a repris vivement l'Excellence, eh bien, vous ne commencerez que la semaine prochaine... Cette semaine, je l'attends toujours ! »

A partir de l'automne de l'année 1871, chaque mois qui se succédait montrait à ses amis Théophile Gautier, plus souffrant, plus pâle, plus frappé et plus inquiet de son état.

En mars 1872, à un dîner chez Flaubert, où nous n'étions que le maître de la maison, Tourguéneff,

Gautier et moi, dans la mélancolie d'un dessert entre hommes touchant à la vieillesse, Tourguéneff, ce grand et aimable esprit, se laissait aller à dire : « .... Quelquefois, vous savez, il y a dans un appartement une odeur de musc qu'on ne peut chasser, faire disparaître : eh bien, moi, il y a autour de ma personne, et toujours, une odeur de dissolution, de néant, de mort. Sur cette phrase, Théo se levait de table, et tombant sur un divan, prononçait ces tristes et désolées paroles : « Pour moi, il me semble que je ne suis plus un contemporain... Je parlerais volontiers de mon individu à la troisième personne, avec les aoristes des prétérits *trépassés*... J'ai comme le sentiment de n'être déjà plus vivant ! »

A quelques jours de là, j'apprenais que notre ami avait demandé une consultation à Ricord. J'allais aussitôt le voir. « Ricord, me disait-il, d'une voix dolente et ennuyée, croit que c'est la valvule mitrale du cœur qui ne va plus : ou elle se relâche ou elle se resserre. Il m'a ordonné du bromure de potassium dans du sirop d'asperge... mais ce n'est qu'un traitement préparatoire... il doit revenir samedi. » Et s'agenouillant sur un fauteuil, dans une de ces poses tortillées qu'il affectionnait pour s'entretenir des choses de littérature et d'art, et approchant son oreille de ma bouche, il me demandait avec une certaine chaleur, si je trouvais de l'intérêt à son Histoire du Romantisme. Il était un peu tourmenté. Il se sentait si fatigué qu'il craignait que ça ne valût pas ce qu'il aurait pu faire. Il regrettait que la forme du journal ne lui permit pas de développer l'esthétique de la matière. Il se réservait de traiter la question, quelque jour, dans une revue. Puis bientôt le dégoût de son métier, ce dégoût que j'avais déjà rencontré, en ses derniers jours, chez Gavarni, lui montant aux lèvres, il murmurait : « Ah ! si j'avais une petite rente, là, toute petite, mais immuable, comme je quitterais mon chez moi tout de suite, comme j'irais vers un bout de pays avec des rivières où il y a de la poussière dedans — et qu'on balaye... Ce sont les rivières que j'aime... Pas d'humidité... et dans le dos un bois de palmiers comme à Bordighere... et à l'horizon une Méditerranée bleue. » Il se taisait quelque temps plongé dans la contemplation de son paysage. Et après un long silence, il ajoutait : « Par un coup de soleil, nous esthétiserions au bord de la mer, les pieds dans la vague, comme Socrate ou Platon. »

Déjà l'écrivain était bien malade, et déjà en lui commençait l'ensommeillement du cerveau. Quand il parlait, il avait toujours le tour original de ses anciens concepts, et toujours l'épithète peinte, mais pour parler, pour formuler son paradoxe, on sentait dans sa parole plus lente, dans le cramponnement de son attention après le fil et la logique de ses idées, on sentait une application, une tension, une dépense de force, qui n'existaient pas dans le jaillissement spontané et comme irréfléchi de son verbe d'autrefois. Vous avez vu des vieillards à la vue fatiguée qui, pour regarder, soulèvent avec effort leurs

lourdes paupières. Théophile Gautier, pour rendre
sa pensée avec des mots, avait besoin d'un effort
physique semblable de tout le bas du visage, et tout
ce qui sortait maintenant de lui de supérieur et de
bien dit, semblait être arraché par une sorte de violence de l'engourdissement d'un état comateux. Enfin, sans que cela puisse bien se définir par des phrases, presque invisiblement descendait sur l'homme,
l'enveloppait, touchait à ses attitudes, à ses gestes,
à son dire, l'humilité honteuse que donne à une intelligence la conscience cruelle de sa diminution,
de sa lente et insensible paralysie.

Je me rappelle un des derniers déjeuners que
Théophile Gautier fit hors de chez lui, un déjeuner
chez moi. On aurait dit la visite d'un somnambule.
Et cependant dans la somnolence de sa marche, de
ses poses, de sa pensée, quand il arrivait à secouer
un moment sa mortelle léthargie, le vieux Théo
réapparaissait, et ce qu'il disait d'une voix assoupie,
avec des ébauches de gestes, semblait le langage de
son ombre — qui se serait souvenu.

Il était à table, et nous le croyions bien loin de
nous et de la conversation, quand quelqu'un racontant
l'effet hallucinatoire produit en plein jour par un
champ de fèves et les rêves que ce champ lui faisait
monter au cerveau, Théophile Gautier, comme subitement réveillé, disait : « La fève est la plante qui
se rapproche le plus de l'animal... vous savez qu'elle
se retourne dans la terre... Pythagore la considérait
si bien comme quelque chose en dehors de la végé-

tation qu'il la proscrivait comme de la viande. »
Quelques moments après, à propos de l'huile d'une
salade qu'il trouvait excellente, il se mettait à faire
un historique imagé des huiles et des miels de la
Grèce qu'il terminait en comparant le miel de l'Hymète « à du sablon jaune entrelardé de bougie ».
Mais les phrases pittoresques qui sortaient de la
bouche du pâle malade avaient quelque chose de
mécanique, elles finissaient, elles se taisaient tout
à coup comme par l'arrêt brusque d'un ressort, et
ainsi qu'une phrase que Vaucanson aurait mise dans
le creux d'un automate.

Puis aussitôt, le parleur tombait dans un mutisme
effrayant, dans une absence de lui-même qui épouvantait, dans un anéantissement qui vous faisait lui
parler pour avoir la certitude que la vie intelligente
était encore en lui. Et, à ce moment, les choses que
vous lui disiez, avant d'arriver à lui, semblaient
parcourir des distances immenses. Un mot de l'un
de nous sur la reconnaissance universelle de son
talent de descripteur, le décidait cependant à reparler
à la fin du déjeuner : « Oui, — disait-il, avec une
certaine amertume mélancolique et ce geste qui
lui faisait, à la manière d'un Boudha, soulever un
peu devant lui l'indicateur de sa main exsangue, —
oui, dans les voyages, il est bien entendu qu'on n'y
met pas d'idées... il ne peut être question, n'est-ce
pas, du mérite des femmes, du progrès, des principes
de 89... de toutes les *Lapalissades* qui font la fortune
des gens sérieux... Les voyages, c'est la mise en style

des choses mortes, des morceaux de nature, des murailles... Il est bien avéré encore que l'homme qui écrit ces machines n'a pas d'idées... Oui, oui, c'est une tactique, je la connais ; avec cet éloge, ils font tout simplement de moi un *larbin descriptif.* » Et comme, un moment après, toute la table l'engageait à se reposer, à se défatiguer dans la confection tranquille et paresseuse des petits poèmes qu'il aimait à ciseler : de sonnets : « Oh ! sur cela, reprenait-il, mes idées sont complètement changées. Je trouve que la poésie doit être fabriquée à l'âge où l'on est heureux. C'est pendant la période de la jeunesse, de la force, de l'amour, qu'il faut parler cette langue ! »

Au moment où il s'en allait, jetant les yeux sur le portrait de Jacquemart en tête de la nouvelle édition d'ÉMAUX ET CAMÉES que le Maître m'avait apportée, comme je lui disais :

« Mais, Théo, vous ressemblez à Homère là dedans ?
— Oh ! tout au plus à un Anacréon triste ! »

Un voyage en Allemagne me séparait du cher malade ; à mon retour, je tombais sur un journal qui m'apprenait brutalement sa mort dans un fait-divers. Le lendemain, j'étais à Neuilly, rue de Longchamps.

Bergerat me faisait entrer dans la chambre de l'auteur de MADEMOISELLE DE MAUPIN. Sa tête, d'une pâleur orangée, s'enfonçait dans le noir de ses longs cheveux. Il avait sur la poitrine un chapelet dont les grains blancs, autour d'une rose en train de se faner, ressemblaient à l'égrènement d'un rameau de symphorine. Et le poète apparaissait ainsi avec la sérénité farouche d'un homme des vieux siècles, endormi dans le néant. Rien là ne me parlait d'un mort moderne. Des ressouvenirs des figures de pierre de la cathédrale de Chartres mêlés à des réminiscences des temps mérovingiens [1] me revenaient, je ne sais pourquoi. La chambre même, avec le chevet de chêne du lit, la tache rouge du velours d'un livre de prières, une brindille de buis dans une poterie barbare, me donnaient l'impression d'être introduit dans un *cubiculum* de l'ancienne Gaule, dans un primitif, grandiose, redoutable, tragique intérieur roman... Et la douleur fuyante, d'une sœur dépeignée aux cheveux couleur de cendre, une douleur s'enfonçant dans l'angle d'un mur, avec le désespoir sauvage et forcené d'un autre âge, ajoutait encore à l'illusion.

Saint-Gratien, septembre 1870.

---

1. Ce caractère mérovingien du mort, je suis heureux de le retrouver constaté sur le vivant, par Feydeau, dans ses SOUVENIRS INTIMES sur Théophile Gautier.

ALPHONSE DAUDET [1]

Il me faut faire ici, par-devant le public, le croquis d'un homme dont j'aime la personne et le talent, à la façon d'un grand frère. C'est embarrassant, malaisé ; cependant ce croquis, je vais l'essayer, en tâchant de mettre une sourdine à ma vive amitié, à ma haute et grande estime littéraire.

Un après-midi, à Auteuil, au bout d'une causerie vagabonde de quatre ou cinq heures, une causerie aux confidences, aux expansions coupées de silences rêveurs, et vers la fin de laquelle commença à tomber doucement la mélancolie d'un crépuscule d'automne, Daudet me contait sa jeunesse avec la vraie date de l'éveil de l'homme de lettres dans cette jeunesse.

C'étaient d'abord des années, à courir les paysages de soleil, à folâtrer avec les belles filles lumineuses de la Provence, en compagnie du mâle et sonore

---

1. Étude biographique publiée dans le GAULOIS du 19 septembre 1885. Supplément littéraire illustré sur la pièce de SAPHO.

Mistral, haranguant les paysans d'une voix qui ne s'enrouait jamais en son éloquence drolatique, du joyeux Aubanel chantant sur les chemins sa Vénus d'Arles, du bon et grave peintre Grivolas, ce ménechme du philosophe de Couture dans le tableau de l'Orgie romaine, et qui avait pour mission de déshabiller et de coucher les buveurs naufragés : des années données tout entières au bonheur sensuel de vivre, en cette contrée de lumière, d'amour, de vin du *Château des Papes*, et pendant lesquelles, dans la cervelle du *Petit Chose* ambulant et nomade, ne s'était point encore glissé le souci littéraire.

Succédaient d'autres années, toutes remplies du bonheur intime et un peu claustral d'un mariage bienheureux, où les journées se passaient en de fatigantes courses, au bras l'un de l'autre, dans les recoins solitaires de la forêt de Sénart, où les soirées des deux êtres s'aimant s'enfermaient dans la chaude chambrette du haut de la maison de Champrosay; le père imaginant pour l'enfant, assis sur ses genoux, de merveilleuses histoires, la mère raccommodant les robes du petit *brise-fer;* puis l'enfant couché, le mari et la femme, sur un piano, tenant tout un coin de la chambrette, faisaient, faisaient de la musique jusqu'au milieu de la nuit... « Mais toutes ces années, — reprend Daudet, après l'envoi au plafond d'une bouffée de cigare lentement expirée, — toutes ces années-là, cher vieux Goncourt, non, je n'ai rien fait, et il n'y avait en moi qu'un besoin de vivre activement, violemment, bruyamment, un besoin de chanter, de faire de la musique, de courir les bois avec une pointe de vin dans la tête... et aussi d'attraper des *torgnoles*... Oui, bien vrai, dans ce temps, je n'avais aucune ambition littéraire... c'était seulement chez moi un instinct, un amusement de tout noter... d'écrire jusqu'à mes rêves... La guerre, la guerre seule m'a transformé, a éveillé, au fond de mon individu, l'idée que je pouvais mourir sans avoir rien fait... sans rien laisser de durable. Alors seulement, je me suis mis au travail... et avec le travail est née chez moi l'ambition littéraire. »

Et l'éveil de cette ambition littéraire avait pour milieu, pour entour, pour emprisonnement volontaire, l'hôtel Lamoignon, cette tranquille, pacifique, assoupissante maison du Marais, dans laquelle, selon l'expression de Daudet, les grosses vagues retardataires de sa jeunesse tumultueuse, les vagues *au dos de monstres* que longtemps garde la mer après une tempête, ces vagues s'effaçaient, perdaient leurs lignes tourmentées et inquiétantes, tandis qu'en même temps, au bourdonnant et incessant *ronron* de toutes les industries parisiennes peuplant tous les étages, Daudet acquérait la persistance, la continuité du travail, et l'écrivain de petits récits, de petits contes, de petites nouvelles, devenait le tenace et laborieux écrivain d'un grand roman, publiait : FROMONT JEUNE ET RISLER AÎNÉ.

Un rude laboratoire de travail intellectuel que ce logis du Marais, et cet autre logis de la place des Vosges, où continuait ainsi qu'elle continuera, tant que durera leur double vie, sur deux chaises qui se touchent, la gracieuse et supérieure collaboration du mari et de la femme, et encore ce logis du square de l'Observatoire, et enfin ce dernier logis de la rue Bellechasse. Et tous ces logis aux jolis *duos* de labeurs pendant la journée, devenant le soir un aimable salon, un doux et caressant intérieur, où les amis, les familiers, les passants de Paris et de l'étranger sont accueillis par la grâce sérieuse de la femme, la beauté intelligente des enfants, la causerie charmeuse du maître de la maison : intérieur si accueillant aux jeunes, et qui a pour les vieux une tendresse dans l'affection, une tendresse vraiment bien rare à rencontrer dans notre monde des lettres, si superlativement sec.

Mais depuis FROMONT JEUNE ET RISLER AÎNÉ, que de longs livres et de sérieuses imaginations ! JACK, LE NABAB, LES ROIS EN EXIL, NUMA ROUMESTAN, L'ÉVANGÉLISTE, SAPHO qui mérite l'épithète inventée par Théophile Gautier, un livre *chef-d'œuvreux*, et cette toute dernière fantaisie : TARTARIN SUR LES ALPES, qui semble un élégant et hautain défi à la Maladie, à la Souffrance, à la Douleur, et où l'auteur apporte le soleil et le rire de son Midi dans notre littérature attristée et pas mal noire de nous autres, les Français du Nord.

Au milieu de tant d'œuvres exécutées dans un nombre si restreint d'années, ne passons pas sous silence les tentatives dramatiques, avec l'ambition par l'auteur, dès le premier jour, d'introduire sur les planches un peu de cette modernité qu'il met dans ses romans, avec l'ambition, aujourd'hui, d'incarner dans une femme de théâtre d'un très grand talent et d'une rare intelligence, non une Sapho théâtrale, mais la Sapho de son livre.

Cette pièce de SAPHO a été faite à mes côtés et, aussitôt chaque scène bâtie et écrite, Daudet venait essayer sur moi, comme sur un public, l'effet de cette scène, et je puis dire que SAPHO est la première pièce, où la vie réelle d'un roman de l'heure présente est presque rigoureusement transportée. Or, pour moi, le succès de cette pièce, dont je ne veux pas douter un moment, va apporter dans le vieux théâtre une petite révolution, — je ne crois pas, là, aux révolutions radicales, — le forcera, ce vieux théâtre, à sortir de la grosse convention, à atténuer les invraisemblances trop contraires aux réalités de l'existence, à accepter peut-être des audaces de langage et de situations, mais surtout à importer dans la peinture de l'amour, qui est au fond tout le théâtre, dans cette peinture d'ordinaire si déplorablement *rondouillarde*, à importer de la vraie observation d'après nature.

De l'observation d'après nature, oui, de « l'observation Daudet », de l'observation délicate et aiguë. Tout à l'heure, au début de sa carrière, Daudet vous a parlé de son *instinct de tout noter*. Cela a persisté, et cette annotation journalière, que la note soit conservée dans une circonvolution du cerveau ou écrite sur un carnet, a fait de lui l'auteur contemporain qui construit les personnages les plus vrais, les plus humains. Et les yeux grands ouverts, et l'oreille aux aguets, et l'attention en éveil, pour ainsi dire, *en arrêt* sur les femmes, les hommes, et leurs moindres manifestations psychiques, enfin, tous les sens pareils aux tentacules d'un poulpe se tendant à aspirer, à pomper littérairement tout ce qu'il y a de vie vivante parmi les individus des deux sexes, en bas, en haut, et partout dans le grand Paris, toujours Daudet scrute, toujours il analyse, toujours il fait de la *police de romancier*, et toujours et encore il observe ; — victime même de la tyrannie sans entrailles de l'Observation qui lui fait parfois immoler, avec un remords de cœur, un parent, une mémoire, au désir impérieux de *faire vrai* un personnage de ses livres.

A ce métier, Daudet est devenu un fin connaisseur en humanité ; que dis-je ? connaisseur, il est mieux que cela : c'est un voyant, un *devineur* de cette humanité. A une soirée de l'hiver dernier, il me disait dans un entre-deux de porte : « J'ai une certaine fierté de mon intellect depuis quelque temps... il s'est développé en moi un sens divinatoire vraiment curieux... Tenez, vous voyez d'ici X... Il a l'air tout chose, n'est-ce pas ?... Eh bien ! voilà... il avait une correspondance amoureuse avec une inconnue... pas connue, pas célèbre. Il m'avait seulement avoué le quartier où elle demeure... Savez-vous ce que je viens de lui dire ?... Je connais aujourd'hui votre inconnue... Elle est morte à deux heures ! » Il n'en savait rien.

Donc, de cette étude continue, de cet exercice sans trêve des facultés observatrices, de ce rien de divination donné à une cervelle appliquant tout son effort à la pénétration de ses semblables, — et peut-être bien dû aussi à l'affinement spirituel de la maladie nerveuse, — il est arrivé que l'observation de Daudet, à son point de départ, un peu mince, un peu gentillette, un peu vaudevillière, s'est transformée en une large, haute, perspicace vue des êtres, une vue où l'on dirait qu'il y a mêlé le regard d'un philosophe au regard d'un médecin.

TABLE

	Pages.
Monsieur Chut...	1
Venise la nuit (*Rêve*).	9
La Maison et l'Atelier du graveur Wille	53
Voyage du n° 43 de la rue Saint-Georges au n° 1 de la rue Laffitte.	71
Ouverture du Cours de M. Saint-Marc Girardin.	85
La Maison de campagne d'un vieux juge.	89
Lettre a M. Philippe de Chennevières	93
Tony Johannot..	101
L'abbé Galiani	105
Le Voyou.	123
Bordeaux.	127
Émaux et Camées.	141
Cruikshank (*the Bottle, the Drunkard's Children*).	151
Histoire d'un Ratelier..	159
Ruelles et Alcôves, par M. Grandin de Champignolles.	185

	Pages.
DECAMPS.	191
POÉSIES EN PROSE.	199
SILHOUETTES D'ACTEURS (*Fechter, Mme Allan, Levassor*).	205
M. MÉRIMÉE ET M. LIBRI.	217
TERPSICHORE.	225
L'AFFICHEUR DU DOCTEUR.	231
ARRIVÉE A NAPLES.	237
LES AVENTURES DU JEUNE BARON DE KNIFAUSEN.	245
L'IVRESSE DE SILÈNE, par Daumier.	261
ALGER (*Notes au crayon*).	267
SUR LA VENTE DES JAPONAISERIES AU JAPON	289
UNE PASSIONNETTE DE PETITE FILLE.	291
UN MOT SUR BARYE.	297
THÉOPHILE GAUTIER.	305
ALPHONSE DAUDET.	325

Paris. — Typ. G. Chamerot, 19, rue des Saints-Pères. — 18790.

www.ingramcontent.com/pod-product-compliance
Lightning Source LLC
Chambersburg PA
CBHW060325170426
43202CB00014B/2669